Guide
des Auberges
& Hôtels
de campagne
1989

ISBN 2-86930-208-8
ISSN 0991- 4781
© Rivages, 1989
5-7, rue Paul-Louis Courier - 75007 Paris
10, rue Fortia - 13001 Marseille

Guide des Auberges & Hôtels de campagne 1989

*Guide établi par
Humbert Verzenassi
avec la collaboration
d'Alexis Nabokov*

*Collection dirigée
par Michelle Gastaut*

Rivages

Pour la meilleure utilisation possible de ce guide, nous avons procédé à un classement par régions et à l'intérieur de chaque région, à un classement alphabétique. De plus, le numéro de la page correspond au numéro de l'auberge tel qu'il figure sur la carte et sur l'index.

Les auberges sélectionnées sont de catégories diverses, allant d'un confort simple à un grand confort ; nous nous sommes attachés à ce que la lecture du texte permette toujours de situer facilement la catégorie de l'auberge. D'autre part, nous vous signalons que les prix communiqués étaient les prix en vigueur à la fin de 1988. Ces prix sont, bien entendu, susceptibles d'être modifiés par les hôteliers en cours d'année.

Enfin nous vous recommandons, lors de votre réservation, de vous faire préciser les prix de demi-pension et de pension qui peuvent varier suivant le nombre de personnes et la durée du séjour.

Si vous êtes séduits par une auberge ou un petit hôtel qui ne figure pas dans notre guide 1989 et dont vous pensez qu'il mériterait d'être sélectionné, veuillez nous le signaler afin que l'auteur de ce guide puisse s'y rendre.

Nous remercions M. Massiani pour son aide en Corse ; et la société Eliophot, à Aix en Provence pour le prêt de certaines photographies.

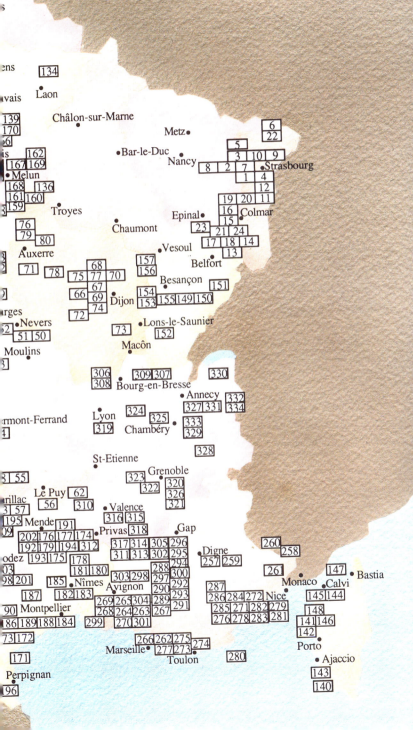

ALSACE LORRAINE

Moselle
— Turquestein : Auberge du Kiboki 1
Bas-Rhin
— Barembach : Relais du Château 2
— La Claquette - Rothau : La Rubanerie 3
— Itterswiller : Hôtel Arnold 4
— La Petite Pierre : Auberge d'Imsthal 5
— Obersteinbach : Hôtel Anthon 6
— Ottrott : Hostellerie des Châteaux 7
— Les Quelles : Hôtel Neuhauser 8
— La Wantzenau : Moulin de la Wantzenau 9
— Wangenbourg : Parc Hôtel 10
Haut-Rhin
— Artzenheim : Auberge d'Artzenheim 11
— Guémar-Illhaeusern : Hôtel La Clairière 12
— Goldbach : Hôtel Goldenmatt 13
— Jungholtz : Ferme de Thierenbach 14
— Labaroche : Auberge La Rochette 15
— Lapoutroie : Hôtel Les Alisiers 16
— Murbach : Domaine Langmatt 17
— Murbach : Hostellerie Saint Barnabé 18
— Ribeauvillé : Hostel de La Pépinière 19
— Zellenberg : Hôtel Au Riesling 20
Vosges
— Gérardmer : Hostellerie des Bas-Rupts 21
— La Petite Fosse : Auberge du Spitzemberg 22
— Plombières-les-Bains : Hôtel de la Fontaine Stanislas 23
— Le Thillot : Chalets des Ayes 24

AQUITAINE

Dordogne
— Bourdeilles : Hostellerie Les Griffons 25
— Cenac : Hostellerie de la Guérinière 26
— Coly : Manoir d'Hautegente 27
— Les Eyzies-de-Tayac : Moulin de la Beune 28
— Les Eyzies-en-Périgord : Hôtel de Cro-Magnon 29
— Les Eyzies-de-Tayac : Hôtel Les Glycines 30
— Marquay-les-Eyzies : Hôtel des Bories 31
— Mauzac : La Métairie 32
— Mavaleix : Château de Mavaleix 33
— Razac-sur-l'Isle : Château de Lalande 34
— Le Reclaud de Bouny-Bas : Auberge du Noyer 35
— Saint-Cyprien : Hôtel l'Abbaye 36
— St Julien de Crempse : Manoir Le Grand Vignoble 37
— St-Saud-en-Périgord : Hostellerie Saint-Jacques 38
— St-Saud-en-Périgord : Auberge du Vieux Moulin 39
— Sarlat : Hôtel La Hoirie 40
— Vezac : Manoir de Rochecourbe 41
Landes
— Port-de-Lanne : La Vieille Auberge 42
— Soustons : La Bergerie 43

— Soustons : Château Bergeron..44
Lot-et-Garonne
— St Nicolas de la Balerme : Chateau Saint-Philip 45
Pyrénées-Atlantiques
— Aïnhoa : Hôtel Ohantzea 46
— Bidarray : Hôtel du Pont d'Enfer 47
— St-Etienne-de-Baigorry : Hôtel Arcé 48
— Sare : Hôtel Arraya 49

AUVERGNE LIMOUSIN

Allier
— Bourbon-l'Archambault : Grand Hôtel Villa des Fleurs 50
— Coulandon : Le Chalet 51
— Saint-Bonnet-Tronçais : Le Tronçais 52
Cantal
— Boisset : Auberge de Concasty 53
— Champagnac : Le Lavendes 54
— Champs-sur-Tarentaine : Auberge du Vieux Chêne 55
— Le Theil : Hostellerie de la Maronne 56
— Vitrac : Auberge de la Tomette 57
Corrèze
— Collonges-la-Rouge : Relais de St-Jacques-de-Compostelle ..58
Creuse
— Glénic : Le Moulin Noyé 59
Corrèze
— Pont du Chambon : Au Rendez-Vous des Pêcheurs 60
— Saint-Georges-la-Pouge : Domaine des Mouillères 61
Haute-Loire
— Moudeyres : Le Pré Bossu 62
Puy-de-Dôme
— Saint-Gervais-d'Auvergne : Castel-Hôtel 63
Haute-Vienne *
— Brignac : Hôtel Beau Site 64
— La Roche l'Abeille : Moulin de la Gorce 65

BOURGOGNE

Côte-d'Or
— Bouilland : Hostellerie du Vieux Moulin 66
— Châteauneuf : Hostellerie du Château 67
— Châtillon-sur-Seine : Hôtel de la Côte-d'Or 68
— Levernois : Hôtel le Parc 69
— Val-Suzon : Hostellerie du Val-Suzon 70
Nièvre
— Donzy : Le Grand Monarque 71
Saône-et-Loire
— Chagny : Hostellerie du Château de Bellecroix 72
— Louhans : Moulin de Bourgchâteau 73
— St-Gervais-en-Vallière : Moulin d'Hauterive 74
Yonne
— Avallon : Hostellerie du Moulin des Ruats 75
— La Celle-Saint-Cyr : La Fontaine aux Muses 76
— Mailly-le-Château : Le Castel 77

— Pontaubert : Moulin des Templiers 78
— Venizy-St-Florentin : Moulin des Pommerats 79
— Villeneuve l'Archevêque : Auberge des Moulins Banaux 80

BRETAGNE

Côtes-du-Nord
— Beg-Leguer-Servel : Manoir de Crec'h - Goulifen 81
— Fréhel : Relais de Fréhel 82
— Hémonstoir : Moulin de Belle-Isle 83
— Perros-Guirec : Hotel du sphinx 84
— Pleven : Manoir du Vaumadeuc 85
— Plévenon : Le Fanal 86
— La Poterie : Manoir des Portes 87
— Trébeurden : Ti Al-Lannec 88
— Tréguier : Kastell Dinec'h 89

Finistère
— Benodet : Domaine de Kéréven 90
— Brignogan Plage : Castel Régis 91
— Douarnenez : Auberge de Kervéoc'h 92
— Lababan : Hôtel Ker-Ansquer 93
— La Forêt - Fouesnant : Manoir du Stang 94
— Plomodiern : Hôtel de Porz-Morvan 95
— Plonévez-Porzay : Manoir de Moëllien 96
— Plozevet : Moulin de Brénizénec 97
— Pont-l'Abbé : Château de Kernuz 98
— Quimperlé : Hôtel de l'Ermitage Manoir de Kerroch 99
— St-Antoine : Hôtel Ménez 100
— Trégunc : Les Grandes Roches 101

Ille-et-Vilaine
— Châteaubourg : Ar Milin 102
— Landujan : Château de Léauville 103
— Louvigné-du-Désert : Le Manoir 104
— Paimpont : Manoir du Tertre 105
— Pleurtuit : Manoir de la Rance 106

Morbihan
— Bubry : Auberge de Coët-Diquel 107
— Guidel : Manoir La Châtaigneraie 108
— Kerbachique : Hostellerie Les Ajoncs d'Or 109
— Plouhinec : Hôtel de Kerlon 110
— Saint-Ave : Moulin de Lesnuhé 111

CENTRE

Cher
— Bannegon : Auberge du Moulin de Chaméron 112
— Brinon-sur-Sauldre : Auberge La Solognote 113

Eure-et-Loir
— Cloyes-sur-le-Loir : Hostellerie Saint-Jacques 114

Indre
— Le Blanc : Domaine de l'Etape 115
— Saint-Chartier : Château de la Vallée Bleue 116

Indre-et-Loire
— Amboise : Hostellerie du Château de Pray 117

— Chinon : Hôtel Diderot 118
— Souvigny de Touraine : Moulin de Vandon 119
— Veigné : Domaine de la Tortinière 120
— Veigné : Auberge du Moulin Fleuri 121
— Vernou-sur-Brenne : Les Perce-Neige 122
— Yzeures-sur-Creuse : La Promenade 123
Loir-et-Cher
— Candé-sur-Beuvron : Hostellerie de la Caillère 124
— La Ville-aux-Clercs : Manoir de la Forêt 125
— Nouan-le-Fuzelier : Hôtel Les Charmilles 126
— Nouan-le-Fuzelier : Moulin de Villiers 127
— Onzain : Hôtel Château des Tertres 128
— Ouchamps : Relais des Landes 129
— St-Dyé-sur-Loire : Manoir Bel Air 130
— Troo : Château de la Voûte 131
Loiret
— Combreux : Auberge de Combreux 132
— Sury-aux-Bois : Domaine de Chicamour 133

CHAMPAGNE-PICARDIE

Aisne
— Landouzy-la-Ville : Domaine du Tilleul 134
— Longpont : Hôtel de l'Abbaye 135
Aube
— La Vove : Auberge de la Scierie 136
Oise
— Gouvieux : Château de la Tour 137
— Milly-sur-Thérain : Hostellerie des Deux Marronniers 138
— St-Jean-aux-Bois : A la Bonne Idée 139

CORSE

Corse-du-Sud
— Arbellara : Moulin d'Acoravo 140
— Evisa : L'Aïtone 141
— Piana : Les Roches Rouges 142
— Porticcio : Le Maquis 143
Haute-Corse
— L'Argentella : Marina d'Argentella 144
— Calvi : La Signoria 145
— Corte : La Restonica 146
— Ile-Rousse : La Bergerie 147
— Pioggiola : L'Aghjola 148

FRANCHE-COMTE

Doubs
— Bonnevaux-le-Prieuré : Moulin du Prieuré 149
— Consolation : Hôtel de la Source 150
— Goumois : Auberge le Moulin du Plain 151
Jura
— Bonlieu : Hôtel du Lac 152

— Champagnole : Hotel de la Vouivre 153
— Les Planches : Le Moulin de la Mère Michelle 154
— Port-Lesney : Grand Hôtel du Parc 155
Haute-Saône
— Aubigney : Auberge du Vieux Moulin 156
— Rigny : Château de Rigny 157

ILE-DE-FRANCE

Seine-et-Marne
— Barbizon : Les Alouettes 158
— Barbizon : Hostellerie de la Clé d'Or 159
— Flagy : Hostellerie du Moulin de Flagy 160
— Recloses : Auberge Casa del Sol 161
— Sancy-les-Meaux : Demeure de la Catounière 162
Yvelines
— Senlisse : Auberge du Gros Marronnier 163
— Senlisse : Le Temps Retrouvé-Auberge du Pont Hardi 164
— Orgeval : Moulin d'Orgeval 165
— Vaux-sur-Seine : Hostellerie L'Oasis 166
Essonne
— Fontaine-la-Rivière : Auberge de Courpain 167
— Morigny : Hostellerie de Villemartin 168
— Varennes-Jarcy : Auberge du Moulin de Jarcy 169
Val-d'Oise
— Chaumontel : Château de Chaumontel 170

LANGUEDOC-ROUSSILLON

Aude
— Ornaisons : Relais du Val d'Orbieu 171
— Peyriac : Château de Violet 172
— Villemagne : Castel de Villemagne 173
Gard
— Arpaillargues : Hôtel Marie d'Agoult 174
— Aulas : Mas Quayrol 175
— Barjac : Mas de Rivet 176
— Barjac : Les Termes 177
— Courry : Le Croquembouche 178
— La Favède : L'Auberge Cévenole 179
— Roquemaure : Hostellerie du Château de Cubières 180
— Sauveterre : Hostellerie de Varenne 181
— Sommières : Auberge du Pont Romain 182
— Villeneuve-les-Avignon : L'Atelier 183
Hérault
— Lattes : Mas de Couran 184
— Madières : Château de Madières 185
— Minerve : Relais Chantovent 186
— Montpellier : Demeure des Brousses 187
— Olargues : Domaine de Rieumégé 188
— Saint-Pons-de-Thomières : Château de Pondérach 189
— Villeneuvette : Hôtel La Source 190
Lozère
— La Garde Guérin : Auberge Régordane 191

Lozère — La Malène : Manoir de Montesquiou..........................192
Lozère — Meyrueis : Château d'Ayres 193
Lozère — Pont-de-Montvert : Hôtel Chantoiseau 194
Lozère — St-Chély-du-Tarn : Auberge de la Cascade...............195
Pyrénées-Orientales — Céret : La Terrasse au Soleil 196
Pyrénées-Orientales — Llo : Auberge Atalaya..........................197

MIDI-PYRENEES

Aveyron
— Camarès : Demeure du Dourdou 198
— Castelpers : Château de Castelpers 199
— Najac : Oustal del Barry 200
— Plaisance : Hostellerie Les Magnolias 201
— Saint-Jean-du-Bruel : Hôtel du Midi-Papillon.........................202
— Salles-Curan-Pareloup : Hostellerie du Lévézou......................203

Haute-Garonne
— Gesset-Barbazan : Hostellerie des 7 Molles.............................204
— Saint-Félix - Lauragais : Auberge du Poids Public 205

Gers
— Barbotan-les-Thermes : Château Bellevue 206
— Gimont-en-Gascogne : Château de Larroque 207
— Tourdun : Relais de la Salamandre 208

Lot
— Alvignac : Hôtel du Château...209
— Gluges : Hôtel des Falaises...210
— Lacave : Le Pont de l'Ouysse 211
— Lafage : Relais Les Vieilles Tours 212
— Mauroux : Hostellerie Le Vert 213
— St-Cirq-Lapopie : Hôtel de la Pelissaria 214
— Saint-Cirq-Lapopie : Auberge du Sombral 215
— Souillac : Les Granges Vieilles...216
— Touzac : La Source Bleue 217

Hautes-Pyrénées
— Chis-Aureilhan : Hôtel de la Ferme St-Férréol........................218
— Saux : Relais de Saux 219

Tarn
— Pont-de-l'arn : La Métairie Neuve 220
— Pont-de-l'arn : Château de Montlédier 221

Tarn-et-Garonne
— Montaigu-du-Quercy : Au Vieux Relais..................................222

NORMANDIE

Calvados
— Bavent : Hostellerie du Moulin du Pré 223
— Pont-d'Ouilly : Auberge Saint-Christophe...............................224
— Thury-Harcourt : Relais de la Poste...225

Eure
— Balines : Moulin de la Balisne..226
— Bazincourt-sur-Epte : Château de la Rapée.............................227
— Le Bec-Hellouin : Auberge de l'Abbaye..................................228
— Calleville : Manoir de Calleville...229
— Pont-Audemer : Auberge du Vieux Puits 230

— Vironvay : Les Saisons 231
Manche
— Courtils : Manoir de la Roche Torin 232
— Ducey : Auberge de la Sélune 233
— Saint-Vaast-la-Hougue : Hôtel de France et des Fuchsias 234
— Trelly : Verte Campagne 235
Seine-Maritime
— Bezancourt : Château du Landel 236
— Caudebec-en-Caux : Manoir de Rétival 237
— Etretat : Le Donjon 238
— Martin-Eglise : Auberge du Clos Normand 239
— St-Léonard : Auberge de la Rouge 240

PAYS DE LOIRE

Loire-Atlantique
— Missillac : Hôtel du Golf de la Bretesche 241
— Saint-Lyphard : Auberge de Kerhinet 242
Maine-et-Loire
— Echemiré-Baugé : Château de la Grifferaie 243
Mayenne
— Saulges : L'Ermitage 244
Sarthe
— Arçonnay : Hostellerie du château de Maleffre 245
— Loué : Relais Laurent 246
— Luché-Pringé : Auberge du Port-des-Roches 247
Vendée
— Bouin : Hôtel du Martinet 248
— La-Roche-sur-Yon : Logis de La Couperie 249
— Tiffauges : La Barbacane 250
— La Trique : Baumotel - La Chaumière 251

POITOU CHARENTES

Charente
— Montbron : Hostellerie Sainte-Catherine 252
— Saint-Fort-sur-le-Né : Moulin de Cierzac 253
— St-Laurent de Cognac : Logis de Beaulieu 254
Charente-Maritime
— Tonnay-Boutonne : Le Prieuré 255
Deux-Sèvres
— Coulon : Au Marais 256

PROVENCE COTE D'AZUR

Alpes-de-Haute-Provence
— Forcalquier : Auberge Charembeau 257
Alpes-Maritimes
— Castillon : La Bergerie 258
— Coaraze : Auberge du Soleil 259
— Lantosque : L'Ancienne Gendarmerie 260
— Peillon : Auberge de la Madone 261

Bouches-du-Rhône
- Aix-en-Provence : Le Prieuré 262
- Barbentane : Hôtel Castel Mouisson 263
- Les Baux-de-Provence : Mas d'Aigret 264
- Les Baux-de-Provence : Auberge de la Benvengudo 265
- Beaurecueil : Mas de la Bertrande 266
- Mouriès : Hostellerie de Servanes 267
- Raphèle-les-Arles : Auberge la Fenière 268
- Saint-Rémy-de-Provence : Château de Roussan 269
- Les-Saintes-Maries-de-la-Mer : Hostellerie de Cacharel 270

Var
- Les Arcs-sur-Argens : Logis du Guetteur 271
- Callian : Auberge du Puits Jaubert 272
- Cotignac : Hostellerie Lou Calen 273
- Fayence : Moulin de la Camandoule 274
- Flassans-sur-Issole : La Grillade au feu de bois 275
- Flayosc : La Vieille Bastide 276
- Fox Amphoux : Auberge du Vieux Fox 277
- Grimaud : La Boulangerie 278
- Plan-de-la-Tour : Mas des Brugassières 279
- Ile de Port Cros : Le Manoir 280
- Roquebrune-sur-Argens : La Maurette 281
- Saint-Tropez : La Ferme d'Augustin 282
- Saint-Tropez : La Tartane 283
- Seillans : Hôtel des Deux Rocs 284
- Le Thoronet : Relais de l'Abbaye 285
- Tourtour : La Petite Auberge 286
- Trigance : Château de Trigance 287

Vaucluse
- Apt : Relais de Roquefure 288
- Barroux : Les Géraniums 289
- Les Beaumettes : Hostellerie Le Moulin Blanc 290
- Bollène : Relais de la Belle Ecluse 291
- Bonnieux : L'Aiguebrun 292
- Bonnieux : Hostellerie du Prieuré 293
- Châteauneuf-du-Pape : Logis d'Arnavel 294
- Entrechaux : Hostellerie de la Manescale 295
- Gigondas : Les Florets 296
- Gordes : Hôtel la Gacholle 297
- L'Isle-sur-la-Sorgue : Mas de Cure Bourse 298
- Lagnes : Mas des Gres 299
- Lauris : La Chaumière 300
- Ménerbes : Hostellerie Le Roy Soleil 301
- Pernes-les-Fontaines : L'Hermitage 302
- Le Pontet : Auberge de Cassagne 303
- Roussillon-en-Provence : Mas de Garrigon 304
- Vaison-la-Romaine : Hostellerie Le Beffroi 305

RHONE-ALPES

Ain
- Ambérieux en Dombes : Les Bichonnières 306
- Echenevex : Auberge des Chasseurs 307
- Pérouges : Ostellerie du Vieux Pérouges 308
- St-Jean-de-Gonville : Hôtel Demornex 309

Ardèche
— Lamastre : Château d'Urbilhac 310
— Saint-Pons : Hostellerie Mère Biquette 311
— Les Vans : Château le Scipionnet..312
Drôme
— Aubres : Auberge du Vieux Village d'Aubres......................313
— Malataverne : Domaine du Colombier 314
— La Chapelle-en-Vercors : Hôtel Bellier 315
— Mirmande : La Capitelle...316
— St-Restitut : Auberge des 4 Saisons...................................317
— Valaurie : Valle Aurea 318
Isère
— Chonas l'Amballan : Domaine de Clairefontaine 319
— Clelles-en-Trieves : Hôtel Ferrat 320
— Corps : Hôtel Boustigue 321
— Eybens : Château de la Commanderie 322
— Monestier-de-Clermont : Modern Hôtel 323
— Morestel : Domaine de la Garenne 324
— Les Nappes : Relais des Vieilles Postes.............................325
— Sinard : Hôtel du Violet 326
Savoie
— Grésy-sur-Isère : La Tour de Pacoret..................................327
— Meribel-les-Allues : Hôtel Grand Coeur 328
— La Rochette : Les Châtaigniers...329
Haute-Savoie
— Chamonix : Les Gentianes...330
— Doussard : Marceau Hôtel 331
— Manigod : Hotel de la Croix Fry...332
— Le Tertenoz de Seythenex : Au Gay Sejour.........................333
— Talloires : Hôtel Beau Site 334

Auberge du Kiboki

ALSACE LORRAINNE

57560 Turquestein (Moselle)
Tél. 87.08.60.65 - M. Schmitt

♦ *Ouverture du 1er mars au 31 janvier* ♦ *15 chambres avec tél. direct, s.d.b. et w.c. - Prix des chambres : 190/380 F - Prix du petit déjeuner et horaire : 25F - 8 h/10 h - Prix demi-pension : 205 F (par pers. en ch. double, 3 j. min.)* ♦ *Cartes de crédit : Visa - MasterCard* ♦ *Chiens non admis - Piscine et tennis à l'hôtel* ♦ *Possibilités alentour : Rocher du Dabo - Cristalleries - Faïenceries de Niderviller - Promenades pédestres* ♦ *Restaurant : service 12 h/14 h - 19 h/21 h - Fermeture mardi - Carte - Spécialités : Rillettes de truite - Gibier - Filet de sandre à la crème d'échalotes.*

C'est dans la vallée du Turquestein-Blancrupt, en pleine forêt, que l'on trouve cette authentique et traditionnelle auberge du Kiboki. Le décor rustique crée une ambiance très douillette à l'intérieur de l'hôtel. Les trois salles à manger sont très accueillantes et les chambres confortablement aménagées.
Lieu idéal pour un séjour de repos.

♦ *Itinéraire d'accès : à 25 km de Sarrebourg - A 4 sortie Phalsbourg - N 4 dir. Nancy - Blamont - D 893 dir. col de Donon*

ALSACE LORRAINNE

Relais du Château

**Barembach - 67130 Schirmeck (Bas-Rhin)
Tél. 88.97.97.50 - Télex 880 400 - M. Clément**

♦ *Ouverture toute l'année* ♦ *15 chambres avec tél.direct, s.d.b., w.c. (7 avec t.v. et minibar) - Prix des chambres : 280/550 F - Prix du petit déjeuner et horaire : 35/50 F - 7h30 /10 h - Prix demi-pension et pension : 345 F - 500 F (1 pers., 3 nuits min.)*
♦ *Cartes de crédit : Diners - Amex - Visa* ♦ *Chiens admis avec supplément dans les chambres seulement - Petite piscine à l'hôtel*
♦ *Possibilités alentour : Tennis à 200 m - Pêche - Vélo*
♦ *Restaurant : service 12 h/14 h - 19 h/22 h - Fermeture mercredi de novembre à mars - Menu : 95/345 F - Spécialités : Poisson - Gibier en saison.*

Ce relais a été aménagé dans un ancien manoir du début du siècle. A l'intérieur, confort cossu et intimité d'une demeure de caractère. Ambiance chaleureuse dans toutes les pièces de réception et dans les chambres, toutes différentes mais donnant toutes sur le jardin. Celles du premier étage sont plus luxueuses mais les chambres mansardées sont très charmantes.
La propriétaire est le chef de cuisine. Sa cuisine est raffinée, sa cave excellente. Bon service et bon accueil.

♦ *Itinéraire d'accès : à 40 km de Strasbourg - autoroute A 35 dir. Saint-Dié - N 392 dir. Saint-Dié - Schirmeck.*

La Rubanerie

ALSACE LORRAINE

La Claquette - Rothau - 67130 Schirmeck (Bas-Rhin)
Tél. 88.97.01.95 - M. Mme et Mlle Spach

♦ *Ouverture toute l'année*   ♦ *16 chambres avec tél., s.d.b. et w.c. Prix des chambres : 225/280F (simple) -250/300 F (double) - Prix du petit déjeuner et horaire : 34 F - 7 h 30/9 h 30 - Prix demi-pension : 240/260 F (par pers. 2 j. min.)* ♦ *Cartes de crédit : Carte bleue - Diners - Visa - Amex* ♦ *Chiens admis avec supplément - Piscine de jardin chauffée et sauna à l'hôtel* ♦ *Possibilités alentour : Route du vin - Route des crêtes* ♦ *Restaurant : service 12 h 30/13 h 15 - 19 h 30/20 h 15 - Fermeture dimanche sauf pour les résidents le soir - Menu : 100/210 F - Carte - Spécialités : Truite fumée - Galantine de jambon - Terrines et desserts maison.*

La Rubanerie a le charme et le caractère d'une demeure de tradition et son grand parc fleuri en bordure de la Bruche lui assure un grand calme et la perspective d'un beau cadre de verdure.

Ses chambres sont spacieuses et disposent toutes d'un bon confort. Le magnifique salon du rez-de-chaussée est un endroit parfait pour converser ou se détendre, assis près de la cheminée, et les beaux livres de la bibliothèque sont un excellent prétexte à y passer bien des heures.

La salle de restaurant, fleurie, donne sur la verdure par de hautes baies vitrées : on y sert des plats finement préparés et cuisinés par la maîtresse de maison et sa fille qui vous reçoivent avec égards, un peu comme des "hôtes de choix".

♦ *Itinéraire d'accès : à 48 km de Strasbourg par A 35 et voie rapide, D 392 - Nancy-Lunéville par N 4 et D 392 - Colmar par D 424.*

ALSACE LORRAINNE

Hôtel Arnold

**67140 Itterswiller (Bas-Rhin)
Tél. 88.85.50.58 - Télex 870 550 - Famille Arnold**

♦ *Ouverture toute l'année* ♦ *28 chambres avec tél.direct, s.d.b., w.c., t.v. et minibar - Prix des chambres : 300/400 F - Prix du petit déjeuner et horaire : 35F - 7h/12 h - Prix demi-pension : 350 F (par pers., 3 j. min.) en juin, juillet et août* ♦ *Carte de crédit : Visa* ♦ *Chiens non admis* ♦ *Possibilités alentour : Visites de caves - Piscine - Tennis 3km - Equitation 15 km* ♦ *Restaurant : service 11 h 45/14 h - 18 h 45/21 h - Fermeture lundi et dimanche soir hors saison - Menu : 98/250 F - Carte - Spécialités : Cuisine alsacienne - Gibier - Poisson - Foie gras maison.*

C'est au cœur du vignoble alsacien, au pied de la chaîne des Vosges, que se trouve l'hôtel Arnold. Il se compose de trois bâtiments construits dans le plus pur style alsacien. Fenêtres et balcons débordent de fleurs.
L'aménagement intérieur est très chaleureux et les chambres rénovées récemment offrent toutes un grand confort. Plusieurs possèdent des balcons ouvrant sur la vallée et les vignobles.
La famille Arnold, soucieuse de conserver les traditions alsaciennes, vous invite à déguster les spécialités régionales au restaurant ou à les emporter, une boutique proposant vins, foie gras et autres produits de la propriété.
Elle s'attache aussi à respecter la légendaire hospitalité alsacienne.

♦ *Itinéraire d'accès : à 41 km de Strasbourg - N 422 dir. Obernai - Barr - Route des vins.*

Auberge d'Imsthal

ALSACE LORRAINE

**La Petite Pierre - 67290 Wingen-sur-Moder (Bas-Rhin)
Tél. 88.70.45.21 - M. Michaely**

♦ *Ouverture toute l'année* ♦ *23 chambres avec tél., s.d.b. (20 avec w.c.) - Prix des chambres : 150/300 F - Prix du petit déjeuner et horaire : 32 F - 8 h/10 h - Prix demi-pension et pension : 230/400 F - 280/450 F (1 pers., 3 j. min.)* ♦ *Cartes de crédit : Carte bleue - Diners - Visa - Amex* ♦ *Chiens admis avec 30 F de supplément - Sauna, Solarium, Hammam, Squash, Minigolf à l'hôtel* ♦ *Possibilités alentour : Pêche - Chasse sous conditions - Equitation* ♦ *Restaurant : service 12 h/14 h - 19 h/21 h - Fermeture mardi sauf pour les résidents et du 25 nov. au 20 déc. - Menu : 60/220 F - Carte - Spécialités : Gibier - Foie gras - Poisson d'eau douce - Civet.*

L'Auberge d'Imsthal est située en bordure d'étang, dans un cadre exceptionnel, celui de la pittoresque bourgade de La Petite Pierre et des forêts des Vosges du Nord. Après avoir goûté aux multiples activités d'une région très riche en possibilités de toutes sortes, vous apprécierez le confort de cette auberge : le salon, son piano et sa grande cheminée où l'on allume un bon feu ; la salle à manger disposée en plusieurs petites salles ayant chacune son cachet particulier ; les chambres au mobilier rustique, très calmes et de bon confort.
Cette adresse est une invite à goûter dans d'excellentes conditions les charmes de la contrée.

♦ *Itinéraire d'accès : à 59 km de Srasbourg - A 4 - Sorties Phalsbourg - Saverne - Sarre Union - Hochfelden.*

ALSACE LORRAINE

Hôtel Anthon

**Obersteinbach - 67510 Lembach (Bas-Rhin)
Tél. 88.09.55.01 - Mme Flaig**

♦ *Ouverture du 1er février à fin décembre - Fermeture mardi et mercredi* ♦ *7 chambres avec tél., s.d.b. et w.c. - Prix des chambres : 195 F - Prix du petit déjeuner et horaire : 30 F - 7 h30/10 h* ♦ *Cartes de crédit : Eurocard - Carte bleue - MasterCard - Visa* ♦ *Chiens admis - Minigolf à l'hôtel* ♦ *Possibilités alentour : Randonnées en forêt - Equitation - Musées Visite guidée ligne Maginot* ♦ *Restaurant : service 12 h/14 h 18 h 30/21 h - Fermeture lundi et mardi et janvier - Menu : 80 F en semaine / 280 F - Carte - Spécialités : Foie gras frais - Filets de sole aux nouilles - Feuilleté aux poires.*

L'hôtel-restaurant Anthon est situé à Obersteinbach, petit village pittoresque, au cœur du parc naturel des Vosges du Nord. Il dispose de 7 chambres bien équipées, très calmes et donnant toutes sur les prés de la campagne environnante, jusqu'aux pentes boisées des Vosges. Sa salle à manger est spacieuse ; son architecture en rotonde et ses grandes baies vitrées offrent un panorama exceptionnel et rendent encore plus séduisante une table généreuse et appréciée.
L'hôtel dispose aussi d'une winstub animée et d'un salon très calme. A l'extérieur, un parc fait de cet hôtel un lieu idéal pour séjours de repos et week-ends.

♦ *Itinéraire d'accès : à 66 km de Strasbourg-Haguenau - D 27 Lembach - D 3 Obersteinbach.*

Hostellerie des Châteaux

ALSACE LORRAINNE

**67530 Ottrott-le-Haut (Bas-Rhin)
Tél. 88.95.81.54 - Télex 870 439 - M. et Mme Schaetzel**

♦ *Ouverture du 15 février au 15 janvier - Fermeture mardi hors saison* ♦ *36 chambres avec tél. direct, s.d.b., w.c., t.v. - Prix des chambres : 200/500 F - Prix du petit déjeuner et horaire : 30 F - 7 h/10 h - Prix demi-pension et pension : 250/400 F - 350/500 F (1 pers., 3 j. min.)* ♦ *Cartes de crédit : Diners - Amex - Visa* ♦ *Chiens admis* ♦ *Possibilités alentour : Tennis à 500 m - Piscine à 4 km - Equitation - Promenades en sentiers balisés* ♦ *Restaurant : service 12 h/15h - 19 h/21 h - Fermeture mardi hors saison - Menu : 130/320 F - Carte - Spécialités : Salade d'épinard au foie d'oie - Papillon de saumon fumé et sa mousseline au raifort - Gibier - Champignons frais.*

L'Hostellerie des Châteaux, c'est une ancienne maison du village restaurée et agrandie. Du crépi rose de la façade abondamment fleurie au confort de l'intérieur sans oublier la cuisine, tout y est parfait.
En effet l'aménagement des salons, des chambres est particulièrement soigné et raffiné. Il en est de même dans la salle à manger, où Ernest Schaetzel propose une cuisine traditionnelle repensée, fine et légère, accompagnée de bons vins d'Alsace.
Situé au pied du mont Sainte-Odile on peut enfin faire à partir de l'hôtel d'agréables promenades en forêt.

♦ *Itinéraire d'accès : à 34 km de Strasbourg - autoroute A 352 - D 422 - Obernai - Ottrott-le-Haut.*

Hôtel Neuhauser

ALSACE LORRAINNE

**Les Quelles - 67130 Schirmeck (Bas-Rhin)
Tél. 88.97.06.81 - M. Neuhauser**

♦ *Ouverture toute l'année sauf 15/30 novembre et du 15 au 31 janvier - Fermeture mercredi sauf juillet et août   ♦ 14 chambres avec tél., s.d.b. et w.c. - Prix des chambres : 150/260 F - Prix du petit déjeuner et horaire : 28 F - 8 h/10 h - Prix demi-pension et pension : 360/460 F - 460/620 F (2 pers., 3 j.min.)   ♦ Carte de crédit : Visa   ♦ Chiens admis avec supplément dans certaines chambres - Piscine chauffée à l'hôtel   ♦ Possibilités alentour : Pêche - Randonnées à vélo (location)   ♦ Restaurant : service 12 h /14 h - 19 h/21 h - Fermeture mercredi sauf juillet et août - Menu : 110/200 F - Carte - Spécialités : Saumon tartare - Sandre en robe de saumon - Noisette de chevreuil forestière.*

L'hôtel Neuhauser et les quelques maisonnettes du tout petit village qu'ils constituent sont cernés de toutes parts par la forêt environnante.
Cet isolement garantit une très grande tranquillité que les chambres de l'hôtel permettent de bien apprécier ; peu nombreuses, elles disposent d'un assez bon confort pour un prix raisonnable et sont aménagées avec goût dans le style traditionnel (meubles rustiques, poutres apparentes...).
La cuisine est variée et bien préparée ; et si la carte des vins vaut elle aussi toute votre attention, vous n'oublierez pas de goûter plus paticulièrement les eaux de vie et les liqueurs du propriétaire.

♦ *Itinéraire d'accès : à 50 km de Strasbourg, dir. aéroport - D 392 ou N 420 Schirmeck - Les Quelles.*

Moulin de la Wantzenau

ALSACE LORRAINNE

**67610 La Wantzenau (Bas-Rhin)
Tél. 88.96.27.83 - Mme A. Dametti - Mme B. Wolff**

♦ *Ouverture du 2 janvier au 24 décembre* ♦ *20 chambres avec tél., s.d.b. et w.c. - Prix des chambres : 205/310 F - 415 F pour le duplex - Prix du petit déjeuner et horaire : 32 F - 7 h/11 h -* ♦ *Cartes de crédit : Carte bleue - Visa - Eurocard - Amex* ♦ *Chiens admis avec 35 F de supplément* ♦ *Possibilités alentour : Tennis à 2 km - Piscine à 10 km* ♦ *Restaurant indépendant de l'hôtel : 88.96.20.01 - service : 12 h 15/13 h 45 - 19 h 15/ 21 h 15 Fermeture mercredi, dimanche soir et jours fériés - 2 semaines en janv., 3 semaines en juil. - Menu : 130/190 F - Carte - Spécialités : Foie gras - Salade de canard aux pamplemousses - Poussin Mère Clauss.*

Tout en étant à proximité de Strasbourg on est ici à la campagne, loin de tout bruit. Cet ancien moulin a été bien restauré et son aménagement est sobre et confortable. Les chambres aux meubles de bois clair sont spacieuses et disposent d'équipements sanitaires irréprochables. Les services offerts, comme le petit déjeuner apporté avec le quotidien régional ou le repassage des vêtements, sont très appréciables.
Le salon, avec sa grande cheminée et ses larges fauteuils, invite d'autant plus à la détente qu'une bibliothèque est mise à votre disposition (on y trouve même des livres pour enfants). Le restaurant est distinct de l'hôtel mais se trouve en face. La table y est très bonne et les vins qui pourront accompagner des spécialités locales vous seront judicieusement conseillés. Cadre accueillant et stylé.

♦ *Itinéraire d'accès : à 12 km de Strasbourg, autoroute Strasbourg Paris sortie Reichstett - suivre CD 468 - Z.I. La Wantzenau.*

ALSACE LORRAINE

Parc Hôtel

**67710 Wangenbourg (Bas-Rhin)
Tél. 88.87.31.72 - M. Gihr**

♦ *Ouverture du 22 décembre au 4 novembre* ♦ *34 chambres avec tél. direct, s.d.b., w.c. (t.v. sur demande) - Prix des chambres : 192/260 F - Prix du petit déjeuner et horaire : 25 F - 7 h 30/10 h - Prix demi-pension et pension : 245 F - 265 F (1 pers., 3 j.min)* ♦ *Carte de crédit : Visa* ♦ *Chiens non admis - Piscine couverte et tennis à l'hôtel* ♦ *Possibilités alentour : Château de Wangenbourg - Le rocher de Dabo - Haut-Koenigsburg - Pêche - Chasse - Promenades en forêt* ♦ *Restaurant : service 12 h/ 13 h 30 19 h/20 h 30 - Menu : 75/165 F - Carte - Spécialités : Foie gras frais aux pommes - Rosace de lotte et saumon à la crème d'aneth - Chevreuil à la forestière (en saison).*

Le Parc Hôtel est au cœur même du village, mais situé dans un parc de 1 hectare. Cette maison, gérée par la même famille depuis six générations, garantit le professionnalisme et le confort. Au cours des années on a aussi créé de nombreuses installations de loisirs à l'intérieur même de l'hôtel (piscine couverte ouvrant sur le jardin, tennis, salle de musculation, salle de billard...).
Grand confort dans toutes les chambres. Accueil charmant.

♦ *Itinéraire d'accès : à 40 km de Strasbourg - autoroute A 4 sortie Saverne - N 4 dir. Strasbourg - Wasselonne puis D 224.*

Auberge d'Artzenheim

68320 Artzenheim (Haut-Rhin)
Tél. 89.71.60.51 - Mme Husser-Schmitt

♦ *Ouverture du 15 mars au 15 février - Fermeture le lundi soir et mardi* ♦ *10 chambres avec tél.et s.d.b. - Prix des chambres : 185/285 F - Prix du petit déjeuner et horaire : 22 F - 8 h/10 h - Prix demi-pension 195 F (1 pers., 3 j. min.)* ♦ *Cartes de crédit : Eurocard - Carte bleue* ♦ *Chiens admis* ♦ *Possibilités alentour : Zone de loisirs de l'île du Rhin* ♦ *Restaurant : service 12 h/14 h - 19 h/21 h - Fermeture lundi soir et mardi - Menu : 88/255 F - Carte - Spécialités : Foie gras - Sandre au beurre blanc.*

Bien que située en agglomération, cette auberge typiquement alsacienne bénéficie sur l'arrière d'un joli et vaste jardin avec tonnelle et cabinet de verdure.
L'ambiance y est familiale, faite de simplicité, de bien-être, de plantes et de bouquets champêtres... Même si certaines chambres ne bénéficient pas d'installations sanitaires privées, toutes sont jolies avec leurs meubles rustiques ou alsaciens de bois peints de fleurs et d'oiseaux.
La salle à manger, aménagée avec raffinement, donne sur le jardin et ses massifs de fleurs par de larges baies vitrées à petits carreaux.
Cette auberge est par ailleurs une étape gastronomique à retenir, son propriétaire et chef cuisinier vous offrant entre autres spécialités son célèbre kouglof glacé.

♦ *Itinéraire d'accès : à 16 km de Colmar - D 111.*

ALSACE LORRAINE

Hôtel La Clairière

**68970 Guémar-Illhaeusern (Haut-Rhin)
Tél. 89.71.80.80 - M. Loux**

♦ *Ouverture du 1ᵉʳ mars au 31 décembre* ♦ *25 chambres et 3 appart. avec tél., t.v., s.d.b. et w.c. - Prix des chambres : 350/550 F 700/1300 F (appart.) - Prix du petit déjeuner et horaire : 39F - 7 h 30/10 h 30* ♦ *Cartes de crédit : Eurocard - Carte bleue - MasterCard - Visa* ♦ *Chiens admis - Tennis à l'hôtel* ♦ *Possibilités alentour : Promenades dans la campagne* ♦ *Pas de restaurant.*

A l'écart de la route départementale et en lisière de forêt, l'hôtel La Clairière propose 25 chambres, belles et très confortables, de style rustique avec, dans chacune d'elles, un poste de télévision couleur. De bons fauteuils et de belles flambées font du salon un lieu accueillant et reposant. Il n'y pas de restaurant dans l'hôtel mais à proximité se trouve une excellente étape gastronomique, l'Auberge de l'Ill.
L'hôtel, qui dispose d'un terrain de tennis privé, est le point de départ de nombreuses promenades et randonnées.
Les propriétaires vous réservent un accueil chaleureux.

♦ *Itinéraire d'accès : à 17 km de Colmar - N 83 (départ Colmar-Strasbourg) - à Guémar D 10.*

Hôtel Goldenmatt

ALSACE LORRAINNE

**Goldbach - 68760 Willer-sur-Thur (Haut-Rhin)
Tél. 89.82.32.86 - M. et Mme Butterlin**

♦ *Ouverture de Pâques à mi-novembre* ♦ *12 chambres et un chalet avec tél.direct, douche et w.c. - Prix des chambres : 150/ 300 F - Le chalet : 350 F - Prix du petit déjeuner et horaire : 40 F- 8 h/10 h 30 - Prix demi-pension à partir de 200 F (1 pers., 3 j. min.)* ♦ *Cartes de crédit : Visa - Eurocard - MasterCard* ♦ *Chiens admis sauf au restaurant - Etang privé avec possibilité de pêche* ♦ *Possibilités alentour : Promenades pédestres du club vosgien* ♦ *Restaurant : service 12 h/14 h - 19 h/21 h - Fermeture du 15 novembre à Pâques - Menu : 100/200 F - Carte - Spécialités : Truite chaude fumée - Pâté à la strasbourgeoise.*

De par sa situation, l'hôtel domine un magnifique paysage de montagnes, de forêts et de pâturages, à l'écart de tout bruit.
Depuis les grandes fenêtres de la salle à manger, on peut, par beau temps, distinguer, au-delà d'un exceptionnel panorama, le Jura et même le mont Blanc. Là, dans un cadre rustique et chaleureux, sont servis des menus préparés avec soin. Les chambres disposent d'un confort suffisant mais valent surtout par leur grand calme et leur panorama. Vous pouvez aussi loger dans un petit chalet aménagé. Le matin vous attend un petit déjeuner copieux et délicieux avec œuf coque, kouglof, tarte, pain grillé ou pain au levain, de quoi donner les forces nécessaires avant l'une des nombreuses promenades pédestres que réserve cette contrée.

♦ *Itinéraire d'accès : à 19 km de Mulhouse - Thann. Willer-sur-Thur - prendre D 13 BV 1 - puis à gauche la D 431 direction du Grand-Ballon ou RN 83 Uffholtz - D 431 route des Crêtes - entre le col Amic et le Grand-Ballon.*

Ferme de Thierenbach

ALSACE LORRAINE

**Jungholtz - 68500 Guebwiller (Haut-Rhin)
Tél. 89.76.93.01 - M. et Mme Vonesch**

♦ *Ouverture de mars à janvier - Fermeture lundi h.s* ♦ *16 chambres avec tél.direct, s.d.b. et w.c. - Prix des chambres : 300 F - Prix du petit déjeuner et horaire : 30 F - 7 h 30/11 h - Prix demi-pension et pension : 300 F - 360 F (1 pers., 3 j. min.)* ♦ *Cartes de crédit acceptées* ♦ *Chiens admis - Piscine à l'hôtel* ♦ *Possibilités alentour : Promenades pédestres, à cheval - Pêche en étang - Cueillette de champignons* ♦ *Restaurant : service 12 h/ 14 h 30 - 19 h 30/21 h 30 - Fermeture lundi h.s - Menu : 130/300 F Carte .*

C'est dans un cadre très campagnard, avec prés, vergers et bois, que se trouve la solide ferme de Thierenbach. La salle à manger est particulièrement accueillante avec ses grandes tables, sa vaisselle raffinée, ses nombreux bouquets et plantes vertes, ses tableaux et ses gravures. Un bel escalier ouvragé conduit aux chambres de l'étage supérieur au beau mobilier rustique.
Au deuxième étage se trouvent des chambres plus intimes avec des charpentes apparentes et des murs de bois clair. Certaines possèdent des salles de bains en bois équipées confortablement. Le mobilier très divers est toujours agréable (armoire de style, petit poêle ancien, fauteuils ou chaises tapissés...).
Bonne cuisine maison. L'endroit est très calme et le chant des oiseaux pourra y faire office de réveille-matin.

♦ *Itinéraire d'accès : à 6 km de Guebwiller - D 51 - Jungholtz - Thierenbach.*

Auberge La Rochette

ALSACE LORRAINNE

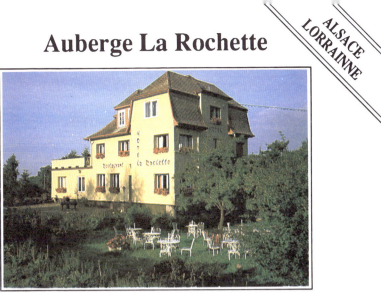

68910 Labaroche (Haut-Rhin)
Tél. 89.49.80.40 - Famille Preiss

♦ *Ouverture toute l'année sauf en janvier* ♦ *8 chambres avec tél. direct, s.d.b. et w.c. - Prix des chambres : 190/235 F - Prix du petit déjeuner et horaire : 35 F - 8 h/9 h 30 - Prix demi-pension et pension : 187/210 F - 205/220 F (par pers.)* ♦ *Cartes de crédit : Visa - Amex* ♦ *Chiens non admis* ♦ *Possibilités alentour : Tennis - Piscine - Golf - Equitation - Ski - Randonnées organisées par l'hôtel* ♦ *Restaurant : service 12 h 30/13 h 30 - 19 h 30/21 h Fermeture mercredi hors saison - Menu : 80/140 F - Carte - Spécialités : Foie gras maison - Cuisine alsacienne traditionnelle.*

Située sur un plateau, au cœur des forêts verdoyantes des Vosges, l'auberge La Rochette se trouve un peu à l'écart du village.
On ne peut être que séduit par cette petite maison, hôtel depuis cinquante ans. Partout charme absolu des meubles anciens, des parquets cirés, des collections d'art populaire et de faïences régionales.
Les chambres sont ravissantes, dans l'esprit de la maison, toutes sont confortables mais la numéro 8 est plus spacieuse.
L'accueil est sympathique.
Dès qu'il fait beau, un service bar et snack est assuré sur la terrasse.

♦ *Itinéraire d'accès : à 14 km de Colmar - N 83 - Ingersheim - à 4 km de Trois-Epis.*

Hôtel Les Alisiers

ALSACE LORRAINE

**68650 Lapoutroie (Haut-Rhin)
Tél. 89.47.52.82 - M. et Mme Degouy**

♦ *Ouverture du 1er janvier au 15 juin, du 1er juillet au 15 novembre et du 15 au 31 décembre* ♦ *15 chambres avec tél (13 avec s.d.b., 14 avec w.c.) - Prix des chambres : 180/250 F - Prix du petit déjeuner et horaire : 32 F - Buffet de 7 h 30 à 10 h - Prix demi-pension : 245 F (1 pers.)* ♦ *Cartes de crédit : Carte bleue - Amex - Visa* ♦ *Chiens admis* ♦ *Possibilités alentour : Promenades - Practice de golf à 15 min. - Pêche en rivière et en lac* ♦ *Restaurant : service 12 h/13 h30 - 19 h 30/21 h - Fermeture lundi soir et mardi - Menu : 98/150 F - Carte - Spécialités : Truite du vivier - Baeckaoffa - Pommes de terre coiffées de munster fondu - Aiguillette de faux-filet au pinot noir.*

Les Alisiers se trouve dans un site de montagnes, à 700 m d'altitude. Le panorama sur le massif des Hautes-Vosges et sur la vallée de la Béhine y est splendide. L'établissement lui-même est agréable. Ses chambres au mobilier de bois clair sont toutes différentes, intimes et confortables, avec un bon équipement sanitaire, variable d'une chambre à l'autre.
Une belle salle à manger panoramique s'ouvre sur les massifs vosgiens. La cuisine est bonne et variée (excellente choucroute). L'ambiance intime et décontractée de cet hôtel doit beaucoup à l'amabilité de ses propriétaires.

♦ *Itinéraire d'accès : à 19 km de Colmar sur l'axe Colmar - Saint Dié N 415 - à Laupoutroie, prendre à gauche devant l'église et suivre le fléchage pendant 3 km.*

Domaine Langmatt

ALSACE LORRAINNE

**Murbach - 68530 Buhl (Haut-Rhin)
Tél. 89.76.21.12 - M. Bisel**

♦ *Ouverture toute l'année*   ♦ *24 chambres avec tél. direct, t.v., douche, w.c. - Prix des chambres : 390/580 F - Duplex et pavillons 780 F - Prix du petit déjeuner et horaire : 40 F - 8 h/10 h - Prix demi-pension et pension : 394 F - 494 F (par pers.)*   ♦ *Cartes de crédit : Amex - Visa - Eurocard*   ♦ *Chiens admis selon l'hébergement - Piscine intérieure chauffée toute l'année - Sauna - Solarium - Salle de gym - Tennis de table (sans supplém.)*
♦ *Possibilités alentour : Pêche à la truite - Randonnées (club vosgien)* ♦ *Restaurant : service 12 h/13 h 30 - 19 h/20 h 30 - Fermeture mercredi hors saison - Menu : 85/280 F - Carte - Spécialités : Truite du Murbach - Civet de lièvre - Boeuf aux morilles - Sorbet au marc de gewürztraminer.*

Ce grand chalet et ses dépendances offrent un confort rare à cette altitude. La salle de séjour au plafond de bois clair et aux poutres apparentes est simple et chaleureuse : cheminée dressée au centre de la pièce, beau buffet en merisier et musique variée diffusée avec discrétion. Deux salons sont à votre disposition : un au rez-de-chaussée face à la piscine, un autre à l'étage. Les chambres sont aménagées avec soin et meublées "sur mesure" par un artisan menuisier. Sont aussi à votre disposition deux duplex avec kitchenettes entièrement équipées et, dans une clairière de bouleaux et de sapins, à l'écart de l'hôtel, ce sont deux petits chalets de montagne bien exposés au soleil, l'un en bois, l'autre aux murs blancs et aux volets roses...

♦ *Itinéraire d'accès : à 6 km de Guebwiller - Buhl - Murbach - à l'abbaye de Murbach continuer sur 2,400 km .*

Hostellerie Saint Barnabé

ALSACE LORRAINNE

Murbach - 68530 Buhl (Haut-Rhin)
Tél. 89.76.92.15 - M. Orban

♦ *Ouverture du 2 mars au 15 février - Fermeture dimanche soir et lundi hors saison* ♦ *25 chambres avec tél.direct, s.b.d. et w.c. - Prix des chambres : 225/650 F - Prix du petit déjeuner et horaire : 30 F - 7 h 30/10 h - Prix demi-pension et pension : 295/505 F - 395/610 F (par pers., 3 nuits min.)* ♦ *Carte de crédit : Visa* ♦ *Chiens admis avec supplément - Tennis et minigolf à l'hôtel* ♦ *Possibilités alentour : Vallée de Guebwiller - Eglise Saint-Léger de Guebwiller - Equitation à 11 km* ♦ *Restaurant : service 12 h 15/ 14 h - 19 h 15/21 h 30 - Fermeture dimanche soir et lundi hors saison - Menu : 170/220 F - Carte - Spécialités : Saumon fumé maison - Terrine de foie gras d'oie au gewurztraminer - Viennoise de turbot.*

Saint Barnabé est très bien situé, au cœur du petit vallon de Murbach, dans les sous-bois, les fougères et les fleurs.
L'aménagement intérieur de l'hôtel est très réussi et le confort assuré dans toutes les chambres, y compris celles de l'annexe. Mais notre coup de cœur va au petit chalet qui a une grande chambre et où l'on peut se faire un feu de bois.
Le jardin et les terrasses sont abondamment fleuris et les enfants adorent pêcher dans le petit ruisseau à truites qui traverse la propriété.
L'accueil y est très sympathique.

♦ *Itinéraire d'accès : à 5,5 km de Guebwiller par D 40.*

Hostel de La Pépinière

68150 Ribeauvillé (Haut-Rhin)
Tél. 89.73.64.14 - Mme Weiss

♦ *Ouverture du 1er avril au 30 novembre* ♦ *19 chambres avec tél., s.d.b. et w.c. - Prix des chambres : 250/320 F - Prix du petit déjeuner et horaire : 27 F - 8 h/10 h 30 - Prix demi-pension et pension : 345 F - 375F (1 pers., 3 j. min.)* ♦ *Cartes de crédit : Eurocard - Carte bleue - MasterCard - Access* ♦ *Chiens admis* ♦ *Possibilités alentour : Route du vin - Circuits pédestres en forêt* ♦ *Restaurant : service 12 h/14 h - 19 h/21 h - Fermeture mardi et mercredi midi - Menu : 85/330 F - Carte - Spécialités : Poisson de rivière - Cuisine saisonnière - Foie gras - Choucroute au poisson.*

L'hôtel mérite bien son nom car il est situé au cœur d'une magnifique pépinière naturelle : la forêt vosgienne.
Toutes les chambres ont leur cachet particulier et disposent de salles de bains spacieuses et bien équipées. Vous pouvez vous détendre dans l'un des salons ou aller prendre un apéritif au bar qu'agrémente un feu de bois.
La salle de restaurant enchante par son cadre et sa table. Son atmosphère, à la fois lumineuse et feutrée, doit beaucoup aux tableaux, aux bouquets odorants, aux nappes et aux serviettes blanches et soyeuses.
La cuisine proposée est légère et raffinée. En été, vous pouvez vous installer sur de petites terrasses, à l'ombre d'arbres aux espèces les plus diverses.

♦ *Itinéraire d'accès : à 15 km de Colmar - entre Ribeauvillé et Sainte-Marie-aux-Mines par A35 - par D416.*

Hôtel Au Riesling

**Zellenberg - 68340 Riquewihr (Haut-Rhin)
Tél. 89.47.85.85 - Mme Rentz**

♦ Ouverture du 1er février au 15 décembre ♦ 36 chambres avec tél., s.d.b. et w.c. - Prix des chambres : 230/280 F - Prix du petit déjeuner et horaire : 30 F - 8 h/10 h - Prix demi-pension : 240/290 F(3 j. min.) ♦ Cartes de crédit : Diners - Visa - Amex - Eurocard - MasterCard ♦ Chiens non admis   ♦ Possibilités alentour : Nombreuses promenades touristiques - La route des vins Tennis à 800 m ♦ Restaurant : service 12 h/14 h - 19 h/21 h - Fermeture dimanche soir et lundi - Menu : 85/175 F - Carte   - Spécialités : Choucroutes - Coq au riesling.

Situé au cœur du vignoble, l'hôtel offre les services d'un établissement moderne qui a su allier confort et tradition. C'est dans une salle à manger rustique et spacieuse que vous pourrez savourer la cuisine traditionnelle alsacienne et déguster de nombreux crus ; il est même possible d'emporter des vins de la propriété. De la salle à manger et de plusieurs chambres, la vue sur la plaine d'Alsace et ses vignobles est splendide. La partie de l'hôtel la plus moderne est d'un grand confort avec des doubles vitrages et de nombreux balcons. Les chambres sont agréables (moquettes, têtes de lits en bois et rideaux de couleur).

♦ Itinéraire d'accès : Colmar - RN 83 Zellenberg - Riquewihr.

Hostellerie des Bas-Rupts

88400 Gérardmer (Vosges)
Tél. 29.63.09.25 - Télex 960 992 - M. M. Philippe

♦ *Ouverture toute l'année* ♦ *32 chambres avec tél., s.d.b et w.c - Prix des chambres : 300/480 F - Prix du petit déjeuner et horaire : 35 F - 7 h 30/10 h 30 - Prix demi-pension : 320/450 F (par pers.)* ♦ *Carte de crédit : Carte bleue* ♦ *Chiens admis avec supplément Tennis à l'hôtel* ♦ *Possibilités alentour : Ski à la Bresse - Equitation - Piscine* ♦ *Restaurant : service 12 h/14 h - 19 h/ 21 h 30 - Menu : 110/320 F - Carte.*

Géradmer fut autrefois une villégiature cossue où Alsaciens et Lorrains fortunés venaient passer le temps et perdre quelque argent au casino. Terriblement détruite à la fin de la dernière guerre, la ville a perdu son charme et ses palaces à grooms. La beauté du lac et des forêts alentour ne peut atténuer le côté nostalgique que la ville a désormais acquis. Un peu en dehors de celle-ci se trouve cet hôtel-restaurant renommé et dûment "roseté" par le guide Michelin. Non content d'être une bonne table, cet établissement familial vous offre, ô surprise, un petit bout d'Autriche en plein coeur des Vosges et son "chalet fleuri" vous transporte soudain au plus profond du Tyrol. Un nom qui n'est pas usurpé pour une fois car les fleurs sont ici chez elles : peintes sur les poutres, portes et têtes de lits, en bouquets, fraîches ou séchées sur les tables et les murs. Elles ajoutent beaucoup au charme et au grand confort des chambres de l'annexe. Dans l'hôtel même, des chambres plus ordinaires sont cédées à moindre prix. Grande gentillesse et professionnalisme du service.

♦ *Itinéraire d'accès : à 3 km de Gérardmer.*

ALSACE LORRAINE

Auberge du Spitzemberg

**La Petite Fosse - 88490 Provenchères-sur-Fave (Vosges)
Tél. 29.51.20.46 - M. Mathis**

♦ *Ouverture du 15 mars au 15 novembre - Fermeture mardi ♦ 9 chambres avec tél. direct, s.d.b. et w.c. - Prix des chambres : 195/205 F - Prix du petit déjeuner et horaire : 22 F - 8 h/9 h - Prix demi-pension et pension : 250 F - 310 F (1 pers., 3 j. min.)*
♦ *Carte de crédit : Visa   ♦ Chiens admis - Minigolf à l'hôtel*
♦ *Restaurant : service 12 h/14 h - 19 h/21 h - Fermeture mardi - Menu : 56/112 F - Carte - Spécialités : Pintade à la crème et aux morilles - Filet de sole aux St-Jacques - Noisette d'agneau à la Chartres.*

Au milieu de la forêt vosgienne, l'auberge du Spitzemberg est une ancienne ferme transformée en un charmant petit hôtel. Au cœur même de la nature, on a de toute part une vue exceptionnelle sur la campagne.
La décoration des chambres est assez simple mais toutes sont confortablement équipées. La salle à manger est très gaie et on y déguste une bonne cuisine traditionnelle.
Un minigolf installé dans un grand champ devant l'hôtel permet de passer d'agréables après-midi à moins que l'on préfère partir en excursion dans les environs.

♦ *Itinéraire d'accès : à 75 km de Strasbourg - N 420 dir. St Dié - Provenchères - D 45 La Petite Fosse.*

Hôtel de la Fontaine Stanislas

ALSACE LORRAINNE

**88370 Plombières-les-Bains (Vosges)
Tél. 29.66.01.53 - Mme Lemercier**

♦ *Ouverture du 1er avril au 30 septembre* ♦ *19 chambres avec tél. (14 avec s.d.b., 11 avec w.c.) - Prix des chambres : 95/225 F - Prix du petit déjeuner et horaire : 20 F - 7 h 30/9 h 30 - Prix demi-pension et pension : 180/210F - 215/285F (1 pers., 3 j. min.)* ♦ *Cartes de crédit : Visa - Amex* ♦ *Petits chiens admis* ♦ *Possibilités alentour : Promenades en forêt - La Feuillée Nouvelle (5 km) - Tennis - Piscine - Equitation (4 km)* ♦ *Restaurant : service 12 h/13 h 30 - 19 h/20 h 30 - Menu : 70/200 F - Carte - Spécialités : Truite braisée à l'oseille - Poulet aux morilles au jus de truffe - Coupe Belle de Lorraine.*

L'hôtel est sublimement situé en plein milieu des bois, à proximité de la fontaine qui porte le nom du roi de Pologne. Outre le calme et le charme de ce formidable site, on est conquis par le caractère vieille France de l'établissement décoré de meubles des années 50.
Les chambres sont dans le même esprit. Nous avons surtout aimé les deux chambres de l'annexe et les numéros 2, 3 et 11, qui possèdent de petites terrasses.
Accueil chaleureux. Table honnête du terroir. Professionnalisme assuré, quatre générations se succédant à la tête de l'affaire depuis 1933.

♦ *Itinéraire d'accès : à 4 km de Plombières - sur la place de l'église dir. Epinal par Xertigny - à Granges-de-Plombières, prendre route forestière sur la gauche.*

Chalets des Ayes

**88160 Le Thillot (Vosges)
Tél. 29.25.03.88 - M. Marsot**

♦ *Ouverture toute l'année* ♦ *2 chambres et 5 chalets à la semaine avec s.d.b - Prix des chambres : 150/180 F - Prix du petit déjeuner : 25 F* ♦ *Carte de crédit : Visa* ♦ *Chiens non admis - Piscine à l'hôtel* ♦ *Possibilités alentour : Tennis - Ski de fond et de piste - Equitation* ♦ *Pas de restaurant à l'hôtel*

Si les Vosges sont d'une sauvage et séduisante beauté, il semble parfois difficile de trouver où passer la nuit, et l'on se sent coincé entre des établissements sinistres à la limite du sordide et d'autres trop importants de taille pour sauvegarder un quelconque charme campagnard. Voici un endroit qui, bien qu'il en porte le nom, n'est pas à proprement parler un hôtel, mais offre tout de même une solution de secours aussi pratique qu'agréable. Deux chambres y sont à louer à la nuit tout à fait selon le mode des *bed and breakfast* d'outre-Manche. Gaies et coquettes, elles se complètent de cinq petits chalets très bien équipés et plaisamment aménagés. Bien qu'en principe loués à la semaine, ils peuvent, comme les chambres, être laissés pour quelques nuits en fonction des disponibilités. Du jardin et de la piscine, l'on se sent bien dans cette vallée où le relief plus doux des montagnes et les pentes plantées de chênes, de hêtres, et non plus des seuls résineux, reste riante même par le plus triste des temps .

♦ *Itinéraire d'accès : à 44 km de Belfort.*

Hostellerie Les Griffons

AQUITAINE

**Bourdeilles - 24310 Brantôme (Dordogne)
Tél. 53.03.75.61 - Mme Deborde**

♦ *Ouverture du 25 mars au 15 octobre* ♦ *10 chambres avec tél., s.d.b. et w.c. - Prix des chambres : 280/350 F - Prix du petit déjeuner et horaire : 40 F - 8 h/10 h - Prix demi-pension 600/700 F (2 pers., 3 j. min.)* ♦ *Cartes de crédit : Diners - Amex - Carte bleue - Eurocard* ♦ *Chiens admis avec 30 F de supplément* ♦ *Possibilités alentour : Piscine - Tennis - Equitation* ♦ *Restaurant : service 12 h 30/14 h - 20 h/21 h - Menu : 140/210 F Carte - Spécialités : Matelote d'anguilles au cahors - Filets de truites aux cèpes - Filet de boeuf sauce Griffons.*

Douce, douce France... La Dronne coule, paisible, au pied de ce superbe village que domine un non moins superbe château. En contrebas, à l'entrée du pont datant du XIIIe siècle, l'hôtel bénéficie d'un emplacement exceptionnel. Depuis la salle à manger et sa terrasse en balcon, on peut contempler à loisir le cours de la rivière et un panorama verdoyant. L'hôtel est très confortable ; peut-être la décoration a-t-elle un fini trop évident, mais la pierre est si belle dans toute la maison ! Quelques meubles anciens ici et là, les autres sont de style. A côté se trouve une autre maison appartenant aux mêmes propriétaires ; elle a été aménagée en salon de thé avec une belle terrasse en bois sur la rivière, au pied du château.

♦ *Itinéraire d'accès : à 27 km de Périgueux - Brantôme - D 78 - Bourdeilles.*

Hostellerie de la Guérinière

**Cenac - 24250 Domme (Dordogne)
Tél. 53.28.22.44 - M. Bossu**

*♦ Ouverture du 15 janvier au 1er mars - Fermeture mardi h.s.
♦ 15 chambres et 1 appartement avec tél., s.d.b et w.c (1avec t.v) - Prix des chambres : 290/400 F - 500 F(appart) - Prix du petit déjeuner et horaire : 28 F - 8 h/9 h 30 - Prix demi-pension : à la demande (3 n. min.) ♦ Cartes de crédit acceptées ♦ Chiens non admis ♦ Possibilités alentour : Equitation - Golf - Tennis - Baignade - U.L.M ♦ Restaurant : service 12 h/14 h - 19 h15/21 h Fermeture le mercredi h.s - Menu : 90/150 F - Carte -Spécialités : Petits choux de lotte sauce Nantua - Glace Arlequin.*

Un hôtel tout nouvellement ouvert dans une propriété de dix hectares, sans autre vis-à-vis qu'une vallée verdoyante et la cime des arbres, qui se tient dans une ancienne ferme très bien restaurée. Chambres plaisantes, aménagements cossus, un très bon confort hôtelier. Les déjeuners et dîners se prennent indifféremment dans la salle à manger ou la cour. Les petits déjeuners se savourent sur la terrasse. Une étape calme et confortable dans votre périple périgourdin. Un héliport à l'hôtel même permet d'aller chercher les clients aux aéroports voisins (Bordeaux, Périgueux, Toulouse), et une montgolfière permet de faire d'amusantes traversées.

♦ Itinéraire d'accès : à 15 km de Sarlat, sur la D46.

Manoir d'Hautegente

**Coly - 24120 Terrasson (Dordogne)
Tél. 53.51.68.03 - Mme E. Hamelin**

♦ Ouverture du 1er avril au 15 novembre   ♦ 6 chambres avec s.d.b et w.c - Prix des chambres : 420/550 F - Prix du petit déjeuner et horaire : 40 F - 8 h 30/10 h 30 - Prix demi-pension 940 F (2 pers., 2 j. min.)   ♦ Cartes de crédit : Amex - Carte bleue   ♦ Chiens admis   ♦ Possibilités alentour : Promenades - Tennis   ♦ Restaurant : service 20 h - Menu : 200 F - Carte - Spécialités : Foie gras poêlé - Jambonnette de pintade - Confit de canard - Brouillade aux truffes.

Ancien moulin et forge de l'abbaye des moines guerriers de St Amand du Coly, et propriété de la famille Hamelin depuis près de trois siècles, cette gentilhommière périgourdine offre depuis quelques années une halte raffinée dans cette belle vallée où noyers et chênes s'alignent avec élégance. La rivière qui y serpente se brise en chantonnant devant le manoir. Des canards et des oies se promènent près des rives, attendant de finir en confits ou foies gras, mis en vente à la réception.
Les chambres, comme l'enfilade de salons, bénéficient du charme et de l'âme des meubles de famille ; allure et confort s'y marient parfaitement, la chambre bleue est de belle taille et dispose même d'une épinette, toutes ont été décorées avec goût.

♦ Itinéraire d'accès : à 30 km de Brive.

Moulin de la Beune

**24620 Les Eyzies-de-Tayac (Dordogne)
Tél. 53.06.94.33 - Mme Dudicourt**

♦ Ouverture du 26 mars au 3 novembre   ♦ 20 chambres avec tél. direct, s.d.b. et w.c. - Prix des chambres : 190/290 F - Prix du petit déjeuner et horaire : 30 F - 8 h 15/11 h 30 ♦ Cartes de crédit : Visa - Eurocard - MasterCard   ♦ Chiens admis dans quelques chambres   ♦ Possibilités alentour : Visite de monuments historiques - Grottes - Piscine et tennis au village - Canoë-kayak - Promenades ♦ Pas de restaurant.

En arrivant dans cet ancien moulin, on a peine à imaginer qu'on se trouve dans un des lieux les plus visités de France. La Beune coule, paisible, à vos pieds ; le petit jardin, agrémenté de quelques tables, est un havre de paix. Dans le salon, dominé par une grande cheminée, des fauteuils et de petites tables vous permettent de vous installer pour lire ou écrire. A côté, une salle a été aménagée où vous seront servis, selon l'heure, apéritif ou petit déjeuner. Le décor des chambres et des salles de bains a été choisi avec goût.
Un restaurant, le Vieux Moulin, vient d'ouvrir dans un autre moulin contigu à l'Auberge de la Beune.

♦ Itinéraire d'accès : à 45 km de Périgueux - D 710 sur 3 km - D 47 Les Eyzies.

Hôtel de Cro-Magnon

AQUITAINE

**24620 Les Eyzies-en-Périgord (Dordogne)
Tél. 53.06.97.06 - Télex 570 637 - M. et Mme Leyssales**

♦ Ouverture du 29 avril au 11 octobre ♦ 24 chambres dont 4 appart. avec tél. direct, s.d.b. et w.c. - Prix des chambres : 280/400 F -Appart : 500/700 F - Prix du petit déjeuner et horaire : 38 F - 8 h/10 h - Prix demi-pension 300/380 F (par pers., 3 j. min.) ♦ Cartes de crédit : Amex - Diners - Carte bleue - Visa - Mastercard ♦ Chiens admis à l'hôtel seulement avec supplément - Piscine à l'hôtel ♦ Possibilités alentour : Tennis - Equitation - Kayak - Sites préhistoriques (Lascaux) ♦ Restaurant : service 12 h/ 14 h - 19 h 30 /21 h - Fermeture le mercredi midi - Menu : 110/ 300 F - Carte - Spécialités : Daube de mouton aux pâtes fraîches - Salade périgourdine - Goujonnette de sole au montbazillac - Jambonnette de volaille au foie gras et aux morilles.

Cet ancien relais de diligences, hôtel depuis 200 ans, est dans la famille depuis plusieurs générations. Pleins de charme, deux salons offrent un beau choix de tissus dont les tons s'harmonisent très bien avec le rocher qui affleure et le bois des meubles anciens. Dans l'un d'eux a été aménagé un petit musée préhistorique. Vous avez le choix entre une jolie salle à manger dans le style des lieux et une autre, récente mais très bien intégrée, avec ses grandes baies vitrées coulissantes donnant sur les terrasses-tonnelles (service à l'extérieur). Les chambres sont personnalisées et confortables ; on préférera pour le calme celles de l'annexe qui donnent toutes sur un très grand jardin agrémenté d'une piscine. L'accueil est très chaleureux : on est hôtelier dans la famille par choix et par tradition.

♦ Itinéraire d'accès : à 45 km de Périgueux, direction Brive par N 89 - D 47 direction Les Eyzies-Sarlat.

AQUITAINE

Hôtel Les Glycines

**24620 Les Eyzies-de-Tayac (Dordogne)
Tél. 53.06.97.07 - M. et Mme Mercat**

♦ *Ouverture du 15 avril à la Toussaint* ♦ *25 chambres avec tél., s.d.b. et w.c. - Prix des chambres : 260/300 F - Prix du petit déjeuner et horaire : 36 F - 8 h/10 h - Prix demi-pension et pension : 300 F - 380 F (1 pers., 3 j. min.)* ♦ *Cartes de crédit : Visa - Amex - MasterCard - Carte bleue* ♦ *Chiens admis dans les chambres - Piscine à l'hôtel* ♦ *Possibilités alentour : Piscine et tennis - Canoë-kayak - Promenades - Sites préhistoriques (Lascaux)* ♦ *Restaurant : service 12 h 15/14 h - 19 h 30/21 h 15 - Ouvert toute l'année - Menu : 100/280 F - Carte - Spécialités : Diablotins de saumon frais - Gratin sarladais aux truffes - Papillote de sole au foie frais - Soufflé aux noix.*

Cet ancien relais de poste qui date de 1862 est une grande maison où se marient avec goût la pierre, le bois et une végétation exubérante qui pousse dans tous les coins. Aussi y a-t-il, bien sûr, une tonnelle avec des glycines, des platanes taillés qui ombragent la terrasse (avec service bar et restaurant). Le salon et le bar à l'atmosphère feutrée sont meublés et décorés avec beaucoup de soin. La belle salle à manger ouvre sur le jardin. Toutes les chambres sont très confortables ; on a su y assortir un mobilier bien choisi à des tissus, des papiers et des couleurs d'inspiration contemporaine. Le restaurant bénéficie des produits frais du potager.

♦ *Itinéraire d'accès : Périgueux - N 89 direction Brive - Nieversac D 47.*

Hôtel des Bories

AQUITAINE

**24620 Marquay-les-Eyzies (Dordogne)
Tél. 53.29.67.02 - M. Dalbavie**

♦ *Ouverture du 15 mars au 15 novembre* ♦ *28 chambres avec tél.direct, s.d.b. et w.c. - Prix des chambres : 165/310 F - Prix du petit déjeuner et horaire : 25 F - 8 h/10 h 30 - Prix demi-pension et pension : 200/270 F - 250/320 F (par pers.,3 j. min.)* ♦ *Cartes de crédit : Eurocard - Carte bleue - Visa - MasterCard - Access* ♦ *Chiens admis - Piscine à l'hôtel* ♦ *Possibilités alentour : Tennis au village - Equitation à 4 km - Etang à 4 km - Sports nautiques - Promenades - Visite de grottes et de monuments historiques* ♦ *Restaurant : service 12 h/13 h 30 - 19 h/21 h 30 - Menu - Carte - Spécialités : Omelette aux cèpes - Tourtière de volaille aux sarladaises - Confit de canard - Foie gras mi-cuit.*

Tout récent, cet hôtel a donné un nouveau souffle à une ancienne maison du village.
Un ensemble de petits salons et de coins de lecture avec t.v. et cheminée forment la réception et une terrasse ensoleillée promet des petits déjeuners délicieux devant le jardin. Les chambres sont confortables et bien que les matières et coloris soient très agréables dans toutes, vous demanderez la 10. Elle est si sympathique !
Pas de restaurant, mais les propriétaires avec beaucoup de gentillesse, vous indiqueront où goûter les bons produits de la région. En revanche, la piscine, elle, vous attend...

♦ *Itinéraire d'accès : Sarlat - D 47 direction Eyzies - D 6 Marquay.*

AQUITAINE

La Métairie

**Mauzac - 24150 Lalinde (Dordogne)
Tél. 53.22.50.47 - Mme Vigneron - M. Culis**

♦ Ouverture du 28 avril au 15 novembre - Fermeture mardi soir du 1er octobre au 15 novembre ♦ 10 chambres avec tél. direct, s.d.b., w.c., minibar et t.v. - Prix des chambres : 550/700 F - 825 F (4 pers.) - Prix du petit déjeuner et horaire : 50 F - 8 h/9 h 30 - Prix demi-pension et pension : 495 F - 605 F (1 pers., 4 j. min.) ♦ Cartes de crédit : Visa - Eurocard - Carte bleue ♦ Chiens admis avec supplément - Piscine à l'hôtel ♦ Possibilités alentour : Tennis - Vélo (3 km) - Equitation (15 km) - Sports nautiques (5 km) Bastides du Périgord ♦ Restaurant : service 12 h 30/14 h - 19 30/ 21 h 30 - Fermeture mardi - Menu : 140/280 F - Carte - Spécialités : Foie gras d'oie frais au torchon - Emincé de lapereau aux pâtes fraîches - Citronnelle de fraises.

C'est à quelques kilomètres du fameux méandre en fer à cheval du cingle de Trémolat, dans cette belle vallée où les grandes boucles de la Dordogne serpentent au milieu d'une mosaïque de cultures que se trouve la Métairie. C'est une charmante et belle maison aménagée avec beaucoup de goût, de confort et de raffinement. Le jardin lui-même est très soigné. Une agréable terrasse de plain-pied avec la pelouse du jardin longe la maison et l'été un grill est installé près de la piscine. Il est à noter enfin que l'hôtel est très bien situé car tout près d'un superbe bassin où sont pratiqués tous les sports nautiques, à moins que l'on préfère partir en excursion vers les bastides du Périgord.

♦ Itinéraire d'accès : à 29 km de Bergerac - D 703 Sauveboeuf - D 31 Mauzac - C 301, 3 km après Mauzac direction Trémolat.

Château de Mavaleix

AQUITAINE

**Mavaleix - 24800 Thiviers (Dordogne)
Tél. 53.52.82.01 - Télex 570 523 - M. Bercau**

♦ *Ouverture du 7 février au 31 décembre* ♦ *22 chambres avec tél., s.d.b. et w.c. - Prix des chambres : 350/380 F - Prix du petit déjeuner et horaire : 32 F - 8 h/9 h 30 - Prix demi-pension et pension : 320 F - 470 F (1 pers., 3 j. min.)* ♦ *Cartes de crédit : Visa - Eurocard* ♦ *Chiens non admis* ♦ *Possibilités alentour : Rivière à truites dans la propriété - Cheval à 3 km - Piscine, tennis à 9 km - Golf à 50 km - Sites préhistoriques - Randonnées* ♦ *Restaurant : service 12 h/14 h - 19 h/21 h - Menu : 80/180 F - Carte - Spécialités : Foie gras frais de canard ou d'oie - Confit - Magrets - Omelette aux cèpes ou aux truffes - Truite en papillote.*

Commencé au XIIIe siècle et aussi noble que son architecture est simple, ce château chargé d'histoire se dresse au milieu d'un parc de 24 hectares que traverse une rivière à truites.
Depuis les salons jusqu'aux chambres, tout est un étonnant mélange de styles, d'époques et de tendances. Le mobilier et les objets ont été choisis par la propriétaire au gré de ses incursions chez les antiquaires et les brocanteurs, et le résultat a un très grand charme.
Dans le corps principal se trouvent d'immenses chambres parquetées, élégamment meublées et très bien équipées. D'autres chambres ont été aménagées à côté dans les anciennes commanderies. Plus récentes, elles n'en sont pas moins belles. Le calme est absolu et l'accueil excellent.

♦ *Itinéraire d'accès : à 52 km de Limoges sur la N 21 entre Limoges et Périgueux.*

AQUITAINE

Château de Lalande

**24430 Razac-sur-l'Isle (Dordogne)
Tél. 53.54.52.30 - M. Sicard**

♦ *Ouverture du 15 mars au 15 novembre* ♦ *22 chambres avec tél. direct (19 avec s.d.b. et w.c.) - Prix des chambres : 160/290 F - Prix du petit déjeuner et horaire : 25 F - 7 h 30/9 h 30* ♦ *Cartes de crédit : Diners - Amex - Carte bleue - Eurocard* ♦ *Chiens admis - Piscine à l'hôtel* ♦ *Possibilités alentour : Piscine - Tennis - Equitation (3 km) - Promenades - Sites préhistoriques - Golf du domaine de Saltgourde à 11 km, 9T* ♦ *Restaurant : service 12 h 15/13 h 30 - Fermeture mercredi hors saison - Menu : 65/240 F - Carte - Spécialités : Foie gras frais maison - Ris de veau Lalande - Gratin de dorade St Jacques.*

A deux pas de Périgueux, vous pouvez loger en pleine campagne en vous installant dans ce beau château du XVIIIe agrandi au XIXe. Rien de guindé ici où règne une ambiance "maison", calme et détendue. La grande salle à manger possède un très beau poêle en faïence. Dans le salon, des meubles anciens créent des coins propices à la conversation et à la lecture. Les chambres du premier étage sont très belles, toutes différentes, avec un beau mobilier ancien dont les styles s'harmonisent (demander la 15). Au deuxième, elles sont mansardées, plus petites, en accord avec l'esprit d'ensemble du château.
Une belle pelouse avec tables et chaises longues et un agréable restaurant-terrasse donnent sur la campagne.

♦ *Itinéraire d'accès : à 11 km de Périgueux - N 89 - Razac.*

Auberge du Noyer

AQUITAINE

**Le Reclaud de Bouny-Bas - 24260 Le Bugue
(Dordogne)
Tél. 53.07.11.73 - M. et Mme Dyer**

♦ *Ouverture du 19 mars au 12 novembre* ♦ *10 chambres et 1 appart. avec tél., s.d.b. et w.c. - Prix des chambres : 240/360 F - 480 F (appart.) - Prix du petit déjeuner et horaire : 35 F - 8 h 15/ 10 h - Prix demi-pension 540/660 F (2 pers.)* ♦ *Cartes de crédit : Visa - MasterCard* ♦ *Chiens non admis - Piscine à l'hôtel* ♦ *Possibilités alentour : Tennis - Equitation - Canoë-kayak -Golf à 10 km* ♦ *Restaurant : service 19 h 30 /21 h 30 - Menu : 85/165 F Carte - Spécialités : Cuisine traditionnelle - Truite farcie aux pleurotes - Foie gras mi-cuit.*

A 5 kms de Bugue, haut lieu touristique, cette ancienne ferme périgourdine du XVIIIe siècle, entièrement rénovée par un couple d'Anglais amoureux de la région, Paul et Jenny Dyer, constitue une étape de charme et de tranquillité, même au mois d'août. Les chambres sont spacieuses et disposent d'un sanitaire impeccable ; cinq ont même une petite terrasse privée pour prendre le petit déjeuner (demander la 8). La cuisine est simple mais raffinée, au gré du marché que fait le patron tous les jours. Les repas sont servis dans une jolie salle à manger rustique. Le petit déjeuner est un grand moment avec des confitures faites à la maison, un jus d'orange pressé et du pain de campagne grillé. L'accueil est charmant, avec un mélange d'amateurisme et de qualité propre aux Anglais. Un endroit tout à fait agréable pour passer plusieurs jours si l'on n'est pas ennemi d'une certaine décontraction.

♦ *Itinéraire d'accès : à 41 km de Périgueux - D 703 Le Bugue, entre Le Bugue et Lalinde.*

Hôtel l'Abbaye

AQUITAINE

24220 Saint-Cyprien (Dordogne)
Tél. 53.29.20.48 - Télex 572 720 - M. et Mme Schaller

♦ *Ouverture du 15 mars au 15 octobre* ♦ *25 chambres (dont 1 suite) avec tél., s.d.b. et w.c. - Prix des chambres : 250/550 F -700 (suite) - Prix du petit déjeuner et horaire : 34 F - 8 h/10 h 30 - Prix demi-pension 570/850 F (2 pers., 2 j. min.)* ♦ *Cartes de crédit : Diners - Visa - Amex - Eurocard - Access - MasterCard* ♦ *Chiens admis - Piscine à l'hôtel* ♦ *Possibilités alentour : Canoë-kayak à 5 km - Sites préhistoriques* ♦ *Restaurant : service 12 h 30/ 13 h 30 - 19 h 30/21 h - Menu : 65 F (midi) - 120/295 F - Carte - Spécialités : Poulet sauté aux langoustines - Ris d'agneau aux girolles - Lapereau aux herbes - Papillotes aux quatre poissons.*

Dans cette grande maison bourgeoise située dans le touristique et joli village de Saint-Cyprien (à éviter au mois d'août), on a laissé l'extérieur tel quel, et c'est la pierre qui en est elle-même la décoration. Ce choix se retrouve dans le salon, avec la pierre apparente des murs, de la cheminée, mais aussi du sol d'origine. Les chambres sont toutes d'un bon confort mais plus ou moins luxueuses. Dans l'une des annexes, les chambres pouvant éventuellement se combiner en appartement conviennent bien pour les familles. Dans le nouveau bâtiment ce sont des chambres de grand standing avec télévision et minibar. Les tables de la salle à manger sont très espacées et préservent l'intimité des conversations et des repas. Terrasse et jardins agréables, avec piscine.

♦ *Itinéraire d'accès : à 19 km de Sarlat - 50 km de Périgueux par D 703.*

Manoir Le Grand Vignoble

AQUITAINE

**St Julien de Crempse - 24140 Villamblard (Dordogne)
Tél. 53.24.23.18 - Télex 541 629 - Famille de Labrusse**

♦ *Ouverture du 22 janvier au 22 décembre* ♦ *31 chambres avec tél., s.d.b. et w.c. - Prix des chambres : 350/480F - Prix du petit déjeuner et horaire : 32 F - 7 h/11 h - Prix demi-pension et pension : 340/395 F - 455/510F (par pers., 2 j. min.)* ♦ *Cartes de crédit : Diners - Amex - Carte bleue* ♦ *Chiens admis avec 32 F de supplément - Piscine chauffée, tennis, sauna, parc 75 ha, practice de golf, centre équestre de 70 chevaux, calèches, parc animalier à l'hôtel* ♦ *Possibilités alentour : Golf du domaine de Saltgourde à 30 km, 9T - Bergerac - Grottes de Lascaux - Circuit des vins et des bastides* ♦ *Restaurant : service 12 h/14 h - 19 h/21 h - Menu : 125/175 F - Carte - Spécialités : Foie gras - Magret de canard aux fruits -Tarte Tatin.*

Au calme des pâturages et des bois, ce manoir fut construit sous Louis XIV sur les ruines d'une ancienne bastide anglaise.
Les amoureux de l'équitation trouveront ici un cadre magnifique et une organisation idéale pour s'adonner à leur sport favori.
Rotin sur les terrasses, fauteuils club et boiseries dans les salons, un confort et une ambiance bien britanniques.
Piscine, tennis, vélo, un petit esprit sportif règne sur ce domaine.
Idéal pour week-end ou long séjour. Ambiance club.

♦ *Itinéraire d'accès : Bergerac - dans Pombonne, à la rocade prendre à gauche D 107 dir. Villamblard.*

AQUITAINE

Hostellerie Saint-Jacques

24470 St-Saud-en-Périgord (Dordogne)
Tél. 53.56.97.21 - M. Babayou

♦ *Ouverture du 1er avril au 30 septembre - Fermeture lundi hors saison* ♦ *24 chambres (dont 2 appartements) avec tél. direct, s.d.b. et w.c. (10 avec t.v. et minibar) - Prix des chambres : 220/ 320 F -550 F(Appart.) - Prix du petit déjeuner et horaire : 30F - Brunch 35 F - 8 h 30/10 h - Prix demi-pension et pension : 240 F - 280 F (1 pers., 3 j. min.)* ♦ *Cartes de crédit : Carte bleue - Visa - MasterCard* ♦ *Chiens admis - Piscine chauffée et tennis à l'hôtel* ♦ *Possibilités alentour : Equitation - Canoë - Randonnées* ♦ *Restaurant : service 12 h 30/13 h 30 - 20 h/21 h - Fermeture lundi hors saison - Menu : 60/130 F - Carte - Spécialités : Magret au jus de framboise - Omelette aux cèpes - Foie gras au jus de truffes.*

Voilà de l'espace ! L'hostellerie Saint-Jacques a gardé les vastes proportions d'une maison périgourdine du XVIIIe siècle. Les chambres sont toutes différentes par leurs tissus et leurs couleurs ; le mobilier, de style rustique, est assez joli. Les salles de bains ont aussi un je ne sais quoi maison et sont très confortables. Mais c'est la salle à manger qui séduit vraiment : très grande, elle se prolonge grâce aux portes vitrées sur un vaste jardin à la pelouse parsemée de tables et de parasols, d'arbres et de fleurs et qui mène vers une jolie piscine et un court de tennis. Plus loin, c'est la campagne. Voilà un rapport qualité-prix assez exceptionnel.

♦ *Itinéraire d'accès : à 58 km de Limoges - N 21 La Coquille - D 79 - Saint Saud.*

Auberge du Vieux Moulin

AQUITAINE

24470 St-Saud-en-Périgord (Dordogne)
Tél. 53.56.97.26 - M. Tournier

♦ *Ouverture toute l'année* ♦ *8 chambres - Prix des chambres : 70 F - Prix du petit déjeuner : 20 F - Prix demi-pension et pension : 140 F - 185 F (1 pers., 3 j. min.)* ♦ *Carte de crédit : Carte bleue* ♦ *Chiens admis* ♦ *Possibilités alentour : Piscine à 7 km - Tennis au village - Equitation à 10 km - Canoë à 17 km - Randonnées - Grottes* ♦ *Restaurant : service 12 h/14 h - 19 h/22 h Menu : 75/165 F - Spécialités : Escalope de saumon au vin de pêche - Fricassée de volaille aux écrevisses - Foie gras et confit aux cèpes.*

C'est d'abord un petit chemin forestier qui longe la rivière ; puis, c'est un ancien moulin, à demi caché par des arbres, des bambous et des fleurs.
L'intérieur est bien aménagé et constitue avec son mobilier rustique un cadre campagnard où tout respire l'authenticité. La salle à manger, point trop grande, donne sur le superbe jardin où l'on peut voir les roues de l'ancien moulin ; à côté se trouve un petit salon-bar avec sa cheminée. Sur le devant une terrasse fleurie permet de déjeuner à l'ombre d'un immense tilleul centenaire. Certes les chambres sont très simples, mais avez-vous vu les prix ? Et puis, les gens qui vous accueillent sont d'une telle gentillesse...

♦ *Itinéraire d'accès : à 58 km de Limoges - N 21 - Firbeix - dir. Miallet - D 79 - St-Saud.*

Hôtel La Hoirie

24200 Sarlat (Dordogne)
Tél. 53.59.05.62 - M. et Mme Sainneville de Vienne

♦ *Ouverture du 15 mars au 14 novembre* ♦ *15 chambres avec tél., s.d.b. et w.c. - Prix des chambres : 260/400 F - Prix du petit déjeuner et horaire : 32 F - 8 h/10 h - Prix demi-pension 465 F (1 pers.) 620 F (2 pers.)* ♦ *Cartes de crédit : Visa - MasterCard Amex - Diners* ♦ *Chiens admis avec supplément - Piscine à l'hôtel* ♦ *Possibilités alentour : Tennis - Equitation - Chasse - Pêche - Canoë - Sentiers pédestres - Visite de grottes et châteaux* ♦ *Restaurant : service 12h/13h30 - 19 h 30/21 h - Menu : 160/ 250 F - Carte - Spécialités : Emincé de magret à la fleur de pêche - Ris de veau sauce aux truffes - Crêpes Marie de Vienne.*

Aux environs de Sarlat, loin de tout passage et de tout bruit, cet ancien pavillon de chasse de la famille de Vienne (ancêtres de l'actuelle propriétaire) est une belle demeure en pierre de la région. Deux corps, deux genres. Dans le corps principal, les chambres sont spacieuses, avec de très beaux meubles anciens ; certaines ont gardé la pierre apparente et leurs cheminées (bien qu'elles ne fonctionnent pas) ; les tons raffinés des murs et des tissus font un bel ensemble. Au rez-de-chaussée se trouve une petite salle à manger très intime et accueillante. Dans l'autre corps, parmi les chambres moins importantes mais tout aussi jolies, celle qui est mansardée, au dernier étage, est à recommander. Les installations sanitaires sont impeccables. Un petit salon avec sa cheminée et son coin lecture vous attend au rez-de-chaussée. A noter encore un beau parc ombragé avec piscine et un accueil très amical.

♦ *Itinéraire d'accès : à 71 km de Cahors - N 20 Pont de Rhodes - D 704 Sarlat.*

Manoir de Rochecourbe

AQUITAINE

24220 Vezac (Dordogne)
Tél. 53.29.50.79 - M. et Mme Roger

♦ *Ouverture du 15 mai au 30 octobre* ♦ *5 chambres avec tél., s.d.b. et w.c. - Prix des chambres : 290/390 F(min. 3 nuits) - Prix du petit déjeuner et horaire : 28 F - 8 h/10 h* ♦ *Cartes de crédit : Carte bleue - Visa* ♦ *Chiens non admis* ♦ *Possibilités alentour : Tennis - Equitation - Aéroclub - Canoë-kayak - Sites préhistoriques* ♦ *Pas de restaurant mais possibilité de repas le soir - Spécialités : Foie gras - Galantine de dinde truffée - Confit de canard.*

Au cœur de la Dordogne, voici une adresse pour ceux qui aiment une ambiance pleine de charme et de calme. Deux salons forment le rez-de-chaussée où trône une grande et belle cheminée qui vous attend pour regarder la télévision ou lire et un autre pour un agréable petit déjeuner où chaque table a son bouquet du jardin. Les chambres sont à l'étage et elles rivalisent en beauté et confort. Toutes différentes, elles mélangent avec goût les meubles anciens.

♦ *Itinéraire d'accès : à 7 km de Sarlat sur la D 57 route de Bergerac.*

La Vieille Auberge

**Port-de-Lanne - 40300 Peyrehorade (Landes)
Tél. 58.89.16.29 - M. et Mme Lataillade**

*♦ Ouverture du 15 juin à fin septembre - Fermeture le lundi midi
♦ 7 chambres avec tél.direct, s.d.b et w.c - Prix des chambres : 200/300 F - Prix du petit déjeuner et horaire : 28 F - jusquà 10 h - Prix demi-pension : 194/212 F (1 pers., 3 j. min.) ♦ Cartes de crédit non acceptées ♦ Chiens admis - Piscine à l'hôtel ♦ Possibilités alentour : Sports nautiques - Pêche au confluent des gaves et de l'Adour - Pelote - Promenades ♦ Pas de restaurant.*

C'est une bien vieille auberge qui est dans le coeur de M. Lataillade. Elle fut celle de son père et c'est dans ce relais de poste que lui-même vit le jour ; on comprend alors l'attention qu'il lui porte et la passion que l'histoire de son village et de sa région lui inspire. Mais avant toute chose la "vieille auberge", c'est le charme d'un vieil établissement dont les poutres, les murs et les sols sont marqués par le temps. Des salons douillets qui vivent au rythme d'une vieille pendule, et s'emplissent parfois des notes égrillardes d'un vieux piano ; des chambres qui se retrouvent dans ce qui fut granges ou étables. Beaucoup de charme, un confort honnête, et un jardin coloré que n'abîme ni ne gâche la piscine qui s'y trouve. Dans une ancienne remise à foin se trouve l'étonnant musée de M. Lataillade ; constitué au fil des ans, il contient maints objets et témoignages retraçant l'histoire du port de Lanne et de ces étonnants marins de mer et de rivière qu'étaient les "Gabards". Une bonne et sympathique auberge gasconne.

♦ Itinéraire d'accès : à 20 km de Dax.

La Bergerie

AQUITAINE

40140 Soustons (Landes)
Tél. 58.41.11.43 - Mme Clavier

♦ *Ouverture du 20 mars au 15 novembre* ♦ *12 chambres avec tél.direct , s.d.b. et w.c. - Prix des chambres : 200 F (simple) - 250/280 F (double) - Prix du petit déjeuner et horaire : 28 F - jusqu'à 10 h - Prix demi-pension 260/280 F (par pers., 3 j. min.)* ♦ *Cartes de crédit : Amex - Visa* ♦ *Chiens non admis - Squash appartenant à l'hôtel - Tennis attenant à la propriété* ♦ *Possibilités alentour : Promenades - Vélo sur pistes cyclables - Centre équestre au village - Océan à 7 km - Golf de la Côte d'Argent à 14 km, 18 T* ♦ *Restaurant : service 19 h 30 - 21 h (pour les résidents) - Menu - Carte - Spécialités : Foie gras - Confit et magret de canard - Crêpes - Vins de sable.*

Vous longez l'église du village, vous prenez l'allée des soupirs et ses gigantesques platanes et vous arrivez à la Bergerie, maison bourgeoise du début du siècle, typiquement landaise, entourée d'un grand parc. Toutes les chambres au mobilier basque ou landais de la région ont une cheminée. Le charme "maison" se retrouve dans le salon et la petite salle à manger où chaque matin est annoncé le menu du jour (formule du menu fixe) préparé avec les produits frais de la région.
L'accueil est d'une telle gentillesse qu'on a l'agréable impression de faire partie de la maison.

♦ *Itinéraire d'accès : à 28 km de Dax - N 124 jusqu'à N.D. de Fatima - D 17 Soustons.*

Château Bergeron

**40140 Soustons (Landes)
Tél. 58.41.58.14 - M. Clavier**

♦ *Ouverture de Pâques à fin octobre* ♦ *17 chambres (dont 4 appartements) avec tél., s.d.b. et w.c. - Prix des chambres : 200 F (simple) - 250/280 F(double) - Prix du petit déjeuner et horaire : 28 F - 8 h/10 h 30 - Prix demi-pension 260/280 F (par pers., 3 j. min.)* ♦ *Cartes de crédit : Amex - Visa* ♦ *Chiens non admis - Squash* ♦ *Possibilités alentour : Promenades pédestres, à vélo, en roulotte - Centre équestre au village - Océan à 7 km - Tennis - Golf de Hossegor à 15 km, 18 T* ♦ *Restaurant : service 20/22 h - Menu Carte - Spécialités : Foie gras - Confit et magret de canard - Jambon de Bayonne - Vins de sable.*

Cette grande maison de maître du siècle dernier dénommée "château" doit paradoxalement son charme à son absence de style : rien n'y est guindé ni froid mais au contraire simple, décontracté et quelque peu suranné, ce qui n'est pas sans attrait. Bien que située dans le village, cette demeure est entourée d'un jardin avec un petit ruisseau. Sa tonnelle au bord de l'eau et sa terrasse sont d'agréables coins de fraîcheur. Le restaurant est exclusivement réservé aux résidents et vos repas vous seront servis sur commande.

♦ *Itinéraire d'accès : à 28 km de Dax - N 124 jusqu'à N.D. de Fatima - D 17 Soustons.*

Château Saint-Philip

**St Nicolas de la Balerme
47220 Astaffort (Lot-et-Garonne)
Tél. 53.87.31.73 - Télex 47 220 - M. et Mme Duport**

♦ *Ouverture toute l'année - Fermeture le dimanche soir* ♦ *12 chambres avec tél., s.d.b et w.c - Prix des chambres : 280/400 F - 600 F (suite) - Prix du petit déjeuner et horaire : 35 F - 8 h/10 h - Prix demi-pension 450 F (par pers.)* ♦ *Cartes de crédit : Amex - Diners - Visa* ♦ *Chiens admis avec supplément - Tennis à l'hôtel* ♦ *Possibilités alentour : Golf - Pêche - Equitation* ♦ *Restaurant : service 12 h 30/13 h 30 - 19 h 30/21 h - Menu : 140/250 F - Spécialités : Foie gras chaud de canard à la liqueur de noix - Emincés de canard à l'orange et pruneaux - Nougat glacé à la menthe.*

Le château se dresse dignement sur une des rives calmes de la Garonne, entouré d'arbres, de fleurs et de verdure. C'est un lieu d'une absolue quiétude. Madame Duport a conservé à cette aristocratique demeure son élégance discrète et a mis toute sa passion de collectionneuse à meubler l'hôtel de ses trouvailles. Aucune des chambres n'est semblable mais toutes ont beaucoup de charme et d'allure. La numéro 7, de forme octogonale est éclairée par deux oeils-de-boeuf qui lui donnent une élégance mystérieuse. La numéro 2, de taille plus modeste, a une fenêtre curieusement située au-dessus de la cheminée qui regarde le jardin. Toutes rivalisent de séduction.

Dans le salon et la bibliothèque règne une atmosphère calme et distinguée que l'on retrouve voluptueusement après avoir goûté à la cuisine raffinée qui tâche avec succès d'être à la hauteur des lieux.

♦ *Itinéraire d'accès : d'Agen N113, St Jean-de-Thurac, St Nicolas de la Balerne en bordure de la Garonne.*

Hôtel Ohantzea

**Aïnhoa
64250 Cambo-les-Bains (Pyrénées-Atlantiques)
Tél. 59.29.90.50 - M. et Mme Ithurria**

♦ Ouverture du 1er février au 1er décembre - Fermeture dimanche soir et lundi ♦ 10 chambres avec tél., (9 avec s.d.b. et 6 avec w.c.) Prix des chambres : 120/230 F - Prix du petit déjeuner et horaire : 20 F - 8 h/9 h - Prix demi-pension et pension : 210 F - 250/270 F (1 pers., 3j. min.) ♦ Cartes de crédit : Carte bleue - Eurocard - Visa ♦ Chiens admis ♦ Possibilités alentour : Promenades en sentiers balisés - Piscine et tennis à 6 km - Golf et plage à 25 km ♦ Restaurant : service 12 h /14 h - 20 h/21 h - Fermeture dimanche soir et lundi - Menu : 90/180F - Carte - Spécialités : Magret de canard aux cèpes - Truite maison

Au centre du village, en face de l'église, cette belle façade soigneusement blanchie à la chaux cache une ancienne ferme du XVIIe siècle, rénovée au début du siècle, et un superbe jardin invisible depuis la rue.

Avec son petit salon, ses escaliers en bois, ses plantes et jusqu'au plus petit détail comme les couverts de la salle à manger, l'hôtel perpétue la tradition des petits hôtels français qui savent résumer en eux-mêmes tout un coin de province. Les chambres sont cossues et les salles de bains confortables. Il faut évidemment vous loger côté jardin ; les chambres y disposent de balcons en bois gagnés par la glycine.

♦ Itinéraire d'accès : à 30 km de Bayonne - D 932 - D 20 Espelette.

Hôtel du Pont d'Enfer

**Bidarray - 64780 Osses (Pyrénées-Atlantiques)
Tél. 59.37.70.88 - M. Dufau**

♦ *Ouverture de Pâques au 1er novembre   ♦ 17 chambres avec tél., (13 avec s.d.b. et 12 avec w.c.) - Prix des chambres : 110/270 F Prix du petit déjeuner et horaire : 20 F - 8 h 15/9 h 30 - Prix demi-pension et pension : 170/240 F - 205/270 F (1 pers., 3 j. min.) ♦ Cartes de crédit non acceptées ♦ Chiens admis ♦ Possibilités alentour : Piscine à 15 km - Tennis à 6 km - Equitation à 12 km - Randonnées pédestres (GR 10) - Mer à 30 km - Pêche à la truite - Visite de grottes ♦ Restaurant : service 12 h 30/13 h 30 - 19 h 30/ 20 h 30 - Menu : 80/140 F - Carte - Spécialités : Confit de canard Civet de marcassin - Cèpes à la provençale - Foie gras - Xanguro (crabe farci).*

Il faut traverser l'ancien pont dit "pont d'enfer" qui enjambe la Nive pour gagner l'hôtel qui lui doit son nom. L'hôtel, situé en bas d'une colline, à l'entrée du village, est ancien mais a été restauré à la fin des années 60 et le confort qu'il y a gagné lui a peut-être fait un peu perdre du charme des vieilles auberges. Cela dit, la salle à manger et les chambres sont fidèlement meublées dans le style campagnard basque. La terrasse située à côté de la rue permet de prendre les repas face à la Nive, dans un cadre très calme où l'accueil réservé est par ailleurs bien agréable.

♦ *Itinéraire d'accès : à 35 km de Bayonne - D 932 - D 918 Bidarray - D 618.*

Hôtel Arcé

**64430 St-Etienne-de-Baïgorry (Pyrénées-Atlantiques)
Tél. 59.37.40.14 - M. Arcé**

♦ *Ouverture du 15 mars au 11 novembre* ♦ *27 chambres avec tél. direct, s.d.b. et w.c. - Prix des chambres : 300/480 F - 800 F (suite) - Prix du petit déjeuner et horaire : 37 F - 8 h/10 h - Prix demi-pension et pension : 270/600 F - 320/700 F (1 pers., 3 j. min.)* ♦ *Cartes de crédit : Carte bleue - Visa -MasterCard* ♦ *Petits chiens admis avec supplément - Piscine chauffée et tennis à l'hôtel* ♦ *Possibilités alentour : Piscine et tennis au village - Folklore au village en été - Equitation à 10 km - Pêche - Promenades en sentiers balisés* ♦ *Restaurant : service 12 h 30/13 h 45 - 19 h 30/ 20 h 30 - Menu : 90/200 F - Carte - Spécialités : Filets de sole gratinés aux herbes fines- Ris d'agneau à l'échalote - Salmis de pigeonneau aux cèpes - Feuilleté aux pommes caramélisées.*

Cette ancienne auberge, typique de la région et luxueusement restaurée dans un style rustique bien accordé au cadre, est dirigée depuis cinq générations par la même famille. Aux belles proportions de la salle à manger aux grandes baies vitrées répondent, à l'extérieur, de longues terrasses aménagées tout au bord de l'eau. Les chambres sont extrêmement confortables, décorées avec recherche, et des lectures variées y sont mises à votre disposition.
Des bouquets de fleurs sont disposés aux quatre coins de l'hôtel. La petite annexe dispose d'un agrément supplémentaire : les balcons y surplombent la rivière ; ainsi peut-on pêcher sans même sortir de sa chambre !

♦ *Itinéraire d'accès : à 50 km de Bayonne - D 932 - Cambo - D 918 St-Martin - D 948 - St-Etienne.*

Hôtel Arraya

AQUITAINE

**Sare - 64310 Ascain (Pyrénées-Atlantiques)
Tél. 59.54.20.46 - M. Fagoaga**

♦ *Ouverture du 21 mai au 2 novembre* ♦ *21 chambres avec tél. et s.d.b. (20 avec w.c.) - Prix des chambres : 295/370 F - Prix du petit déjeuner et horaire : 38 F - 8 h/9 h 30 - Prix demi-pension 270/ 498 F (1 pers., 3 j. min.)* ♦ *Cartes de crédit : Amex - Carte bleue - Eurocard - MasterCard* ♦ *Chiens non admis* ♦ *Possibilités alentour : Piscine et tennis au village - Mer à 13 km - Randonnées pédestres - Visite des villages alentour* ♦ *Restaurant : service 12 h/14 h - 19 h 30/22 h - Menu : 100/180 F - Carte - Spécialités : Suprême de pigeons en salmis - Chartreuse d'oie, de ris de veau au chou vert - Saumon grillé et sa daube de cèpes.*

Il ne faut pas vous fier à la seule façade, sobre et massive, typique du pays. Ce superbe hôtel basque, dressé à l'angle de deux rues au centre du village, est formé de la réunion de trois anciennes maisons rassemblées autour d'un jardin qui échappe aux regards et aux bruits de la rue. Au rez-de-chaussée, de très beaux salons et une salle à manger confortable doivent une part de leur charme à la patine des meubles rustiques et à l'éclat de gros bouquets de fleurs. Les chambres, toutes différentes, bénéficient de la même attention, mais préférez une chambre au petit balcon gagné par la glycine, du côté du jardin. Sans sortir des lieux vous pouvez profiter de l'animation de la rue en vous installant sur la terrasse ombragée qui longe la façade ou goûter les produits régionaux que propose une boutique accessible par l'intérieur de l'hôtel.

♦ *Itinéraire d'accès : à 14 km de Saint-Jean-de-Luz, D 918 - Saint-Pée - D 3 - D 4 - Sare.*

Grand Hôtel Villa des Fleurs

AUVERGNE LIMOUSIN

**03160 Bourbon-l'Archambault (Allier)
Tél. 70.67.09.53 - M. Chabuel**

♦ *Ouverture toute l'année*   ♦ *22 chambres avec tél., (17 avec douche, 21 avec w.c.) - Prix des chambres : 115/170 F (simple) - 150/200F (double) - Prix du petit déjeuner et horaire : 22 F - Prix demi-pension et pension : 180/220 F - 210/250 F (1 pers., 3 j. min.)* ♦ *Cartes de crédit : Diners - Carte bleue*   ♦ *Chiens admis avec supplément* ♦ *Possibilités alentour : Forfait week-end touristique organisé par l'hôtel - Ville thermale - Etangs (pêche) - Promenades balisées - Visite de monuments historiques - Séjours de remise en forme dans station verte*   ♦ *Restaurant : service 12 h 15/14 h - 19 h 15/21 h - Menu : 110/200 F - Carte .*

La Villa des Fleurs donne l'agréable impression d'être introduit dans une vaste maison particulière que ses propriétaires mettraient à votre disposition. C'est une grosse maison bourgeoise du siècle dernier, bien restaurée, et dont le charme tient, en plus de ses belles dimensions, à l'aménagement intérieur très familial et délicieusement désuet. Ainsi la salle à manger et le salon vous donnent l'impression d'être des passagers familiers des lieux grâce à tous ces bibelots de famille et à ces meubles qui semblent avoir toujours été là. Ce charme très particulier se retrouve dans les chambres, très spacieuses, ainsi qu'à l'extérieur, dans le parc magnifique bien à l'image de cet hôtel.

♦ *Itinéraire d'accès : à 23 km de Moulins, puis D 953 ou D 1.*

Le Chalet

AUVERGNE LIMOUSIN

**Coulandon - 03000 Moulins (Allier)
Tél. 70.44.50.08 - M. Hulot**

♦ Ouverture du 1er février au 31 octobre   ♦ 25 chambres avec tél., s.d.b. et w.c. - Prix des chambres : 170/250 F (simple) - 210/330 F (double) - Prix du petit déjeuner et horaire : 30 F - 7 h/ 10 h - Prix demi-pension 200/245 F (par pers., 3 j. min.) ♦ Cartes de crédit : Visa - Amex - Diners ♦ Chiens admis - Etang dans la propriété   ♦ Possibilités alentour : Tennis - Piscine - Equitation (6 km) - Châteaux - Eglises romanes   ♦ Restaurant : service 19 h 30/21 h seulement - Menu : 65/105 F - Carte - Spécialités : Boeuf au saint-pourçain - Tripoux d'Auvergne au noilly - Vins de Saint-Pourçain.

Situé au cœur de la campagne bourbonnaise, ce très joli petit hôtel enfoui dans la verdure et entouré d'un grand parc très calme a le charme des maisons de campagne d'autrefois.
Dans la salle à manger donnant sur le parc, vous pourrez apprécier la cuisine simple et raffinée de la région. Les chambres, à l'atmosphère campagnarde (poutres, papier peint), sont toutes calmes et confortables.
Devant l'hôtel une très agréable terrasse pour profiter des beaux jours.

♦ Itinéraire d'accès : à 6 km de Moulins par D 945.

Le Tronçais

AUVERGNE LIMOUSIN

**03360 Saint-Bonnet-Tronçais (Allier)
Tél. 70.06.11.95 - M. et Mme Bajard**

♦ Ouverture du 1er mars au 30 novembre - Fermeture dimanche soir et lundi h.s. ♦ 12 chambres avec tél., s.d.b. et w.c. - Prix des chambres : 173/241 F - Prix du petit déjeuner et horaire : 20 F - 8 h/ 10 h - Prix demi-pension et pension : 174/207 F - 207/248 F (1 pers., 3 j. min.) ♦ Cartes de crédit acceptées ♦ Chiens admis sauf au restaurant - Tennis et vélo à l'hôtel ♦ Possibilités alentour : Pêche dans l'étang - Baignade, voile et tir à l'arc à Saint-Bonnet - Centre équestre - Monuments historiques ♦ Restaurant : service 12 h/13 h 30 - 19 h 30/21 h - Fermeture dimanche soir et lundi h.s. - Menu : 89/155 F - Carte - Spécialités : Terrine d'anguille aux mûres - Côte de veau aux cèpes - Gibier.

Cette ancienne maison bourgeoise du maître des forges du Tronçais, située à la lisière de la forêt, dans un parc en bordure d'étang, est d'une grande unité. Depuis le perron d'entrée jusqu'aux chambres, tout y est très calme, confortable et raffiné. Une petite annexe à proximité est aussi séduisante et confortable que la maison elle-même. Un jardin gravillonné devant les deux bâtiments sert de terrasse et de bar à la belle saison. Le terrain de l'hôtel s'étendant jusqu'aux berges de l'étang, il vous est possible de vous consacrer à la pêche depuis le parc. Enfin au calme de l'endroit s'ajoute l'extrême gentillesse des propriétaires.

♦ Itinéraire d'accès : N 144 - Entre St-Amand et Urçay prendre D 978 A vers Tronçais.

Auberge de Concasty

15600 Boisset (Cantal)
Tél. 71.62.21.16 - Mme M. Causse

♦ *Ouverture toute l'année sur réservation* ♦ *13 chambres avec tél. direct, (10 avec s.d.b, 6 avec w.c) - Prix des chambres : 120/250 F - Prix du petit déjeuner et horaire : 28 F - à toute heure Prix demi-pension : 550 F (2 pers. 3j.min.)* ♦ *Carte de crédit : Carte bleue* ♦ *Chiens admis avec 20 F de supplément - Piscine à l'hôtel* ♦ *Possibilités alentour : Golf à 10 km - Promenades* ♦ *Restaurant : service 12 h 30 - 20 h - Fermeture dimanche soir - Menu : 90/180 F - Spécialités : Côte de boeuf aux cèpes - Terrine de foie gras au sauternes - Truffade - Charlotte aux noix.*

L'Auberge de Concasty est une ancienne maison de maître qui conserve encore sa ferme et les prés qui entouraient la propriété. Entièrement restaurée, dotée d'une piscine, l'auberge a pris l'aspect d' une grande maison de vacances familiales et a gardé toute son authenticité.
Le confort est partout, aussi bien dans les chambres que dans les salons agréablement décorés. A Concasty tout est affaire de femmes puisque c'est la fille de Madame qui préside aux fourneaux et qui vous régalera d'une bonne cuisine de saison où les produits locaux (truffes, cèpes, foie gras) sont bien utilisés. Une halte ou séjour à recommander dans le Cantal.

♦ *Itinéraire d'accès : à 36 km de Figeac - à 29 km d'Aurillac.*

Le Lavendes

**15350 Champagnac (Cantal)
Tél. 71.69.62.79 - Télex 393 160 - M. et Mme Gimmig**

♦ *Ouverture du 1er mars au 31 décembre - Fermeture le dimanche soir et lundi sauf hte s.* ♦ *8 chambres avec tél. direct, s.d.b. et w.c. (t.v. possible) - Prix des chambres : 260/380 F - Prix du petit déjeuner et horaire : 30 F - 8 h/10 h -* ♦ *Cartes de crédit : Eurocard - Visa - Carte bleue* ♦ *Chiens non admis - Piscine et sauna à l'hôtel* ♦ *Possibilités alentour : Sports nautiques - Equitation - Golf de Neuvic à 10 km, 9T - Tennis couvert à 1 km* ♦ *Restaurant : service 12 h 30/13 h 30 - 19 h 30/21 h - Fermeture dimanche soir et lundi midi sauf hte s. - Menu : 100/200 F - Carte Spécialités : Aiguillettes de canard au sureau de montagne - Marmite de poissons à la gentiane - Poêlée de grenouilles aux noisettes et artichauts.*

Cette demeure du XVIIe siècle, construite sur l'emplacement d'un manoir encore plus ancien et qui se dresse au milieu d'un parc d'un hectare a été aménagée en hôtel restaurant en 1988.
Une grande cheminée préside le salon de thé-réception. Deux salles à manger, l'une Louis XV, l'autre Louis XIII, très calmes, où vous dégusterez les spécialités gastronomiques de la maison et une cuisine régionale modernisée. Un escalier du XIVe mène aux chambres bien équipées et cossues. L'hôtel a aussi un salon de thé et une terrasse avec service à l'extérieur. Un gage de constante qualité, le propriétaire est aussi chef de cuisine.

♦ *Itinéraire d'accès : à 90 km de Clermont-Ferrand, N 89, direction Tulle, Laqueuille D 922, direction Aurillac, Bort, 4 km après D 15 direction Neuvic.*

Auberge du Vieux Chêne

AUVERGNE LIMOUSIN

**15270 Champs-sur-Tarentaine (Cantal)
Tél. 71.78.71.64 - Mme Moins**

♦ *Ouverture du 15 mars au 31 décembre - Fermeture dimanche soir et lundi sauf juillet-août* ♦ *20 chambres avec tél.direct, s.d.b. (14 avec w.c.) - Prix des chambres : 160/250 F - Prix du petit déjeuner et horaire : 25 F - 8 h/10 h - Prix demi-pension et pension : 160/200 F - 190/240 F (par pers., 3 j. min.)* ♦ *Cartes de crédit : Visa - Eurocard* ♦ *Chiens admis* ♦ *Possibilités alentour : Piscine - Tennis - Equitation - Randonnées - Golf* ♦ *Restaurant : service 12 h/13 h 30 - 19 h/20 h 30 - Fermeture dimanche soir et lundi sauf juillet-août - Menu : 65/190 F - Carte Spécialités : Cuisine traditionnelle.*

Cette ancienne ferme, où dominent la pierre et le bois, a été restaurée et agrandie sans rien perdre de son caractère.
Dans les chambres on a joué la simplicité, ce qui n'exclut pas le charme ni le confort (salle de bains et téléphone dans toutes). A une extrémité du rez-de-chaussée se trouve un agréable salon bar tandis que tout l'espace restant est occupé par une vaste salle à manger ; le mur du fond est en fait une immense cheminée. A l'extérieur, une terrasse-jardin est aménagée pour le service des petits déjeuners.
Très bon accueil.

♦ *Itinéraire d'accès : à 92 km de Clermont-Ferrand, N 89 Laqueuille - D 922 Bort - D 979.*

Hostellerie de la Maronne

**Le Theil - 15140 Saint-Martin Valmeroux (Cantal)
Tél. 71.69.20.33 - Mme Decock**

♦ *Ouverture du 20 avril au 10 octobre* ♦ *24 chambres avec tél., s.d.b. et w.c. - Prix des chambres en demi-pension : 340 F (simple) 230/310 F (par pers. en double) - Prix du petit déjeuner et horaire : 15 F - 8 h 30/10 h* ♦ *Cartes de crédit : Visa - Eurocard* ♦ *Chiens admis - Piscine et tennis à l'hôtel* ♦ *Possibilités alentour : Promenades en sentiers balisés - Centre équestre à 10 km - Visite de châteaux, églises* ♦ *Restaurant : service pour les résidents - 19 h 30/20 h 30 - Menu : 110 F - Spécialités : Terrine de canard au poivre vert - Mousse de truites saumonées - Glace à la rose.*

M. et Mme Decock ont merveilleusement transformé en hôtel cette maison auvergnate du XIXe siècle.
Tout est prévu pour le divertissement et le repos de chacun. Salon et salle à manger ont été aménagés avec un goût raffiné ; les chambres, confortables, ouvrent sur le jardin.

♦ *Itinéraire d'accès : Aurillac - D 922 dir. Mauriac - St-Martin - Valmeroux - D 37 dir. Fontagnes - Le Theil.*

Auberge de la Tomette

AUVERGNE LIMOUSIN

15220 Vitrac (Cantal)
Tél. 71.64.70.94 - M. et Mme Chausi

♦ *Ouverture du 1er mars au 25 octobre* ♦ *12 chambres avec tél., s.d.b. et w.c. - Prix des chambres : 170/220 F - Prix du petit déjeuner et horaire : 22 F - Prix demi-pension et pension : 187 F 209F (1 pers., 3 j. min.)* ♦ *Cartes de crédit : Visa - Eurocard - MasterCard* ♦ *Chiens admis sauf au restaurant - Piscine chauffée à l'hôtel* ♦ *Possibilités alentour : Les monts du Cantal - Le parc des volcans - Plan d'eau du Ribeyres - Padirac - Vallée du Lot*
♦ *Restaurant : service 12 h/13 h 15- 19 h/20 h 30 - Menu : 58/125F Carte en été - Spécialités : Truite paysanne aux noix - Caille fourrée aux marrons - Spécialités de glaces.*

Vitrac, au milieu de la châtaigneraie, est un beau site du Cantal. L'auberge de la Tomette est située au cœur même du village, avec vue sur l'église, mais a sur l'arrière une terrasse et un joli jardin.
Les chambres sont sympathiques. La cuisine est soignée avec possibilité de se faire préparer un pique-nique pour partir en excursion.
Les enfants apprécient particulièrement la piscine et le parc où de nombreux jeux sont à leur disposition.
Une étape pittoresque où l'on vit au rythme du village.

♦ *Itinéraire d'accès : à 25 km d'Aurillac (route de Figeac) - à 6 km de Saint-Mamet.*

Relais de St-Jacques-de-Compostelle

AUVERGNE LIMOUSIN

**19500 Collonges-la-Rouge (Corrèze)
Tél. 55.25.41.02 - M. Castera**

♦ *Ouverture du 1er février au 30 novembre - Fermeture mardi soir et mercredi d'octobre à Pâques* ♦ *12 chambres avec tél. direct (7 avec s.d.b., 4 avec w.c.) - Prix des chambres : 90/220 F - Prix du petit déjeuner et horaire : 25 F - 8 h/10 h - Prix demi-pension et pension : 180/230 F - 210/250 F (1 pers., 3 j. min.)* ♦ *Cartes de crédit : Visa - Amex - Carte bleue - Diners* ♦ *Chiens admis* ♦ *Possibilités alentour : Piscine et tennis au village - Equitation - Visite de villages historiques dans toute la région* ♦ *Restaurant : service 12 h/14 h - 19 h 15/21 h - Fermeture mardi soir et mercredi d'octobre à Pâques - Menu : 80/200 F - Carte - Spécialités : Magret de canard aux cerises - Salade de filets d'oie fumés - Jambon à la crème.*

L'établissement est situé au cœur du très beau village de Collonges-la-Rouge, qui doit son nom au grès du pays utilisé pour l'édification des maisons.
La demeure a été restaurée et agrandie. Elle dispose de deux salles à manger : l'une aux belles et vastes proportions, avec vue directe sur la campagne ; l'autre, plus intime et plus simple, avec un petit salon attenant.
Les chambres, quoique petites, ont tout le confort nécessaire, et on a pris soin de les personnaliser par des choix différents de papiers et de tentures. Ici et là, dans tout l'hôtel, des dessins et des peintures d'artistes séduits par la beauté du village. Très belles terrasses-tonnelles avec service bar-restaurant.

♦ *Itinéraire d'accès : à 21 km de Brive - D 38 Collonges.*

Le Moulin Noyé

**Glénic - 23380 Guéret (Creuse)
Tél. 55.52.09.11 - Télex 580 064 - Mme Lonsagne**

♦ *Ouverture toute l'année* ♦ *32 chambres avec tél. direct (14 avec s.d.b. et w.c.) - Prix des chambres : 110/245 F - Prix du petit déjeuner et horaire : 30 F - 7 h/11 h - Prix demi-pension et pension : 195/245 F - 230/280 F (1 pers., 3 j. min.)* ♦ *Cartes de crédit : Carte bleue - Chèques vacances* ♦ *Chiens admis avec supplément* ♦ *Possibilités alentour : Piscine, tennis, équitation, canoë kayak 9 km - Pêche et baignade sur place, sports nautiques à Guéret (9 km) - Promenades en sentiers balisés* ♦ *Restaurant : service 12 h/14 h 30 - 19 h 30/22 h - Fermeture lundi hors saison - Menu : 62/185 F - Carte - Spécialités : Fruits de mer - Boeuf limousin - Côte de boeuf aux cèpes - Plats régionaux.*

Bâti dans un beau site campagnard, au bord de la Creuse, cet ancien moulin est devenu un hôtel après la guerre.
Deux corps de bâtiments : l'un où se trouve la réception, le bar, un salon-télévision et quelques chambres ; l'autre où sont installées une très belle salle à manger donnant sur la verdure et d'autres chambres, mes favorites, par leur confort et leur vue sur la rivière, le jardin et le bois.
Terrasse, tonnelle avec service bar et restaurant. Accueil chaleureux.

♦ *Itinéraire d'accès : à 7,5 km de Guéret - D 940 direction Paris.*

Au Rendez-Vous des Pêcheurs

AUVERGNE LIMOUSIN

**Pont du Chambon
19320 St-Merd-de-Lapleau (Corrèze)
Tél. 55.27.88.39 - Mme Fabry**

♦ *Ouverture du 20 décembre au 12 novembre - Fermeture vendredi soir et samedi midi du 1er oct. au 30 mars* ♦ *8 chambres avec tél. s.d.b et w.c - Prix des chambres : 185 F - Prix du petit déjeuner et horaire : 18 F - 8 h/9 h 30* ♦ *Cartes de crédit : Visa - Eurocard* ♦ *Chiens admis* ♦ *Possibilités alentour : Piscine et tennis à 5 km* ♦ *Restaurant : service 12h15/13h30 - 19h30/21h - Fermeture vendredi soir et samedi midi du 1er oct. au 30 mars - Menu : 60/160 F - Carte - Spécialités : Truite saumonée marinée au citron vert - Filet de sandre beurre blanc - Terrine de brochet sauce Nantua - Ris de veau aux cèpes - Filet de boeuf en croûte.*

Bâtie sur les bords de la Dordogne, cette grande maison bourgeoise, seule au milieu de collines boisées, doit tout son charme à son emplacement exceptionnel. Au rez-de-chaussée de l'hôtel, une grande salle à manger aux tons verts est largement ouverte sur la verdure environnante tandis qu'un petit salon-bar donne accès à une terrasse qui surplombe la rivière. La décoration des chambres a été revue et la beauté du site ajoute à leur charme. Quant aux amateurs de pêche, ils ne pourront qu'être ravis par ce cadre rustique.

♦ *Itinéraire d'accès : Brive - N 89 - Tulle 30 km - D 978 - Marcillac 7 km - St-Merd-de-Lapleau - D 13 - 9 km - Bords de la Dordogne dir. St Privat par C.D. 13.*

Domaine des Mouillères

AUVERGNE LIMOUSIN

**Saint-Georges-la-Pouge - 23250 Pontarion (Creuse)
Tél. 55.66.60.64 - M. et Mme Thill**

♦ *Ouverture du 1er avril au 1er octobre   ♦ 7 chambres (4 avec s.d.b., 5 avec w.c.) - Prix des chambres : 90/260 F - Prix du petit déjeuner et horaire : 35 F - 8 h/9 h 30 - Prix demi-pension 240/280 F (1 pers., 3 j. min.) ♦ Cartes de crédit : Amex - Carte bleue ♦ Chiens admis avec supplément ♦ Possibilités alentour : Tennis (3 km) - Equitation (12 km) - Promenades - Visite de monuments historiques - Dolmens   ♦ Restaurant : service 20 h/20h30 - Carte seulement - Spécialités : Feuilletés - Truite montagnarde - Rognon de veau au chinon.*

Cette vieille demeure marchoise isolée dans un parc de 6 hectares, est une ancienne ferme restaurée par les héritiers et propriétaires actuels de l'hôtel.
Le petit salon est très joli avec son mélange de meubles et d'objets quelque peu désuets. Dans la salle à manger chaleureuse et campagnarde, on peut savourer une cuisine simple et raffinée conçue avec des produits naturels du domaine. On préférera les chambres avec salle de bains mais les autres ont été entièrement rénovées et dotées de cabinets de toilette. Les propriétaires louent des vélos et on peut faire de superbes balades dans les alentours.
Un service bar-restaurant est assuré sur la très belle terrasse-jardin. L'accueil est des meilleurs.

♦ *Itinéraire d'accès : à 34 km de Guéret - D 942 direction Aubusson - Ahun - D 13 La Chapelle-Saint-Martial - St-Georges-la-Pouge.*

AUVERGNE LIMOUSIN

Le Pré Bossu

**43150 Moudeyres (Haute-Loire)
Tél. 71.05.10.70 - M. Grootaert**

♦ *Ouverture de Pâques au 11 novembre et février* ♦ *10 chambres avec tél., s.d.b. et w.c. - Prix des chambres : 210/275 F - Prix du petit déjeuner et horaire : 32 F - 8 h 15/9 h 30* ♦ *Cartes de crédit : Amex - Visa - Diners - Travellers et Eurochèque* ♦ *Chiens admis dans les chambres avec supplément* ♦ *Possibilités alentour : Nombreuses excursions - Festival de musique à la Chaise-Dieu en août-septembre - Sports - Pêche - Ski - Week-ends mycologiques et botaniques* ♦ *Restaurant : service 12 h 15/13 h 30 20 h/21 h - Menu : 148/300 F - Carte - Spécialités : Cuisine du terroir.*

Cette vieille chaumière en pierre du pays doit son nom au pré qui l'entoure. Ambiance douillette et accueillante dès la réception avec son bar en bois, des plantes et des oiseaux. A côté vous attend un salon et sa grande cheminée, où sont installés la télévision, la bibliothèque et les jeux de société. Dans la belle salle à manger en pierre vous pourrez goûter une cuisine simple et très bonne, faite entre autres avec les produits du jardin potager.
Chambres avec tout le confort, mobilier et style sympathiques. Jardin et terrasse face à la campagne avec service bar ; et si vous avez envie de vous balader, des paniers pique-nique vous seront fournis. Accueil très amical.

♦ *Itinéraire d'accès : à 25 km du Puy par la D 15, dir. Valance - Les Pendreaux à gauche - Laussonne - Moudeyres D 36.*

Castel-Hôtel

**63390 Saint-Gervais-d'Auvergne (Puy-de-Dôme)
Tél. 73.85.70.42 - M. Mouty**

♦ *Ouverture du 15 mars au 12 novembre* ♦ *21 chambres avec tél. (19 avec s.d.b., 17 avec w.c.) - Prix des chambres : 85/260 F - Prix du petit déjeuner et horaire : 25 F - à partir de 7 h 30 - Prix demi-pension et pension : 130/180 F - 180/230 F (1 pers., 3 j. min.)*
♦ *Carte de crédit : Carte bleue* ♦ *Chiens non admis*
♦ *Possibilités alentour : Tennis et équitation au village - Randonnées pédestres - Baignades, planche à voile à 1 km*
♦ *Restaurant : service 12 h 30/14 h - 19 h 30/21 h - Fermeture en janvier - Menu : 90/190 F - Carte en haute saison - Spécialités : Crêpes Celina - Tournedos farci au hachis de pied de porc - Sandre à l'aigrelette.*

Cet ancien château bâti en 1616 a été aménagé en hôtel en 1904 et l'établissement est tenu depuis ses débuts par la même famille. Tout le charme des hôtels vieille France est présent dans ses salles accueillantes et chaleureuses avec leurs coins lecture, son bar et surtout sa très vaste salle à manger au parquet bien ciré. Des cheminées et un beau choix de meubles anciens ou de style, les tons ocres des murs et des rideaux contribuent aussi au caractère désuet mais plein de charme de l'endroit.
Les chambres, confortables à souhait, toutes différentes, sont bien dans l'esprit de l'hôtel ; elles disposent en outre d'installations sanitaires d'un grand confort.

♦ *Itinéraire d'accès : Montluçon - N 144 - La Boule - D 987 - Saint-Gervais. Gare S.N.C.F. à Saint-Gervais.*

Hôtel Beau Site

**Brignac - 87400 Royères (Haute-Vienne)
Tél. 55.56.00.56 - M. et Mme Vigneron**

♦ *Ouverture toute l'année - Fermeture vendredi soir h.s.* ♦ *11 chambres (9 avec s.d.b., 8 avec w.c.) - Prix des chambres : 85/175F Prix du petit déjeuner et horaire : 16 F - 8 h 15/10 h - Prix demi-pension et pension : 175 F - 205 F (1 pers., 3 j. min.)* ♦ *Cartes de crédit non acceptées* ♦ *Chiens admis* ♦ *Possibilités alentour : Piscine et tennis à 6 km - Equitation à 17 km - Pêche - Promenades Visites de monuments historiques* ♦ *Restaurant : service 12 h 30/ 13 h 30 - 19 h 30/21 h - Fermeture du 28 octobre au 7 novembre et du 10 au 28 février - Menu : 60/130 F - Carte - Spécialités : Fricassée d'escargots aux cèpes - Truite au bleu d'Auvergne - Côte de veau aux noix.*

Tout en devenant un hôtel, au demeurant sympathique et accueillant, cette grosse maison particulière a su garder un caractère familial et une atmosphère provinciale et bourgeoise. Broderies, napperons et dentelles de la petite salle à manger à l'indéfinissable mobilier d'époque évoquent irrésistiblement quelque maison rêvée de nos grands-parents. Dans un coin se trouvent une grande cheminée et des fauteuils confortables, dans un autre, un téléviseur. Une autre salle à manger, plus vaste, s'ouvre largement sur un très beau parc. Les chambres sont belles avec leur mobilier ancien et leurs tissus et papiers peints toujours bien choisis (installations sanitaires irréprochables).

♦ *Itinéraire d'accès : à 21 km de Limoges - D 941 direction Clermont-Ferrand - Royères - D 124 avant St-Léonard-de-Noblet, au feu de Royères à gauche.*

Moulin de la Gorce

AUVERGNE LIMOUSIN

**La Roche l'Abeille - 87800 Nexon (Haute-Vienne)
Tél. 55.00.70.66 - M. et Mme Bertranet**

♦ *Ouverture toute l'année sauf en janvier - Fermeture dimanche soir et lundi h.s.* ♦ *9 chambres avec tél., s.d.b., w.c. et t.v. - Prix des chambres : 250/450 F - Prix du petit déjeuner et horaire : 45 F 8 h/10 h - Prix demi-pension et pension : 1 100 F - 1 300 F (2 pers., 3 j. min.)* ♦ *Cartes de crédit : Visa - Amex - Diners* ♦ *Chiens admis* ♦ *Possibilités alentour : Tennis à 3 km - Location de vélos - Promenades - Piscine et équitation à 10 km* ♦ *Restaurant : service 12 h/13 h 30 - 19 h 30/21 h - Fermeture dimanche soir et lundi h.s. - Menu : 160/320 F - Carte - Spécialités : Terrine de foie gras - Escalope de bar aux truffes - Lièvre à la royale en saison.*

Récupéré par une famille de pâtissiers-traiteurs de Limoges, ce moulin à farine datant de 1569 est devenu restaurant depuis 10 ans et hôtel depuis 7 ans. L'ambiance intime du salon est créée par un joli mélange de mobilier. Deux salles à manger vous sont proposées, l'une à l'esprit plutôt citadin et l'autre, plus rustique, en pierre avec une cheminée.
Les chambres personnalisées sont raffinées et très confortables. Elles possèdent toutes la t.v. Service bar en terrasse, face à l'étang et au jardin, qui forment un site vraiment charmant. Gastronomie et qualité de l'accueil finiront de vous conquérir dans ce petit coin de France profonde chargé d'histoire.

♦ *Itinéraire d'accès : à 40 km de Limoges - D 704 direction St-Yriex - La Roche l'Abeille.*

BOURGOGNE

Hostellerie du Vieux Moulin

**Bouilland - 21420 Savigny-les-Beaune (Côte-d'Or)
Tél. 80.21.51.16 - M. et Mme Silva**

♦ *Ouverture de février au 15 décembre - Fermeture le mercredi et le jeudi sauf jours fériés* ♦ *12 chambres avec tél., s.d.b. et w.c. - 1 appartement - Prix des chambres : 350/700 F - Prix du petit déjeuner et horaire : 55 F - 8 h/10 h* ♦ *Cartes de crédit : Carte bleue - Visa - Eurocard - MasterCard* ♦ *Chiens admis* ♦ *Possibilités alentour : Piscine et tennis à Beaune - Equitation (15 km) - Promenades forestières (GR 7) - Dégustation de vins (10 km)* ♦ *Restaurant : service 12 h/14 h - 19 h /21 h - Fermeture mercredi et jeudi midi sauf jours fériés et du 15/12 au 15/01 - Menu : 150/350 F - Carte - Spécialités : Cuisses de grenouilles en meurette de lie de vin - Brochet aux lentilles - Pigeonneau rôti.*

Dans la vallée du Rhoin, au bord d'une jolie rivière à truites, à l'entrée du village de Bouilland, vous accueille l'hostellerie du Vieux Moulin avec la belle architecture de sa galerie couverte, son toit de vieilles tuiles en surplomb soutenu par d'anciens piliers de bois. Le corps de bâtiment abritant les chambres est séparé de celui des salons et de la salle à manger, préservant ainsi votre tranquillité. L'hostellerie du Vieux Moulin se trouve sur la route des grands crus de Bourgogne : Nuits est à 22 km, Beaune à 16 ; ainsi peut-on conjuguer dans ce cadre de campagne et de forêts le plaisir d'un contact réel, immédiat, avec la nature et celui, raffiné, des dégustations de crus prestigieux.

♦ *Itinéraire d'accès : à 16 km de Beaune - Savigny-les-Beaune - Bouilland.*

Hostellerie du Château

BOURGOGNE

**Châteauneuf - 21320 Pouilly-en-Auxois (Côte-d'Or)
Tél. 80.49.22.00 - M. et Mme Truchot**

♦ *Ouverture du 15 mars au 15 novembre - Fermeture lundi soir et mardi h.s.* ♦ *16 chambres avec tél., s.d.b. (10 avec w.c.) - Prix des chambres : 130/500 F - Prix du petit déjeuner et horaire : 28 F 8 h/10 h - Prix demi-pension : à partir de 280 F (par pers.)* ♦ *Cartes de crédit : Visa - Eurocard - Carte bleue - MasterCard Amex* ♦ *Chiens admis* ♦ *Possibilités alentour : Pêche - Nautisme dans le réservoir de Panthier (3 km) - Canal de Bourgogne* ♦ *Restaurant : service 12 h 30/13 h 30 - 19 h 30/21 h Fermeture lundi soir et mardi h.s. - Menu : 4 menus de 115 F à 250 F - Carte - Spécialités (suivant saison) : Blanquette d'escargots Canard au cassis - Ris d'agneau au vin jaune - Saumon fumé maison.*

Au sommet du vieux bourg fortifié que domine un imposant château, cet ancien presbytère, très bien restauré avec ses pierres apparentes, donne sur le château, que l'on peut aussi contempler depuis les jardins en terrasses où sont disposées tables et balançoires. De nombreuses spécialités vous sont proposées au fil des saisons : poulet de ferme aux morilles, mousse de poireaux, mousseline de poisson, filet de canard aux baies de cassis, blanquette d'escargots à la moutarde...
Le village lui-même offre un bel ensemble d'antiques demeures que l'on découvre en flânant dans un lacis de rues étroites et calmes.

♦ *Itinéraire d'accès : à 30 km de Beaune - à 40 km de Dijon - A 6 - Sortie Pouilly-en-Auxois - Direction Autun pendant 500 m - à gauche N 77 bis - Vandenesse - Direction Crugey et après cimetière 1ere route à gauche - Traverser le canal.*

Hôtel de la Côte-d'Or

BOURGOGNE

**21400 Châtillon-sur-Seine (Côte-d'Or)
Tél. 80.91.13.29 - M. et Mme Pastoret**

♦ *Ouverture du 19 janvier au 11 décembre - Fermeture dimanche soir et lundi sauf juillet-août et fériés* ♦ *11 chambres avec tél. direct et t.v (9 avec s.d.b., 6 avec w.c.) - Prix des chambres : 160/340 F - Prix du petit déjeuner et horaire : 35 F - 7 h 30/11 h* ♦ *Cartes de crédit : Visa - Amex - Diners - Eurocard - MasterCard* ♦ *Chiens admis avec 15 F de supplément* ♦ *Possibilités alentour: Piscine - Tennis - Equitation - Pêche - Chasse - Promenades - Visites de châteaux et abbayes* ♦ *Restaurant : service 12 h/14 h 19 h 30/21 h - Fermeture dimanche soir et lundi sauf juillet-août et fériés - Menu : 75/120/205 F - Carte - Spécialités bourguignonnes : Pochouse de truite châtillonnaise.*

C'est dans un ancien relais de poste que l'hôtel de la Côte-d'Or vous accueille, et si dans la façade côté rue rien ne retient le regard, la surprise est grande, passant côté jardin, de découvrir le charme d'une terrasse très calme, fraîche et ombragée d'arbres centenaires, au pied d'une façade mangée de lierre et de vigne vierge.
Chambres et salle à manger ont bien gardé le caractère de leurs anciennes origines. Le jeune propriétaire, qui est aussi chef de cuisine, vous accueille lui-même avec simplicité, soucieux de vous garantir le meilleur séjour possible. Profitant alors du confort de ce relais des temps modernes, fatigué des longs parcours uniformément balisés, vous prendrez ici le temps de vous détendre loin de la route et du bruit.

♦ *Itinéraire d'accès : à 80 km de Dijon, sur la N 71.*

Hôtel le Parc

BOURGOGNE

**Levernois - 21200 Beaune (Côte-d'Or)
Tél. 80.22.22.51 - Mme Moreau**

♦ *Ouverture toute l'année sauf du 26 février au 13 mars et du 21 novembre au 11 décembre* ♦ *20 chambres (19 avec s.d.b. et 13 avec w.c.) - Prix des chambres : 130/190 F - Prix du petit déjeuner et horaire : 24,50 F - 7 h 30/9 h 30* ♦ *Cartes de crédit non acceptées* ♦ *Chiens admis* ♦ *Possibilités alentour : Promenades en campagne - Beaune à 16 km - Centre équestre à 2 km - Montgolfière - Pêche - Tennis - Piscine* ♦ *Pas de restaurant.*

Après avoir goûté aux charmes de Beaune et de ses vins, allez à 6 km de là, aux bords du petit village de Levernois, où les grilles de l'hôtel du Parc s'ouvrent sur une vieille maison bourguignonne couverte de lierre, sur sa belle cour fleurie où l'on peut prendre son petit déjeuner, sur son parc aux arbres centenaires.
Malgré le nombre de ses chambres, cet hôtel a le charme d'une petite auberge. Chaque chambre a son atmosphère : l'une la doit à son papier peint, l'autre à sa commode, une autre encore à ses rideaux et à sa courtepointe. Si vous devez vous rendre à Beaune, autant vous arrêter là, à la campagne, où vous serez de plus très gentiment accueillis.

♦ *Itinéraire d'accès : à 6 km de Beaune - D 970 direction Verdun-sur-le-Doubs.*

Hostellerie du Val-Suzon

**Val-Suzon - 21121 Fontaine-lès-Dijon (Côte-d'Or)
Tél. 80.35.60.15 - M. et Mme Perreau**

♦ *Ouverture du 4 février à décembre - Fermeture mercredi et jeudi h.s   ♦ 18 chambres avec tél., s.d.b. (17 avec w.c.) - Prix des chambres : 250/320 F - Prix du petit déjeuner et horaire : 40 F - 7 h 30/9 h 30   ♦ Cartes de crédit : Amex - Diners - Visa - MasterCard - Eurocard   ♦ Chiens admis avec supplément   ♦ Possibilités alentour : Chasse - Pêche - Centre équestre - Tennis - Golf de Bourgogne à Norges-la-Ville (18 km) 18 T - Tél. 80.35.71.10 - Festival de chasse pendant 5 week-ends du 14 nov. au 12 déc.   ♦ Restaurant : service 12 h/14 h - 19 h 30/21 h 30 Menu : 125/280 F - Carte - Spécialités : selon saison.*

Ce sont deux hôtels situés sur un même terrain, dans le village de Val-Suzon, et dirigés par les mêmes propriétaires. L'un s'apparente à un chalet, l'autre est une grande maison aux longues façades bordées d'arbres ; tous deux sont de construction assez récente, confortables et cossus, au milieu d'un très beau parc traversé par une rivière à truites, le Suzon. L'hostellerie est une étape gastronomique connue ; le service est assuré dans le parc où des tables sont dressées en été, sans compter la terrasse ombragée et le salon de thé ouvert tous les après-midi. Bien que située dans le village, l'hostellerie bénéficie, grâce à son parc, de l'air de la campagne. Pour le calme, on préférera le chalet, en hauteur, entouré du parc et d'un bois.

♦ *Itinéraire d'accès : à 15 km de Dijon, dir. Troyes - N 71 Val-Suzon.*

Le Grand Monarque

58220 Donzy (Nièvre)
Tél. 86.39.35.44 - M. Lesort

♦ *Ouverture toute l'année sauf 2 semaines en oct. et 3 semaines en janv. - Fermeture dimanche soir et lundi midi, lundi soir h.s.* ♦ *16 chambres avec tél. direct (9 avec s.d.b., 7 avec w.c.) - Prix des chambres : 120/250 F - Prix du petit déjeuner et horaire : 25 F - 7 h 30/9 h 30* ♦ *Cartes de crédit non acceptées* ♦ *Chiens admis* ♦ *Possibilités alentour : Très beau village - Chasse - Pêche en étang et rivière - Piscine et tennis au village - Equitation 10 km - Visites de monuments et châteaux historiques* ♦ *Restaurant : service 12 h/13 h - 19 h 30/20 h 30 - Fermeture dimanche et lundi midi - le lundi soir h.s. - Menu : 70/180 F - Spécialités : Saupiquet du Donzias - Magret de canard à l'orange - Civet de lièvre - Profiteroles.*

Dans le très beau village bourguignon de Donzy trois anciennes maisons de belle pierre forment l'hôtel du Grand Monarque. Son charme, c'est son ambiance avec son bar aux vieilles tables de bistrot où les anciens du village aiment à se retrouver, sa cuisine aux fourneaux et aux cuivres bien astiqués séparant la salle à manger du bar, ses très jolies petites chambres et ses salons au mobilier mélangé avec imagination. Situé au centre du village, donnant sur la rue, il nous donne l'impression d'être retirés dans un petit hôtel, à l'écart des grandes migrations touristiques. Son excellent rapport qualité-prix en fait une étape à retenir.

♦ *Itinéraire d'accès : à 49 km de Nevers - N 7 - Cosne-sur-Loire - D 33 - Donzy - dans Pouilly, direction Sully-La-Tour - dans Maltaverne, direction St-Laurent.*

BOURGOGNE

Hostellerie du Château de Bellecroix

**71150 Chagny (Saône-et-Loire)
Tél. 85.87.13.86 - Mme Gautier**

♦ *Ouverture du 1er février au 20 décembre - Fermeture mercredi*
♦ *19 chambres avec tél., s.d.b. et w.c. - Prix des chambres : 400/650 F - Prix du petit déjeuner et horaire : 45 F - 7 h 30/9h30 Prix demi-pension et pension : 380 F - 480 F (1 pers., 4 j. min.)*
♦ *Cartes de crédit : Carte bleue - Amex - Diners - Eurocard*
♦ *Chiens admis avec supplément - Piscine chauffée à l'hôtel*
♦ *Possibilités alentour : Golf de Châlon-sur-Saône à 10 km (18 T)*
♦ *Restaurant : service 12 h/14 h - 19 h 30/21 h 30 - Fermeture le mercredi - Menu : 95/180 F - Carte - Spécialités : Foie gras maison - Filet de boeuf à la moelle et au xérès.*

Bâtie aux XIIe et XVIIIe siècles, un peu à l'écart de la ville, ancienne commanderie des Chevaliers de Malte depuis 1199, l'Hostellerie possède un très beau parc de 2 ha avec terrasses et pelouses ombragées.
A l'entrée, une grande salle avec boiseries sert de salon de réception et de salle à manger : deux autres, plus intimes, peuvent être aménagées dans les tourelles. Mobilier simple, l'ancien et le moderne savamment mélangés, un certain raffinement est présent partout. Les chambres sont élégantes, bien conçues, et elles ont toutes une belle vue sur le parc.
Derrière, dans un autre corps, se trouvent un magnifique salon et de très belles chambres, mais plus chères. Certaines donnent de plain-pied sur le jardin.

♦ *Itinéraire d'accès : à 15 km de Beaune - sur autoroute nord , sortie Beaune puis dir. Lyon- sur autoroute sud, sortie Châlon-sur-Saône nord, puis dir. Paris.*

Moulin de Bourgchâteau

BOURGOGNE 89

**71500 Louhans (Saône-et-Loire)
Tél. 85.75.37.12 - M. et Mme Clément**

♦ *Ouverture toute l'année* ♦ *17 chambres avec tél., s.d.b et w.c - Prix des chambres : 185/230 F - Prix du petit déjeuner et horaire : 23 F - 7 h 30/10 h 30* ♦ *Cartes de crédit : Amex - Diners - Visa Carte bleue* ♦ *Chiens admis avec 15 F de supplément* ♦ *Possibilités alentour : Pêche - Tourisme fluvial* ♦ *Restaurant : service 12 h/14 h - 19 h/22 h - Fermeture dimanche soir et lundi soir h.s et janvier - Menu : 75/190 F - Spécialités : Poulet de Bresse - Sandre - Grenouilles.*

Louhans est un gros bourg de cette région de la Bresse qui se trouve entre Bourgogne et Jura. Une fois par mois les jours de grand marché, alors que ruelles et grand' rue à arcades s'emplissent de volailles vives, de produits et de matériels agricoles, il n'est pas rare d'entendre conclure un marché en patois. Le bon hôtel de la ville se trouve dans un ancien moulin à grain qui fonctionnait encore il y a moins de quinze années de cela ; le bar en sauvegarde encore les impressionnantes roues dentées. Il y a quelque chose d'un lourd vaisseau de pierre dans cette énorme bâtisse qui semble posée sur l'eau. Les chambres, toutes semblables, sont d'un bon confort. De leur fenêtre on surplombe la surface de l'eau, et parfois la brume, comme d'une cabine de bateau. Même vue du restaurant, où on se régale d'une cuisine mariant vins et produits de Bresse et de Bourgogne. Une bonne adresse dans une région à découvrir.

♦ *Itinéraire d'accès : à 56 km de Bourg-en-Bresse - à 29 km de Tournus.*

BOURGOGNE

Moulin d'Hauterive

**71350 St-Gervais-en-Vallière (Saône-et-Loire)
Tél. 85.91.55.56 - Télex 801 391 - M. et Mme Moille**

♦ *Ouverture du 1er février au 15 décembre - Fermeture dimanche soir et lundi h.s.* ♦ *22 chambres avec tél.direct, s.d.b. et w.c. - Prix des chambres : 400/770 F - Prix du petit déjeuner et horaire : 45 F - 8 h/10 h -* ♦ *Cartes de crédit : Amex - Diners - Visa* ♦ *Chiens admis avec 50 F de supplément - Petite piscine, tennis, sauna, solarium et practice de golf à l'hôtel* ♦ *Possibilités alentour : Equitation 15 km - Sports nautiques sur la Saône* ♦ *Restaurant : service 12 h/13 h 30- 19 h/21 h - Fermeture dimanche soir et lundi h.s. - Menu : 200/350 F - Carte - Spécialités : Foie gras poêlé aux fruits - Ris de veau grand-mère - Croustillant aux poires.*

Situé en pleine campagne, dans un petit coin superbe, ce moulin est un hôtel depuis 1978.
Deux ravissantes salles à manger. Dans l'une d'elles, autour de la cheminée, on a installé quelques fauteuils formant un délicieux petit salon. Les chambres sont exquises et chacune a une décoration sans fausse note. Elles sont toutes équipées de la t.v. couleur et d'un mini-bar.
La propriété, de 3 ha, est traversée par la Dheune. Pour les terrasses et les petits coins fraîcheur, on a l'embarras du choix : à côté de la piscine, autour de la maison, ou encore celle plus secrète où l'on accède en traversant un petit pont en bois, sur la rivière. Service bar et restaurant à l'extérieur, dès les beaux jours.

♦ *Itinéraire d'accès : à 15 km de Beaune, à 30 km de Châlon. Autoroute : sortie Beaune, dir. Verdun-sur-le-Doubs, à St Loup de la Salle, dir. Ecuelles.*

Hostellerie du Moulin des Ruats

BOURGOGNE

89200 Avallon (Yonne)
Tél. 86.34.07.14 - Mme Robin

♦ *Ouverture du 15 février au 15 novembre - Fermeture lundi et mardi h.s.* ♦ *23 chambres avec tél., s.d.b. et w.c. - Prix des chambres : 250/580 F - Prix du petit déjeuner et horaire : 38 F 7 h 30/9 h 30* ♦ *Cartes de crédit : Carte bleue - Diners* ♦ *Possibilités alentour : à Avallon piscine, tennis, la vallée du Cousin, parc naturel régional du Morvan* ♦ *Restaurant : service 12 h/14 h - 19 h/21 h 30 - Fermeture lundi et mardi midi h.s. - Menu : 150/250 F - Carte - Spécialités : Escargots - Truite au bleu Charolais aux morilles.*

Pénétrer dans la vallée verdoyante du Cousin et longer son cours sinueux est déjà un enchantement. Découvrir dans cet endroit si sauvage une auberge si coquette en est un autre.
Le calme n'est troublé que par le murmure de la rivière qui vient se frotter au moulin.
Le restaurant honore la tradition bourguignonne.
De récents aménagements ont amélioré le confort des chambres.

♦ *Itinéraire d'accès : autoroute A 6 sortie Avallon, route de Vezelay, vallée du Cousin.*

La Fontaine aux Muses

**89970 La Celle-Saint-Cyr (Yonne)
Tél. 86.73.40.22 - Famille Pointeau-Langevin**

♦ *Ouverture toute l'année - Fermeture lundi et mardi midi* ♦ *14 chambres avec tél., s.d.b. et w.c. - Prix des chambres : 270/310 F Prix du petit déjeuner et horaire : 29 F - 8 h/10 h -* ♦ *Cartes de crédit : Visa - Eurocard* ♦ *Chiens non admis - Piscine chauffée, compact golf (4 T) et tennis à l'hôtel* ♦ *Possibilités alentour : Promenades - Pêche - Equitation à Joigny - Location de petites péniches pour promenades sur l'Yonne à 9 km* ♦ *Restaurant : service 12 h 30/13 h 45 - 20 h/21 h 15 - Fermeture lundi et mardi midi - Carte : 170/220 F - Spécialités : Homard grillé en papillote Terrine de St-Jacques - Gibier en saison.*

L'auberge, qui vit le jour en 1962, était au départ une vieille bâtisse bourguignonne du XVIIe ayant connu, au cours de ses trois cents années d'existence, des fortunes diverses. Abandonnée après la deuxième guerre, elle fut récupérée en 1960 par ses actuels propriétaires. M. Langevin est compositeur et Madame poète. D'où le nom de l'établissement. Ils ont des amis peintres, sculpteurs, écrivains qui exposent à l'auberge. On fait de la musique "en famille" l'été au jardin ou l'hiver au coin du feu et cela donne lieu, parfois, à de petits concerts impromptus. Mais dans la salle à manger très sympathique, autour de la cheminée, la gastronomie n'est pas oubliée pour autant. Au salon-bar, des fauteuils confortables vous attendent devant le feu et qu'elles soient à l'étage ou ouvrant de plain-pied sur le jardin, les ravissantes chambres ont toutes une belle vue sur la verdure et la campagne.

♦ *Itinéraire d'accès : à 146 km de Paris - A 6 sortie Joigny - N 943 dir. Joigny 3 km suivre les flèches.*

Le Castel

BOURGOGNE

**89590 Mailly-le-Château (Yonne)
Tél. 86.40.43.06 - M. et Mme Breerette**

♦ *Ouverture du 15 mars au 15 novembre* ♦ *12 chambres avec tél. (11 avec s.d.b., 8 avec w.c.) - Prix des chambres : 150/280 F - Prix du petit déjeuner et horaire : 28 F - 8 h/9 h 30* ♦ *Cartes de crédit : Visa - Eurocard - MasterCard - Access* ♦ *Chiens admis avec supplément* ♦ *Possibilités alentour : Tennis à quelques mètres, ainsi que baignades en rivière - Equitation 7 km - Promenades en forêt en circuits fléchés* ♦ *Restaurant : service 12 h 15/13 h 30 - 19 h 15/20 h 30 - Fermeture mercredi - Menu : 72/140 F - Carte - Spécialités : Escargots aux noisettes - Pavé de charolais à la moutarde - Gratin de framboises.*

Un joli jardin avec une terrasse fleurie et ombragée par des tilleuls forment l'entrée de cette maison construite à la fin du siècle dernier. L'originale disposition du rez-de-chaussée fait que le salon sépare les deux salles à manger, le tout formant un seul espace. Autour de la cheminée, des tables et fauteuils Empire s'harmonisent bien avec la tonalité ambiante. Bien que le mobilier soit différent dans les salles à manger l'ensemble est parfaitement réussi. Pas de mauvaises surprises non plus dans les chambres, coquettes et personnalisées. Calme et bonne table dans cet hôtel installé dans un site classé, face à l'église de ce tout petit village à la saveur "douce France". Accueil chaleureux et décontraté. Service bar en terrasse.

♦ *Itinéraire d'accès : à 30 km d'Auxerre (sortie sud) N 6 vers Avallon (10 km environ) - Bifurcation dir. Vezelay (D 100) Mailly-la-Ville, Mailly-le-Château.*

BOURGOGNE

Moulin des Templiers

**Pontaubert - 89200 Avallon (Yonne)
Tél. 86.34.10.80 - Mme Hilmoine**

♦ *Ouverture du 15 mars au 1er novembre* ♦ *14 chambres avec tél. direct et s.d.b. (9 avec w.c.) - Prix des chambres : 190/280 F Prix du petit déjeuner et horaire : 27 F - 8 h/10 h -* ♦ *Cartes de crédit non acceptées* ♦ *Chiens admis avec 25 F de supplément* ♦ *Possibilités alentour : Avallon - La vallée du Cousin - Parc naturel régional du Morvan - Château des ducs de Bourgogne* ♦ *Pas de restaurant.*

Dans la vallée du Cousin, vous prenez une petite route tranquille bordée d'arbres qui serpente le long de la rivière dans un paysage de charme et de verdure. Vous trouverez dans ce moulin (dont le jardin est au bord même de l'eau) un accueil chaleureux et tout le confort souhaitable.

Les petits déjeuners, qui pourront vous être servis dans le jardin au bord de la rivière, sont très copieux et délicieux : pain grillé, croissants chauds et confiture en terrine ; théières et cafetières sont généreusement remplies. Les chambres, bien que petites, offrent tout le nécessaire pour un séjour confortable. Le bon goût est partout présent.

Le parking de l'hôtel a l'originalité d'être entouré d'un pré où circulent des animaux (âne, poney, chèvres, poules et cochons) qui ne font que rajouter du charme à cet endroit qui n'en manquait pas. Dommage qu'il n'y ait pas de restaurant... mais Pontaubert est à 500 m et l'Hostellerie du Moulin des Ruats tout à côté.

♦ *Itinéraire d'accès : N 6 - Sortie Avallon - Route de Vezelay - Vallée du Cousin - à 4 km environ.*

Moulin des Pommerats

BOURGOGNE

89210 Venizy-St-Florentin (Yonne)
Tél. 86.35.08.04 - M. et Mme Reumaux d'Equainville

♦ *Ouverture toute l'année - Fermeture dimanche soir et lundi h.s.*
♦ *20 chambres avec tél., s.d.b. et w.c. - Prix des chambres : 200/420 F - Prix du petit déjeuner et horaire : 30 F - 8 h/10 h 30*
♦ *Cartes de crédit : Visa - Access - MasterCard - Diners - Eurocard* ♦ *Chiens admis - Tennis à l'hôtel* ♦ *Possibilités alentour : Minigolf (2 km) - Equitation* ♦ *Restaurant : service 12 h/14 h 30 - 19 h/21 h 30 - Fermeture dimanche soir et lundi h.s. Menu : 117/265 F - Carte - Spécialités : Matelote d'anguilles.*

Cet ancien moulin à eau est situé en Basse-Bourgogne, sur une petite rivière à truites, le Créanton.
Dispersées dans chacune des jolies maisons blanches aux volets verts enfouies sous le lierre, les chambres aux murs fleuris sont gaies et confortables (possibilité d'avoir une suite avec salon ou chambre d'enfants).
Dans le salon rustique avec feu de bois dans la cheminée, l'atmosphère est reposante ; lui succède la salle à manger, dont les baies cintrées donnent sur un joli jardin plein de pommiers, et où vous pourrez déguster les spécialités régionales et de délicieux fromages du pays.
Disposées devant le moulin, quelques tables rondes à l'ombre des peupliers : l'endroit idéal pour écouter le murmure de la rivière et profiter du calme.

♦ *Itinéraire d'accès : à 150 km de Paris - A 7 sortie Joigny. D 943 dir. St-Florentin.*

BOURGOGNE

Auberge des Moulins Banaux

**89190 Villeneuve l'Archevêque (Yonne)
16, route des Moulins
Tél. 86.86.72.55 - M. Sicard**

♦ *Ouverture du 15 février au 23 décembre* ♦ *17 chambres avec tél., douche et t.v (5 avec w.c.) - Prix des chambres : 95/140 F (simple) -130/180 F (double) - Prix du petit déjeuner et horaire : 20 F - 7 h/10 h - Prix pension : 480/520 F (2 pers., 3 j. min.)*
♦ *Cartes de crédit : Carte bleue - Visa - Eurocard - MasterCard*
♦ *Chiens admis avec 10 F de supplément* ♦ *Possibilités alentour : Pêche à la propriété - Piscine 7 km - Equitation 15 km - Golf à l'hôtel - Promenades pédestres en sentiers balisés* ♦ *Restaurant : service 12 h/13 h 30 - 19 h 30/21 h 30 - Fermeture dimanche soir et lundi - Menu : 55/135 F - Carte - Spécialités : Foie gras de canard maison - Ecrevisses - Aiguillettes de canard au vinaigre de framboise - Poulet aux écrevisses.*

En traversant le petit pont qu'enjambe la Vanne, vous découvrirez les deux superbes roues de ce moulin du XVIe siècle, bâti dans une propriété de 6 ha. Devenu hôtel en 1966, il a gardé toute la mécanique d'époque en parfait état de marche dans le vaste espace qui est actuellement la salle à manger. Chaleureuse, elle est de style rustique et possède une grande cheminée. Un autre salon pour le bar et les petits déjeuners et un salon t.v. complètent le rez-de-chaussée.
Dans les étages, des chambres, vieillottes mais confortables, ont toutes une belle vue sur le jardin et la rivière qui le traverse. Par beau temps, le service se fait à l'extérieur.

♦ *Itinéraire d'accès : à 24 km de Sens et 41 km de Troyes sur la N 6.*

Manoir de Crec'h - Goulifen

BRETAGNE

**Beg-Leguer-Servel - 22300 Lannion (Côtes-du-Nord)
Tél. 96.47.26.17 - Mme Droniou**

♦ *Ouverture de Pâques au 30 septembre*   ♦ *7 chambres avec tél., s.d.b. et w.c. - Prix des chambres : 270/315 F (2 pers.) - Prix du petit déjeuner et horaire : compris - 8 h/10*   ♦ *Cartes de crédit non acceptées* ♦ *Chiens admis avec supplément - Tennis à l'hôtel* ♦ *Possibilités alentour : Plage à 3 km - Pêche en rivière et mer à 3 km - Equitation - Location de vélos à 6 km - Randonnées pédestres - Golf à 8 km* ♦ *Pas de restaurant.*

Nous sommes ici au cœur de la Bretagne profonde en pleine campagne. L'hôtel occupe l'emplacement d'une ancienne ferme du XVIIIe siècle, restaurée avec soin.
Les chambres, au mobilier ancien, sont confortables, chacune ayant une salle de bains. Un petit salon et une bibliothèque sont à la disposition des clients. Pas de restaurant mais une jolie terrasse, face au jardin, où vous pourrez prendre votre petit déjeuner.
Calme, verdure, charme et confort.

♦ *Itinéraire d'accès : à 3 km de Lannion - Route de Beg-Leguer-Servel.*

BRETAGNE

Relais de Fréhel

**22240 Fréhel (Côtes-du-Nord)
Tél. 96.41.43.02 - Mme Lemercier**

♦ *Ouverture du 20 mars au 6 novembre ♦ 13 chambres (9 avec s.d.b., 7 avec w.c.) - Prix des chambres : 160/210 F - Prix du petit déjeuner et horaire : 27 F - 8 h/11 h - Prix demi-pension et pension : 230 F - 300 F (1 pers. 3 j. min.) ♦ Cartes de crédit non acceptées ♦ Chiens non admis - Tennis à l'hôtel ♦ Possibilités alentour : Réserve d'oiseaux de mer du cap Fréhel Voile - Golf - Equitation ♦ Restaurant : service 12 h 30/14 h - 19 h 30/21 h - Menu : 70/215 F - Spécialités : Homard - Grillades au feu de bois - Coquilles St-Jacques à la bretonne - Soupe de poisson.*

Le Relais de Fréhel, ancienne ferme aménagée des Côtes-du-Nord, étire sa longue façade basse de pierre rose surmontée de grandes mansardes couvertes d'ardoise sur un jardin fleuri et un parc boisé. A l'intérieur, le bois des linteaux des fenêtres et celui des solives des plafonds bas adoucit le contraste entre la pierre apparente encadrant portes et fenêtres et le crépi blanc des murs. La plupart des chambres aménagées dans les mansardes spacieuses sont rustiques, simples et confortables. De l'ensemble se dégage une atmosphère très familiale, calme et reposante. A table sont servis des menus variés où, bien sûr, les produits de la mer tiennent une large place. La Côte Sauvage et la réserve d'oiseaux du cap Fréhel sont à quelques kilomètres pour les amoureux de la mer et les ornithologues amateurs.

♦ *Itinéraire d'accès : à 40 km de St-Malo direction cap Fréhel, par D 16 - Hôtel indiqué à 2 km du cap.*

Moulin de Belle-Isle

BRETAGNE

Hémonstoir - 22600 Loudéac (Côtes-du-Nord)
Tél. 96.25.04.91 - Mme Glon

♦ *Ouverture toute l'année sauf du 1er au 15 octobre et les vacances de février - Fermeture le lundi hors saison* ♦ *10 chambres avec tél. direct, t.v. (8 avec s.d.b. et w.c.) - Prix des chambres : 150/400 F - Prix du petit déjeuner et horaire : 25 F 7 h 30/9 h 30 - Prix demi-pension et pension : 350 F - 400 F (1 pers., 3 j. min.)* ♦ *Cartes de crédit : Visa - MasterCard - Eurocard* ♦ *Chiens admis avec 25 F de supplément - Pêche dans le parc de l'hôtel* ♦ *Possibilités alentour : Tennis - Piscine - Equitation - Promenades en forêt - Pêche* ♦ *Restaurant : service 12 h 15/14 h - 19 h 15/21 h - Fermeture dimanche soir et lundi Menu : 92/220 F - Carte - Spécialités : Grillades au feu de bois - Soufflé de champignons au beurre nantais - Turbotin aux crustacés Brochettes d'agneau sauce chauron - Poêlée de Jacques.*

Le site est enchanteur : l'Oust coule au pied du moulin formant de petits îlots reliés par des ponts. La roue tourne toujours et l'on est bercé par le bruit de l'eau. Une terrasse permet de profiter de cette atmosphère de charme.
L'aménagement intérieur est agréable. Les chambres, bien aménagées, sont personnalisées. Nos favorites sont les numéros 16, 24 et 26 qui, outre leur belle décoration et leur confort, ont une vue superbe sur le jardin et la rivière.

♦ *Itinéraire d'accès : à 47 km de St Brieuc - Loudéac N 164 dir. Brest - suivre fléchage pour Hémonstoir.*

Hôtel du Sphinx

**22700 Perros-Guirec (Côtes-du-Nord)
Chemin de la Messe
Tél. 96.23.25.42 - M. Mme et Mlles Leverge**

♦ *Ouverture toute l'année* ♦ *11 chambres avec tél.direct, s.d.b, w.c et t.v - Prix des chambres : 260/320 F - Prix du petit déjeuner et horaire : 30 F - Prix demi-pension 320/330 F (par pers., 2 j. min.)* ♦ *Carte de crédit : Visa* ♦ *Chiens admis* ♦ *Possibilités alentour : Tennis - Golf de St-Samson à 7 km - Sports nautiques - Pêche* ♦ *Restaurant : service 12 h/14 h - 20 h/ 21 h Menu : 115/250 F - Spécialités : Poissons - Langoustes - Homards - Fruits de mer.*

Situé sur une petite route de corniche de la côte de granit rose, dominant la baie de Trestignel, cette nouvelle adresse a presque tout pour séduire : un emplacement exceptionnel avec un jardin qui descend en pente douce vers la mer, une décoration chaleureuse dans le salon-bar et la salle à manger attenante qui surplombe la mer, ainsi qu'un accueil attentif de la part des propriétaires : Mme Leverge est aux fourneaux pour préparer une nourriture de qualité, où les produits de la mer occupent bien sûr une place importante.

Les 11 chambres confortables, mais meublées de façon un peu trop moderne et impersonnelle, donnent toutes sur la mer, certaines avec un balcon ; nous préférons pour notre part les 8 chambres du bâtiment principal à celles de l'annexe. L'été, lorsqu'il fait chaud, le petit déjeuner et les consommations sont servies dans le jardin.

En conclusion, une très bonne adresse avec un très bon rapport qualité-prix pour un séjour dans une des plus jolies régions de Bretagne.

♦ *Itinéraire d'accès : à 11 km de Lannion.*

Manoir du Vaumadeuc

BRETAGNE

**Pleven - 22130 Plancoet (Côtes-du-Nord)
Tél. 96.84.46.17 - Mme de Pontbriand**

♦ *Ouverture du 20 mars au 5 janvier* ♦ *9 chambres avec tél. (7 avec s.d.b. et w.c.) - Prix des chambres : 275/590 F - Prix du petit déjeuner et horaire : 42 F - 8 h 30/10 h - Prix demi-pension et pension : 460 - 630 F (1 pers., 3 j. min.)* ♦ *Cartes de crédit : Diners - Visa - MasterCard - Eurocard* ♦ *Chiens admis avec supplément - Pêche dans l'étang de l'hôtel* ♦ *Possibilités alentour Equitation à 12 km - Tennis à 9 km - Golf de Pen Guen à St-Cast (20 km), 9 T - Golf de St-Briac-sur-mer à Dinard (30 km), 18 T* ♦ *Restaurant : service 12 h 30/14 h - 19 h 30/21 h - Menu : 165/195/250 F (avec homard sur commande) - Spécialités : Tagine de pigeon - Homard gratiné au xérès (sur commande) - Terrine de lotte sauce aurore - Framboisier.*

Le manoir, qui date de la fin du XVe siècle, est resté jusqu'à nos jours dans toute son intégrité. Dans le corps principal se trouvent la salle à manger et les chambres absolument charmantes où l'on ne peut qu'apprécier le goût irréprochable des meubles et des objets qui les décorent, même si le sanitaire est un peu désuet. A côté se trouvent deux petits pavillons du même style, aménagés avec confort. En face du manoir on a installé un bar dans le colombier du XVIe siècle.
Situé en forêt mais à 18 km seulement de la mer, c'est un lieu de séjour agréable.

♦ *Itinéraire d'accès : à 16 km de Lamballe par D 28 (par la forêt de la Hunaudaye).*

Le Fanal

**Plévenon - 22240 Fréhel (Côtes-du-Nord)
Tél. 96.41.43.19 - M. et Mme Legros**

♦ Ouverture du 25 mars au 30 septembre et vacances de la Toussaint   ♦ 9 chambres avec tél. direct, s.d.b. et w.c. - Prix des chambres : 200/250 F (double) - Prix du petit déjeuner et horaire : 27 F - 8 h 30/10 h   ♦ Cartes de crédit : Carte bleue - Visa - Eurocard - MasterCard   ♦ Chiens non admis   ♦ Possibilités alentour : Mer à 10 mn - Cap Fréhel - Promenades dans la lande ♦ Restaurant : service crêperie - 12 h 30/14 h 30 - 17 h 30/21 h 30 Menu : Carte - Spécialités : Crêpes - Moules - Soupe de poisson.

En pleine lande de Fréhel, entre Plévenon et le cap, son architecture en bois s'intègre parfaitement à l'environnement ; il faut franchir la porte du Fanal pour en comprendre le charme secret. Meubles anciens, musique classique, livres sur la Bretagne, tout contribue au calme et à la détente.
Les chambres aménagées avec goût sont confortables, et ont toutes la vue sur la lande et la mer. Les amoureux de la nature découvriront la réserve ornithologique et les circuits pédestres ou se reposeront au jardin.

♦ Itinéraire d'accès : à 40 km de St-Malo - Cap Fréhel par D 16 Par voie rapide sortie Lamballe.

Manoir des Portes

BRETAGNE

**La Poterie - 22400 Lamballe (Côtes-du-Nord)
Tél. 96.31.13.62 - Télex 950 750 - Mme Chauvel**

♦ *Ouverture du 27 février au 2 janvier* ♦ *16 chambres avec tél., s.d.b. et w.c. - Prix des chambres : 250F (simple) - 292/412 F (double) Prix du petit déjeuner et horaire : 32 F - 8 h/10 h - Prix demi-pension et pension : 292 F - 392 F (1 pers., 3 j. min.)*
♦ *Cartes de crédit : Amex - Visa - Diners - Eurocard - Carte bleue*
♦ *Chiens admis sauf au restaurant - Equitation et sauna à l'hôtel*
♦ *Possibilités alentour : Etang sur la propriété - Plages à 15 km*
♦ *Restaurant : service 12 h/13 h 45 - 19 h 15/21 h 30 - Fermeture lundi h.s. (lundi midi de juillet à septembre) - Menu : 100/250 F - Carte - Spécialités : Homard grillé - Tournedos Rossini - Sorbet poire Williams - Tarte aux poires.*

Ce manoir breton des XVIe et XVIIe siècles est situé en pleine campagne, au bord de l'eau, d'où le très grand calme des lieux.
Les pierres et les poutres de l'ancienne demeure ne prennent que plus de relief dans leur association avec le bois clair de certains meubles, les tissus raffinés et les moquettes. Les chambres sont entièrement équipées (télévision) et donnent sur une grande cour qui les préserve de tout bruit. Au restaurant, la formule du buffet permet de déguster une cuisine simple qui utilise les produits régionaux.
Cette auberge où toute une famille montre compétence et gentillesse mérite qu'on s'y attarde.

♦ *Itinéraire d'accès : à 21 km de St-Brieuc - N 12 - à la sortie de Lamballe, direction Dinard. Prendre D 28 direction Pleven à 2 km La Poterie.*

Ti Al-Lannec

**22560 Trébeurden (Côtes-du-Nord)
Tél. 96.23.57.26 - Télex 740 656 - M. Jouanny**

♦ *Ouverture du 17 mars au 13 novembre* ♦ *22 chambres avec tél. direct, s.d.b., w.c. et t.v satellite - Prix des chambres : 295 F (simple) - 400/515 F (double) - Prix du petit déjeuner et horaire : 42 F - 7 h 15/10 h - Prix demi-pension et pension : 375/465 F - 500/590 F (par pers., 3 j. min.)* ♦ *Cartes de crédit : Amex - Visa Eurocard - Access - Diners* ♦ *Chiens admis avec 28 F de supplément dans la chambre seulement* ♦ *Possibilités alentour : Plage - Sports nautiques - Equitation - Golf - Piscine - Tennis - Thalassothérapie* ♦ *Restaurant : service 12 h 30 - 19 h 30 Fermeture lundi à midi h.s - Menu : 155/285F - 100 F (déj. en semaine) -Carte - Spécialités : Filets de rougets de roche en écailles de pomme de terre et beurre de tomate - Aiguillettes de canard rôti parfumé à la vanille - Tentation de l'écureuil.*

Située un peu à l'écart, dans Trébeurden, au sommet d'une colline verdoyante, Ti Al Lannec est une belle demeure de caractère, très calme et très confortable, avec une vue panoramique.
Bar et salons feutrés au décor raffiné, superbe salle à manger dominant la baie, chambres très confortables (nos favorites : la 6 et la 16 avec balcons, la 7 et la 8 avec petite terrasse et loggia, les 9, 10 et 11 avec grandes terrasses) mais aussi un service aimable et efficace sous l'oeil discret mais omniprésent de Mme et M. Jouanny, les propriétaires, et une cuisine de qualité.
Certainement une des très bonnes adresses de ce guide.

♦ *Itinéraire d'accès : à 9 km de Lannion - Trébeurden D 784.*

Kastell Dinec'h

BRETAGNE

22200 Tréguier (Côtes-du-Nord)
Tél. 96.92.49.39 - M. et Mme Pauwels

♦ *Ouverture du 15 mars au 15 octobre et du 29 oct. au 31 décembre - Fermeture mardi soir et mercredi h.s.* ♦ *15 chambres avec tél. et w.c., (14 avec s.d.b.) - Prix des chambres : 210/340 F - Prix du petit déjeuner et horaire : 32 F - 8 h/10 h - Prix demi-pension : 210/290 F (par pers., 3 j. min.)* ♦ *Cartes de crédit : Visa - MasterCard - Eurocard* ♦ *Chiens admis sauf au restaurant Piscine d'eau chaude à l'hôtel (15 mai/15 septembre)* ♦ *Possibilités alentour : Pêche - Voile - Equitation - Golf à 30 km* ♦ *Restaurant : service 19 h 30/21 h 30 - Fermeture mardi soir et mercredi h.s. - Menu : 85/240 F - Carte - Spécialités : Bar en croûte au sel - Coquilles St-Jacques.*

Cette ancienne ferme manoir du XVIIe siècle offre l'atmosphère et l'environnement de la pleine campagne, à 2 km de Tréguier. Un bâtiment principal contenant : une belle salle à manger, un petit salon confortable et une partie des chambres, est entouré de deux annexes où se trouvent d'autres chambres ; l'ensemble donne sur un très beau jardin où l'été, on vous sert petits déjeuners et consommations. Les chambres sont petites mais décorées avec beaucoup de goût ; nos préférées sont les n° 2, 5, 11 et 12 bis.
L'ensemble est à la fois simple et raffiné. L'accueil de Mme Pauwels est très agréable et la cuisine de son mari délicieuse.
Une très bonne adresse.

♦ *Itinéraire d'accès : à 50 km de St-Brieuc, N 12 jusqu'à Guingamp, puis D 8 - à Tréguier dir. Lannion par N 786 - à 1, 5 km prendre petite route sur la droite.*

Domaine de Kéréven

BRETAGNE

**29118 Benodet (Finistère)
Tél. 98.57.02.46 - Mme Berrou**

♦ *Ouverture de Pâques au 30 septembre* ♦ *12 chambres avec tél.direct, s.d.b. et w.c. - Prix des chambres : 260/310 F - Prix du petit déjeuner et horaire: 28 F - 8 h 30/9 h 30 - Prix demi-pension: 240/270 F (1 pers., 3 j. min.)* ♦ *Cartes de crédit non acceptées* ♦ *Chiens non admis* ♦ *Possibilités alentour : Tous les sports nautiques - Equitation - Tennis - Location de vélos - Golf 9 T. à 3 km - Randonnées pédestres - Remontée de l'Odet - Stages photo - Fêtes folkloriques - Concerts en été - Casino* ♦ *Restaurant : service 19 h 30/20 h 30 - Menu : 92F - Carte - Spécialités : Produits de la mer.*

Cette grande maison bretonne a été restaurée et aménagée avec goût par les propriétaires actuels. Elle est située au milieu des prés, et les bâtiments de ferme tout proches disent combien ce coin de campagne a encore gardé tout son charme. L'accueil réservé est très agréable, parents et enfants ayant su créer dans cette spacieuse maison une atmosphère familiale en harmonie avec le cadre. Les chambres que l'on met à votre disposition sont toutes différentes et disposent d'un confort total. Il n'y a pas de restaurant à midi mais on dîne le soir dans une grande salle à manger avec cheminée que prolonge une terrasse.
Confort, tranquillité et extrême gentillesse ne sont pas ici de vains mots.

♦ *Itinéraire d'accès : à 16 km de Quimper - D 34, à 1 km de Benodet.*

Castel Régis

BRETAGNE

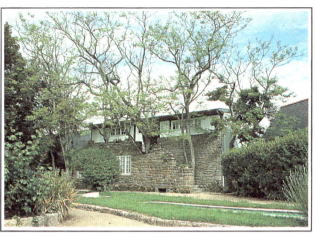

29238 Brignogan-Plage (Finistère)
Tél. 98.83.40.22 - Télex 940 941 - M. et Mme Plos

♦ *Ouverture de Pâques à fin septembre* ♦ *18 chambres avec tél. direct, s.d.b. et w.c. - Prix des chambres : 230/350 F - Prix du petit déjeuner et horaire : 30 F - 7 h 30/9 h 30 - Prix demi-pension et pension : 380 F - 455 F (1 pers., 3 j. min.)* ♦ *Cartes de crédit : Amex - Visa* ♦ *Chiens admis avec 30 F de supplément - Piscine chauffée, tennis, minigolf, plage, planche à voile à l'hôtel* ♦ *Possibilités alentour : Location de vélos - Eglise de Goulven à 3, 5 km* ♦ *Restaurant : service 12 h 30/14 h - 19 h 30/21 h 30 Fermeture mercredi midi (sauf juillet août) - Menu : 105/180 F Carte - Spécialités : Soupe de poisson - Brochette de St Jacques forestière.*

Très bien situé, Castel Régis occupe une péninsule sur la mer. Les chambres et les bungalows sont éparpillés dans le jardin, parmi les arbres. La salle à manger, le salon et une grande terrasse surplombent la mer.
Toutes les chambres sont sympathiques, mais notre préférence va à la numéro 21, en duplex avec une petite serre comme séjour et d'où l'on a une belle vue. La plupart sont idéales pour des familles car elles forment de petits appartements de 4 personnes. Eviter toutefois les nouvelles à côté du parking qui, tout en étant très confortables, ont moins de charme. Très bonne cuisine. (On trouve souvent du homard au menu des pensionnaires.) Accueil très amical.

♦ *Itinéraire d'accès : à 37 km de Brest - N 12 dir. Modey - Sortie Lesneven - D 770 - sur la côte.*

Auberge de Kervéoc'h

BRETAGNE

**29100 Douarnenez (Finistère)
Tél. 98.92.07.58 - M. et Mme Guitton**

♦ *Ouverture de Pâques au 15 octobre, à la Toussaint et à Noël* ♦ *14 chambres avec tél., s.d.b. et w.c. - Prix des chambres : 200/250 F - Prix du petit déjeuner et horaire : 26 F - 8 h/10 h - Prix demi-pension 230/250 F (1 pers., 3 j. min.)* ♦ *Carte de crédit : Visa* ♦ *Petits chiens admis sauf au restaurant* ♦ *Possibilités alentour : Piscine et tennis à 5 km - Plages Equitation à 20 km - Port de Rosmeur - Pointe de Leydé à 8 km Centre de cure marine à 4 km* ♦ *Restaurant : service 12 h 30/ 13 h 45- 19 h 30/21 h - Menu : 85/180 F - Carte - Spécialités : Emincé de St-Jacques aux algues - Homard breton crémé de son corail - Pavé de Kervéoc'h.*

A cinq minutes de Locronan et des plages bordant la baie de Douarnenez, sur une petite route qui mène à la pointe du Raz, l'auberge de Kervéoc'h est une vieille ferme agréablement rénovée. Il y a deux bâtiments. Dans l'un se trouvent les pièces de réception et quelques chambres, dans l'autre des chambres plus grandes et plus confortables, sauf peut-être celles du dernier étage. Le restaurant est excellent et sert des spécialités à base de produits de la mer et du terroir.
Un beau parc avec un étang entoure l'auberge, ce qui permet en été d'avoir un service dans le jardin. Un seul regret: le raccordement de la petite route à une voie de dégagement de Douarnenez expose certaines chambres au bruit.

♦ *Itinéraire d'accès : à 5 km de Douarnenez - D 765 dir. Quimper.*

Hôtel Ker-Ansquer

BRETAGNE

Lababan - 29134 Pouldreuzic (Finistère)
Tél. 98.54.41.83 - Mme Ansquer

♦ *Ouverture du 1er mai au 30 septembre* ♦ *11 chambres avec tél. direct, s.d.b. et w.c. - Prix demi-pension : 235 F (1 pers., 3 j.min) - Prix du petit déjeuner et horaire : 20 F - 8 h/10 h* ♦ *Cartes de crédit : certaines acceptées* ♦ *Chiens non admis* ♦ *Possibilités alentour : 12 km de plage de sable fin, sports nautiques et tennis à 3 km - Piscine à 15 km - Location de vélos à 2 km - Promenades à pied* ♦ *Restaurant : service 19 h /20 h Menu : 70/180 F - Spécialités : Coquilles St-Jacques en poêlon - Langoustes sauce Ker-Ansquer.*

Un bon exemple de reconstitution pour cet hôtel récemment construit dans le style breton. Les meubles ont été réalisés par un ébéniste de la région et la vaisselle vient de Quimper.
Confort et charme seront assurés. Parc de 1 hectare - Vue sur les champs, la campagne et la mer.
Une bonne adresse étape.

♦ *Itinéraire d'accès : à 25 km de Quimper - D 40 - Pouldreuzic - D 2 dir. Audierne - 500 m à gauche.*

Manoir du Stang

**29133 La Forêt - Fouesnant (Finistère)
Tél. 98.56.97.37 - M. et Mme Hubert**

♦ *Ouverture du 2 mai au 30 septembre* ♦ *30 chambres avec tél. direct, s.d.b. (28 avec w.c.) - Prix des chambres : 350/660 F - 850 F (appart. 4 pers.) - Prix du petit déjeuner et horaire : compris 8 h/10 h - Prix demi-pension et pension : 365 F - 450 F (par pers., 6 j. min.)* ♦ *Cartes de crédit non acceptées* ♦ *Chiens non admis Tennis à l'hôtel* ♦ *Possibilités alentour : Plage - Ecole de voile - Equitation à 2 km - Golf de Cornouaille à 1 km, 9 T - Golf de l'Odet à 6 km, 18 T* ♦ *Restaurant : service 12 h 30/13 h 45 - 19 h 30/21 h - Menu : 210 F - Carte - Spécialités : Brochettes de coquilles St-Jacques - Homard grillé à l'estragon - Palourdes farcies.*

Le Stang est un domaine agricole familial s'étendant sur 40 hectares : vastes jardins à la française, roseraie, étangs, bois, ferme et prairies, tout ceci à proximité immédiate de la mer.
Le Manoir est une gentilhommière du XVIe siècle, qui allie un cadre raffiné à un grand confort. La salle à manger d'époque XVIIIe s'ouvre sur une terrasse devant les étangs. Quant aux chambres, elles sont ravissantes, bien meublées et toutes ont une belle vue. Les produits de la ferme contribuent à la qualité de la cuisine du Manoir du Stang.

♦ *Itinéraire d'accès : à 8 km de Concarneau : chemin privé sur D 783.*

Hôtel de Porz-Morvan

BRETAGNE

**29127 Plomodiern (Finistère)
Tél. 98.81.53.23 - M. et Mme Sihamdi**

♦ *Ouverture de Pâques au 30 septembre* ♦ *12 chambres avec s.d.b. et w.c. - Prix des chambres : 230/400 F - Prix du petit déjeuner et horaire : 27 F - 8 h 15/9 h 30* ♦ *Carte de crédit : Visa* ♦ *Chiens admis - Tennis à l'hôtel* ♦ *Possibilités alentour : Equitation - Piscine, plages et sports nautiques à 6 km - Pêche en mer à 13 km - Promenades en sentiers balisés* ♦ *Restaurant : service crêperie à l'hôtel.*

Cette ferme de 1833, située en pleine campagne dans une propriété de 2 ha, est au centre d'une importante région touristique et seulement à 6 km d'une magnifique plage.
Dans le salon, dans la petite crêperie installée tout à côté, un amusant assortiment de meubles campagnards et de rotin. Chambres confortables donnant de plain-pied sur la terrasse et le jardin.
Si vous voyagez en famille, prenez la chambre "Penty" n° 8.
Calme et charme sont les atouts de cette vraie maison de campagne bretonne.

♦ *Itinéraire d'accès : à 29 km de Quimper - Route de Crozon.*

BRETAGNE

Manoir de Moëllien

**29127 Plonévez-Porzay (Finistère)
Tél. 98.92.50.40 - M. et Mme Garet**

♦ *Ouverture du 1er mars au 31 décembre* ♦ *10 chambres avec tél., s.d.b. et w.c. - Prix des chambres : 270/345 F - Prix du petit déjeuner et horaire : 30 F - 8 h/9 h 30 - Prix demi-pension et pension : 280 F - 320 F (1 pers. 2 j. min.)* ♦ *Cartes de crédit acceptées sauf Amex* ♦ *Chiens admis avec 30 F de supplément* ♦ *Possibilités alentour : Plage de sable fin à 3 km - Voile et centre de cure marine à 10 km - Tennis, équitation aux environs* ♦ *Restaurant : service 12 h 30/14 h - 19 h 30/21h - Fermeture mercredi de septembre à mars - Menu : 65/255F - Carte - Spécialités : Pot-au-feu de la baie - Quenelles de homard - Poisson.*

Une forêt de pins cache ce château, invisible depuis la petite route qui y mène. Construit au XVIIe siècle, le corps principal abrite au rez-de-chaussée une salle à manger tout en pierre, accueillante et chaude. Ses meubles rustiques bretons sont égayés par des petits bouquets de fleurs fraîches et quelques plantes vertes. A côté, ambiance intime pour le petit bar. Au premier étage, le grand salon où trône une cheminée en pierre invite ses hôtes à la détente. Face au manoir et à sa très belle et noble façade, des chambres de plain-pied sont aménagées dans une dépendance. Soignées, mignonnes et confortables, elles gagnent ainsi en calme et en intimité. La belle vue sur la campagne environnante et l'excellent accueil finiront de vous conquérir.

♦ *Itinéraire d'accès : à 20 km de Quimper - Locronan - à 2 km de Moëllien.*

Moulin de Brénizénec

BRETAGNE

**29143 Plozevet (Finistère)
Tél. 98.91.30.33 - Mme Le Guellec**

♦ *Ouverture de Pâques au 30 octobre (sur réservation)* ♦ *10 chambres (3 avec kitchenette) avec tél., s.d.b. et w.c. - Prix des chambres : 290/340 F - Prix du petit déjeuner et horaire : 35 F 8 h/10 h* ♦ *Cartes de crédit : non acceptées* ♦ *Chiens admis avec 35 F de supplément* ♦ *Possibilités alentour : Mer à 2 km - Pêche - Etang - Promenades - Golf et équitation à 20 km - Tennis à 3 km* ♦ *Pas de restaurant.*

On est ici au calme, en pleine campagne boisée, car cet ancien moulin à eau est bien en retrait de la route et environné par 10 hectares de bois. C'est une belle bâtisse bien restaurée, le moulin conservé en l'état lui donne un certain cachet. L'aménagement intérieur avec tentures et meubles anciens offre un cadre très agréable que rehausse une très belle cheminée. Les chambres, meublées de façon classique ou de style breton, sont toutes tranquilles et très confortables. On ne sert pas de repas, mais 3 chambres sont équipées de cuisinettes et plusieurs restaurants sont à proximité (Pouldreuzic et Plogastel). La mer est à 2 km ; on peut pêcher en rivière ou en étang ; des sentiers pédestres vous attendent à la sortie de la propriété.

♦ *Itinéraire d'accès : à 18 km de Quimper dir. Pont-l'Abbé par D 785 - à Pont-l'Abbé faire 18 km en dir. d'Audierne (D 2 NO). L'hôtel est entre Pouldreuzic et Plozevet.*

BRETAGNE

Château de Kernuz

**29120 Pont-l'Abbé (Finistère)
Tél. 98.87.01.59 - M. du Chatellier**

♦ *Ouverture du 1er avril au 30 septembre   ♦ 18 chambres avec tél., s.d.b. et w.c. - Prix des chambres : 250/300 F - Prix du petit déjeuner et horaire : 30 F - 8 h/10 h 30 - Prix demi-pension et pension : 280 F - 380 F   ♦ Cartes de crédit : Carte bleue - Visa - Eurocard - MasterCard ♦ Chiens admis avec 30 F de supplément Piscine à l'hôtel ♦ Possibilités alentour : Tennis à 2 km - Golf à 20 km - Clubs équestres - Promenades - Location de vélos à 1,5 km Plage et sports nautiques à 10 km   ♦ Restaurant : service 13 h - 20 h - Menu : 100 F - Carte (150/200 F) - Spécialités : Poissons - Fruits de mer - Cuisine saisonnière traditionnelle.*

Ancienne maison domaniale, le château de Kernuz impressionne un peu par son air imposant et froid. Mais dès la réception apparaît l'esprit de la maison. Tout a été fait pour amadouer le côté un peu solennel des lieux : fleurs fraîches, un salon où sont aménagés des coins pour la lecture, la télévision, la musique. Deux petites salles à manger où l'intimité est préservée, des chambres confortables. Partout un mélange de meubles anciens qui donnent beaucoup de caractère à cet hôtel. Un très beau parc, des prés plantés de pommiers, des charmilles ajoutent beaucoup d'élégance à ce lieu.

♦ *Itinéraire d'accès : à 2 km de Quimper à l'ouest de Pont-l'Abbé sur la route de Penmarch.*

Hôtel de l'Ermitage Manoir de Kerroch

BRETAGNE

29130 Quimperlé (Finistère)
Tél. 98.96.04.66 - M.et Mme Ancelin

♦ *Ouverture toute l'année* ♦ *28 chambres et 4 appart. avec tél. direct, s.d.b. et w.c. - Prix des chambres : 220/320 F - 4 à 6 pers. : 450/600 F - Prix du petit déjeuner et horaire : 28 F - 7 h 30/9 h 30 Prix demi-pension et pension : 316 F - 384 F (1 pers., 3 j. min.)*
♦ *Carte de crédit : Visa* ♦ *Chiens admis avec supplément - Piscine chauffée à l'hôtel* ♦ *Possibilités alentour : Plages à 8 km - Promenades - Tennis et équitation à 1 km - Golf à 18 km - Eglise Sainte-Croix à Quimperlé* ♦ *Restaurant : service 12h/14h - 19h/24h - Menu : 75/130 F - Carte - Spécialités : Poisson - Homard - Fruits de mer.*

A l'orée de la forêt de Carnoët, au calme bien qu'à 8 km de l'Océan, le Manoir de Kerroch est un ensemble de maisons et de petits pavillons situés dans un parc magnifique.
Les différents bâtiments abritent des chambres plus ou moins luxueuses, mais toutes sont dotées d'un grand confort. Les plus agréables sont celles qui donnent sur une terrasse avec vue sur la campagne.
Le restaurant est lui aussi dans un autre corps de la propriété. Accueil sympathique.

♦ *Itinéraire d'accès : à 2 km de Quimperlé - D 49 dir. Le Pouldu .*

Hôtel Ménez

**Saint-Antoine - 29252 Plouézoc'h (Finistère)
Tél. 98.67.28.85 - Mme Ménez**

♦ *Ouverture du 25 octobre au 1er mai et du 1er juin au 9 septembre - Fermeture samedi et dimanche h.s.* ♦ *10 chambres avec tél., s.d.b. et w.c. - Prix des chambres : 120/200 F - Prix du petit déjeuner et horaire : 20 F - 8 h/10 h* ♦ *Cartes de crédit non acceptées* ♦ *Chiens non admis* ♦ *Possibilités alentour : Piscine Tennis - Equitation à 8 km - Promenade en sentiers pédestres - Plage 7 km - Pêche 2 km* ♦ *Pas de restaurant.*

Voici un autre hôtel de construction récente mais où l'on a respecté scrupuleusement le style du pays breton.
Au milieu d'un parc et face à la campagne, cet établissement possède dix chambres très bien aménagées avec tout le confort souhaitable. Au rez-de-chaussée, un salon clair et douillet invite au calme et au repos. Pas de restaurant, mais à l'hôtel on saura vous renseigner à ce sujet. Grande gentillesse des propriétaires.

♦ *Itinéraire d'accès : à 9 km de Morlaix par D 46, direction Plougasnou.*

Les Grandes Roches

**29128 Trégunc (Finistère)
Tél. 98.97.62.97 - Mme Henrich**

♦ *Ouverture du 15 mars à la fin novembre* ♦ *20 chambres avec tél.direct, (19 avec s.d.b. et w.c.) - Prix des chambres : 130/350 F - Prix du petit déjeuner et horaire : 25 F - 8 h/9 h 15 - Prix demi-pension : 180/290 F - (1 pers. 3 j. min.)* ♦ *Cartes de crédit : Eurocard - Visa* ♦ *Chiens non admis* ♦ *Possibilités alentour Menhir classé sur la propriété - Nombreux musées et expositions - Voile - Pêche - Golf de Cornouaille à 10 km, 9 T. - Golf de l'Odet à 15 km, 18 T - Tennis* ♦ *Restaurant : service 19 h 30/22 h - Fermeture tous les jours à midi sauf dimanche et jours fériés Menu : 65 F/250 F - Carte - Spécialités : Saumon cru au citron vert - Fruits de mer - Rôti de lotte.*

Cette ancienne ferme rénovée est située dans un très grand parc rustique et ombragé.
Très confortable, l'auberge met à votre disposition un bar avec terrasse donnant sur le jardin, deux salles à manger, un salon avec télévision et, ce qui est peut-être ici son originalité, ses chaumières très bien restaurées et aménagées en appartements, dans le style traditionnel.
L'auberge abrite un témoignage bien plus ancien du passé avec le menhir classé qui se dresse dans la propriété, faisant écho aux autres mégalithes, dolmens et menhirs de la lande voisine. De nombreuses plages s'étendent à proximité.

♦ *Itinéraire d'accès : à 28 km de Quimper, soit par la voie express sortie Kérampaou - Trégunc, soit par N 783 .*

Ar Milin

**35220 Châteaubourg (Ille-et-Vilaine)
Tél. 99.00.30.91 - Télex 740 083 - M. Burel**

♦ *Ouverture du 4 janvier au 20 décembre - Fermeture samedi soir et dimanche du 1er oct. au 30 févr.* ♦ *33 chambres avec tél. direct, (30 avec s.d.b., 26 avec w.c.) - Prix des chambres : 158/400 F - Prix du petit déjeuner et horaire : 30 F - 7 h /11h* ♦ *Cartes de crédit : Amex - Carte bleue - Diners - Eurocard* ♦ *Chiens admis avec 30 F de supplément - Tennis, pédalos, sauna à l'hôtel* ♦ *Possibilités alentour : Nombreuses promenades en forêt - Equitation - Golf de Rennes-St Jacques à 35 km, 18 T - St-Malo et Cancale à 1 h 30 - Jersey à 3 h - Mont-Saint-Michel à 1 h 15* ♦ *Restaurant : service 12 h 15/14 h - 19 h 30/21 h 15 - Fermeture dimanche soir du 1er oct. au 30 avril, samedi soir et dimanche du 1er nov. au 30 fév. - Menu : 85/148F - Carte - Spécialités : Poissons et volailles.*

Le nom breton veut dire moulin. Le vieux moulin est devenu une vaste demeure hôtelière au milieu d'un parc de 5 hectares parcouru par la Vilaine. Dans le salon, un très bel âtre de granit et des fauteuils confortables. Pour les repas, vous aurez le choix entre la grande salle aux poutres apparentes avec une belle cheminée et une petite salle inondée de lumière et de verdure.

♦ *Itinéraire d'accès : entre Rennes et Laval à 18 km de Rennes - Sur la route Rennes-Paris, sortie Châteaubourg - dir. Vitré.*

Château de Léauville

BRETAGNE

**Landujan - 35360 Montauban (Ille-et-Vilaine)
Tél. 99.07.21.14 - M.P et P. Gicquiaux**

♦ Ouverture toute l'année (réservation en hiver)   ♦ 6 chambres avec s.d.b. et w.c. - Prix des chambres : 370/470 F - Prix du petit déjeuner et horaire : 37 F - 8 h/10 h   ♦ Cartes de crédit : Visa Eurocard - Access   ♦ Chiens admis avec 50 F de supplément Piscine chauffée au château   ♦ Possibilités alentour : Tennis à 7 km - Equitation à 12 km - Golf à 30 km - Plages à 35 km Promenades en forêt   ♦ Restaurant : service table d'hôte 20 h Menu : 135 F - Spécialités : Cuisine traditionnelle saisonnière Poisson.

Le château de Léauville conserve une tourelle de l'ancien manoir de Pontelain (XIe siècle) sur les ruines duquel il a été bâti aux XVIe et XVIIe siècles. On retrouve des vestiges anciens dans toute la propriété et la chapelle du XVIe sert aujourd'hui de salle d'exposition. Ambiance chaleureuse dans la salle à manger, dans les chambres douillettes et meublées avec goût.
Dans le jardin on a aménagé une grande piscine et d'agréables petites terrasses qui permettent de paresser avec une belle vue sur la campagne.
Très bon accueil de la part des propriétaires.

♦ Itinéraire d'accès : à 37 km de Rennes - RN 12 dir. St Brieuc Brest - à 30 km après Rennes, à la hauteur de Montauban tournez à droite dir. Landujan. Becherel.

BRETAGNE

Le Manoir

**35420 Louvigné-du-Désert (Ille-et-Vilaine)
1, place du Général-de-Gaulle
Tél. 99.98.53.40 - Télex 741 235 - M. Saffray**

♦ *Ouverture toute l'année sauf du 10 janvier au 15 février - Fermeture dimanche soir et lundi h.s.* ♦ *20 chambres avec tél. direct, s.d.b. et w.c. - Prix des chambres : 170/200 F - Prix du petit déjeuner et horaire : 23 F - 7 h /10 h - Prix demi-pension et pension : 400 F - 520 F (2 pers)* ♦ *Cartes de crédit : Eurocard - Visa - MasterCard - Access* ♦ *Chiens admis avec supplément* ♦ *Possibilités alentour : Mont-Saint-Michel (40 mn) - Canoë kayak* ♦ *Restaurant : service 12 h/14 h - 19 h 30/21 h 30 - Fermeture dimanche soir et lundi h.s. - Menu : 70/170 F - Carte - Spécialités : Feuilleté de pétoncle au gingembre - Fricassée de St Jacques - Ragoût de turbot.*

Une halte pleine d'agrément sur la route de vos vacances si vous visitez la Bretagne. Louvigné-du-Désert est à 20 minutes de la très jolie ville de Fougères, à 40 minutes du Mont-Saint-Michel et 90 minutes de la Côte d'Emeraude. Situé dans un écrin de verdure, le Manoir Hôtel vous réservera un accueil chaleureux. C'est une vieille demeure noble de la région qui date de 1700 et qui a été restaurée. Le parc est plein de charme avec ses fauteuils et tables de jardin blancs installés sur le gazon très vert. Les chambres, très confortables, sont claires et leur mobilier rustique. La gastronomie est à l'honneur avec différents menus et une carte variée qui offre un très vaste choix de spécialités servies dans la grande salle à manger à la très belle cheminée.

♦ *Itinéraire d'accès : de Paris, autoroute Le Mans, Laval - D 30 et D 798 jusqu'à Fougères - à 16 km de Fougères.*

Manoir du Tertre

BRETAGNE

**Paimpont - 35380 Plélan-le-Grand (Ille-et-Vilaine)
Tél. 99.07.81.02 - M. H. Gouguenheim**

♦ *Ouverture toute l'année sauf du 23 janvier au 27 février et du 1er au 7 octobre - Fermeture mardi* ♦ *12 chambres avec tél., s.d.b. et w.c - Prix des chambres : 250/500 F - Prix du petit déjeuner et horaire : 30 F - 8 h/9 h 30 - Prix demi-pension et pension : 380 F - 420 F (1 pers., 2 j. min.)* ♦ *Carte de crédit : Visa* ♦ *Chiens admis* ♦ *Possibilités alentour : Forêt de Paimpont - Tennis - Equitation à 6 km - Voile à 3 km* ♦ *Restaurant : service 12 h 30/14 h - 19 h 30/21 h - Fermeture mardi - Menu : 70/230 F - Carte - Spécialités : Poisson frais Gibier en saison.*

Au cœur de l'antique Brocéliande, le manoir aurait appartenu à une druidesse dont on voit le portrait dans le salon...
L'aménagement intérieur de la maison a beaucoup de charme, y compris celui des chambres, qui viennent d'être complètement rénovées. La plupart possèdent une grande verrière donnant sur la campagne et sur le parc de 2 hectares.
Endroit idéal pour un week-end, la forêt de Paimpont permettant de jolies promenades à travers les sous-bois et les pistes forestières.

♦ *Itinéraire d'accès : à 40 km de Rennes - N 24 dir. Lorient - Suivre fléchage dir. Paimpont.*

BRETAGNE

Manoir de la Rance

**35730 Pleurtuit (Ille-et-Vilaine)
Tél. 99.88.53.76 - Mme Jasselin**

♦ *Ouverture du 1er mars au 3 janvier*   ♦ *8 chambres avec tél. direct, s.d.b. et w.c. - Prix des chambres : 300/500 F - Prix du petit déjeuner et horaire : 35 F - 7 h30/9 h 30*   ♦ *Carte de crédit : Visa*
♦ *Chiens admis avec supplément - Embarcadère au pied de l'hôtel*
♦ *Possibilités alentour : Tennis et équitation à 3 km - Piscine à 5 km Golf 18 T. à 4 km - Plage et tous les sports nautiques à 4 km*
♦ *Pas de restaurant.*

Face à la Rance, entouré d'arbres centenaires et d'une multitude de fleurs, ce manoir du siècle dernier est situé dans un très beau parc de 14 000 m². Un grand salon mélange allègrement tous les styles. L'ambiance est celle d'une vraie maison, et on est tenté d'appeler living le bar ou le salon de thé. Dehors, de délicieuses terrasses et jardins attendent avec leurs chaises longues l'heure des rafraîchissements. Qu'elles soient au premier ou au deuxième étage mansardé, les chambres sont d'un grand confort et d'un grand calme. Partout, une vue éblouissante sur la mer, les falaises et la campagne. Grande gentillesse de madame la propriétaire.

♦ *Itinéraire d'accès : à 4 km de Dinard - En venant de St-Malo, à la sortie du barrage de la Rance, tournez à gauche, dir. Richardais ; à 3 km au lieu-dit Jouvente tournez à gauche; au bout du village, tournez encore à gauche.*

Auberge de Coët-Diquel

BRETAGNE

56310 Bubry (Morbihan)
Tél. 97.51.70.70 - Mme Romieux

♦ *Ouverture du 15 mars au 30 novembre*   ♦ *20 chambres avec tél., s.d.b. et w.c. - Prix des chambres : 225/275 F - Prix du petit déjeuner et horaire : 23 F - à partir de 8 h - Prix demi-pension 370/417 F (1 pers) - 498/560 F (2 pers) et pension : 390/437 F (1 pers.) - 538/600 F (2 pers.)*   ♦ *Cartes de crédit : Visa - Eurocard* ♦ *Chiens admis avec supplément - Piscine et tennis à l'hôtel* ♦ *Possibilités alentour : Golf à 35 km - Sports nautiques à 35 km - Centre équestre à 15 km - Poney club à 10 km - Promenades - Pêche dans la propriété*   ♦ *Restaurant : service 12 h 30/13 h 30 - 19 h 30/21 h - Menu : 68/172 F - Carte - Spécialités : Régionales - Poissons et coquillages.*

L'auberge de Coët-Diquel est construite sur l'emplacement d'un vieux moulin au milieu de la forêt, en bordure d'une rivière. Une halte reposante sur la route de vos vacances en Bretagne, mais aussi un agréable lieu de séjour où vous pourrez profiter du tennis et de la piscine couverte.
Les chambres sont confortables avec vue sur les arbres. La salle à manger est très grande mais en cas de réception elle peut être divisée afin de préserver l'intimité des pensionnaires. Propriétaires très chaleureux.

♦ *Itinéraire d'accès : à 22 km de Pontivy - à 34 km de Lorient direction Plouay D 2, dans Bubry à 400 m route en face du porche de l'église.*

BRETAGNE

Manoir La Châtaigneraie

56520 Guidel (Morbihan)
Tél. 97.65.99.93 - M. et Mme Collet

♦ *Ouverture toute l'année* ♦ *12 chambres avec tél.direct, s.d.b., w.c., t.v. - Prix des chambres : 265/540 F - Prix du petit déjeuner et horaire : 36 F - 8 h 30/11h* ♦ *Cartes de crédit : Visa - Eurocard MasterCard - Carte bleue - Diners* ♦ *Chiens admis* ♦ *Possibilités alentour : Tennis à 1 km - Equitation à 500 m - Promenades en sentiers - Très belles plages - Sports nautiques à 4 km* ♦ *Pas de restaurant à l'hôtel .*

Construite pour être la résidence de la famille, la Châtaigneraie est devenue depuis quelques années un hôtel.
Tout y est d'un grand confort : ambiance feutrée des pièces de réception, intimité des chambres qui ont toutes minibar et télévision, calme assuré grâce à un parc de plus d'un ha.
Pas de restaurant mais possibilité de restauration légère le soir sur commande entre 20 et 21 h.
Une dernière précision : les petits déjeuners sont copieux et délicieux, l'accueil charmant.

♦ *Itinéraire d'accès : à 10 km de Lorient - Voie express N 165 en dir. de Quimper - 10 km après Lorient sortie Guidel - à Guidel, route de Moëlan-sur-Mer, 1 km.*

Hostellerie Les Ajoncs d'Or

BRETAGNE

**Kerbachique - 56720 Plouharnel (Morbihan)
Tél. 97.52.32.02 - Mme Le Maguer**

♦ *Ouverture du 15 février au 15 novembre* ♦ *20 chambres avec tél. direct, s.d.b. et w.c. - Prix des chambres : 210/260 F - Prix du petit déjeuner et horaire : 23 F - 8 h/9 h 30 - Prix demi-pension : 210/260 F (par pers.)* ♦ *Cartes de crédit : Diners - Carte bleue* ♦ *Petits chiens admis avec supplément* ♦ *Possibilités alentour : Tous les sports nautiques - Archéologie - Golf de St Laurent à Ploemel, 18 T - Equitation - Tennis* ♦ *Restaurant : service 12 h/14 h - 19 h/21 h 30 - Menu : 85/200 F - Carte - Spécialités : Rognons de veau au calvados - Marmite du pêcheur - Produits de la mer et du terroir.*

Les Ajoncs d'Or est une ancienne ferme bretonne de granit rose composée de trois corps de bâtiments juxtaposés et située à l'écart du village.
Cet hôtel a bien su tirer parti des corps de ferme rustiques et simples : ainsi la salle à manger double, une partie crépie blanche avec cheminée, l'autre aux pierres d'origine laissées nues. Et partout de solides poutres apparentes et des meubles de style breton. La note fermière demeure dans les chambres, simples et confortables.
Grâce à la personnalité de son hôtesse, c'est une certaine qualité de vie familiale qui est privilégiée ici (veillées avec contes bretons). Et la chaleur de l'accueil fait des Ajoncs d'Or bien plus qu'une simple étape, un original lieu de séjour.

♦ *Itinéraire d'accès : à 2 km de Carnac, direction Plouharnel par D 781 - Hôtel à mi-chemin.*

Hôtel de Kerlon

**56680 Plouhinec (Morbihan)
Tél. 97.36.77.03 - M. Coëffic**

♦ *Ouverture du 15 mars à Noël* ♦ *16 chambres avec tél., s.d.b. et w.c. - Prix des chambres : 120/230 F - Prix du petit déjeuner et horaire : 25 F - 8 h/10 h - Prix demi-pension et pension : 330/ 460 F - 480/610 F (2 pers., 3 j. min.)* ♦ *Cartes de crédit : Eurocard - Visa - Diners* ♦ *Petits chiens admis* ♦ *Possibilités alentour : Plage - Golfe du Morbihan - Tennis - Remontées de rivières - Location de vélos - Golf de St-Laurent à Ploëmel, 10 km, 18 T* ♦ *Restaurant : service 19 h /21 h 30 - Fermeture de Noël au 15 mars - Menu : 65/130 F - Carte - Spécialités : Poisson - Crustacés.*

L'hôtel est situé en pleine campagne, à 5 km de la mer, à mi-distance de Lorient et de Carnac. Il s'agit d'une ancienne ferme entièrement rénovée où une architecture traditionnelle intègre bien les exigences de confort d'aujourd'hui. Les poutres, les pierres apparentes et les deux cheminées de la salle à manger ne sont pas synonymes de pénombre ; ici, la pièce est bien ouverte sur l'extérieur ; elle se prolonge par une petite terrasse où prendre l'apéritif et se détendre, face à un jardin en pente avec, au-delà, une grange.
Toutes les chambres sont au calme (leur équipement sanitaire, variable, est à faire préciser lors de la réservation). Etre à proximité des plages et des stations réputées n'exclut donc pas, avec cette auberge, le calme et la campagne.

♦ *Itinéraire d'accès : à Hennebont prendre la D 9, en direction de Carnac.*

Moulin de Lesnuhé

BRETAGNE

Saint-Ave - 56890 Vannes (Morbihan)
Tél. 97.60.77.77 - Mme Cheval

♦ *Ouverture toute l'année* ♦ *10 chambres avec tél. direct, s.d.b. et w.c. - Prix des chambres : 140/180 F - Prix du petit déjeuner et horaire : 17 F - 7 h 30/10 h* ♦ *Cartes de crédit : Visa - MasterCard - Eurocard - Diners* ♦ *Chiens admis* ♦ *Possibilités alentour : Piscine - Tennis - Plages - Golf à 30 km - Promenades en bateau dans le golfe du Morbihan* ♦ *Restaurant : service crêperie 19h - Fermeture le lundi - Menu : 32F - Carte.*

Ce vieux moulin du XVe siècle se trouve dans un très joli site, en pleine campagne au bord d'un ruisseau.
Les chambres se répartissent dans les deux bâtiments qui forment l'hôtel. Toutes sont simples, avec un mobilier contemporain, mais confortables. L'hôtel n'a pas de restaurant, mais une crêperie est installée dans l'une des deux maisons. Ici c'est le charme de la nature qui prévaut : charme des fougères, des fleurs, des bruits d'eau et d'oiseaux.

♦ *Itinéraire d'accès : à 5 km de Vannes - au pont de la gare, prendre D 126 - St-Ave - à 1 km après le village prendre à droite.*

Auberge du Moulin de Chaméron

**Bannegon - 18210 Charenton-du-Cher (Cher)
Tél. 48.61.83.80 - M. Candoré - Merilleau**

♦ *Ouverture du 5 mars au 15 novembre et du 15 décembre au 4 janvier - Fermeture mardi h.s* ♦ *12 chambres et 1 appart. avec tél. direct, s.d.b. et w.c. - Prix des chambres : 200/430 F - Prix du petit déjeuner et horaire : 35 F - 7 h 30/10 h* ♦ *Cartes de crédit : Diners - Visa* ♦ *Chiens admis avec supplément - Piscine chauffée à l'hôtel* ♦ *Possibilités alentour : Tennis et équitation (15 km) - Baignade et voile (8 km) - Promenades - Forêt de Tronçais (12 km)* ♦ *Restaurant : service 12 h 15/14 h - 19 h 30/21 h 30 - Fermeture mardi h.s - Menu : 120/200 F - Carte - Spécialités : Feuilleté de blanc de poireau.*

En pleine campagne, un ancien moulin du XVIIIe siècle, rénové il y a une dizaine d'années : la machinerie a été conservée intacte au cœur du bâtiment et un musée rassemble les outils et objets utilisés par les meuniers qui se sont succédé.
L'hôtel propose deux belles salles à manger (dont une avec cheminée) et un salon-bar dans le vieux moulin. Les chambres sont, elles, situées un peu à l'écart, ce qui vous assure plus de tranquillité. Un mobilier ancien et de style donne un cachet chaleureux à l'ensemble. Une très belle petite terrasse (avec service bar-restaurant à la belle saison) se reflète dans le plan d'eau à ses pieds.

♦ *Itinéraire d'accès : à 42 km de Bourges - N 76 dir. Moulins D 953 dir. Dun-sur-Auron - Thaumiers - D 41 Bannegon.*

Auberge La Solognote

CENTRE

**Brinon-sur-Sauldre - 18410 Argent-sur-Sauldre (Cher)
Tél. 48.58.50.29 - M. et Mme Girard**

♦ *Ouverture toute l'année sauf février, du 25 mai au 2 juin et du 14 au 29 septembre* ♦ *13 chambres avec tél., s.d.b. et w.c. - Prix des chambres : 180/270 F - Prix du petit déjeuner et horaire : 32 F - 7 h 30/9 h 30 -* ♦ *Carte de crédit : Carte bleue* ♦ *Chiens non admis* ♦ *Possibilités alentour : Tennis à 50 m - Etang à 12 km - Sports nautiques - Equitation à 15 km - Visites de châteaux* ♦ *Restaurant : service 12 h 30/14 h - 19 h 30/20 h 30 - Fermeture mercredi et mardi soir du 1er oct. au 30 juin - Menu : 140/260 F Carte - Spécialités : Saumon rôti aux lentilles - Gibier en saison - Foie gras frais maison.*

Cette auberge tranquille de petit village solognot n'est qu'à un quart d'heure de la nationale 20. C'est une ravissante maison en brique située dans le village même. L'intérieur est simple, confortable et raffiné. S'y côtoient avec bonheur meubles anciens et mobilier moderne. La salle à manger aux poutres apparentes et aux teintes très douces est particulièrement séduisante. Les chambres, très diverses dans leur aménagement, offrent tout le confort. A noter de petits appartements pour 4 personnes. L'auberge est aussi un relais gastronomique. L'accueil y est très chaleureux.

♦ *Itinéraire d'accès : Orléans - N 20 - Lamotte - Beuvron - D 923 - Brinon - autoroute A 71 sortie Lamotte-Beuvron.*

Hostellerie Saint-Jacques

**28220 Cloyes-sur-le-Loir (Eure-et-Loir)
Tél. 37.98.40.08 - M. Thureau**

♦ *Ouverture du 1er février au 15 décembre - Fermeture dimanche soir et lundi d'octobre à fin avril   ♦ 22 chambres avec tél., s.d.b. et w.c - Prix des chambres : 260/350 F - 450 F (Appart.) - Prix du petit déjeuner et horaire : 40 F - 8h/10 h 30 - Prix demi-pension et pension : 380 F - 500 F(par pers, 3 j. min.)   ♦ Carte de crédit : Carte bleue ♦ Chiens admis ♦ Possibilités alentour : Châteaux de la Loire - Golf à 15 km - Tennis à 300 m   ♦ Restaurant : service 12 h/14 h - 19 h 30/21 h - Fermeture dimanche soir et lundi d'octobre à fin avril - Menu 170/295 F - Carte - Spécialités : L'oeuf fermier poché au salpicon de homard et saumon frais aux herbes - Pigeonneau de Beauce rôti aux sucs d'aromates déglacés au citron.*

Située sur la place du village, l'Hostellerie Saint-Jacques est un ancien relais de poste du XVIe siècle. Dans son parc ombragé d'un demi-hectare, on peut se promener en barque sur le Loir qui le traverse. Dans ce cadre paisible et verdoyant vous sont proposées 20 chambres entièrement modernisées et redécorées, avec télévision et minibar. La salle à manger, qui donne sur la verdure, est une belle pièce, intime et raffinée avec sa cheminée, ses nappes et sa vaisselle. Il s'agit là d'une étape gastronomique réputée et les plaisirs de la table, à la belle saison, se conjuguent aux charmes du site, les déjeuners étant alors servis au jardin sous les arbres.

♦ *Itinéraire d'accès : A 11 sortie Thivars - N 10 (entre Châteaudun et Vendôme).*

Domaine de l'Etape

CENTRE

**36300 Le Blanc (Indre)
Tél. 54.37.18.02 - Mme Seiller**

♦ *Ouverture toute l'année* ♦ *21 chambres avec tél., s.d.b. et w.c. Prix des chambres : 175/320 F - Prix du petit déjeuner et horaire : 32 F - 7 h/11 h* ♦ *Cartes de crédit : Visa - Eurocard* ♦ *Chiens admis - Equitation, pêche, chasse dans le domaine de 130 ha de l'hôtel* ♦ *Possibilités alentour : Tennis - Piscine (6 km) - Aérodrome (3 km) : planeur - vol à moteur - parachutisme - canoë-kayak (6 km)* ♦ *Restaurant : service 19 h 30/21 h (pour les clients de l'hôtel seulement) - Menu : 90F - Carte - Spécialités : Cuisine traditionnelle saisonnière.*

Au milieu d'un domaine de 130 hectares se dresse cette demeure du XIXe siècle, pleine de charme. Le mobilier hétéroclite date de toutes les époques et lui confère sa séduction désuète.
Un salon accueillant (avec télévision) ; une très agréable salle à manger ornée de meubles et de boiseries aux teintes claires et d'une belle cheminée ; des chambres confortables, chacune avec son caractère ; une sympathique terrasse, avec service bar et vue sur le parc vous feront apprécier cet endroit au calme champêtre. Plus loin, on a aménagé quelques chambres — tout aussi confortables — dans la ferme qui fournit le restaurant en produits frais. Un étang de 18 hectares fera le bonheur des pêcheurs. Le domaine est aussi un centre équestre. Une grande gentillesse dans l'accueil et une cuisine traditionnelle saisonnière de qualité finiront de vous conquérir.

♦ *Itinéraire d'accès : à 60 km de Poitiers, Le Blanc - D 10, route de Belâbre à 5 km.*

Château de la Vallée Bleue

**Saint-Chartier - 36400 La Châtre (Indre)
Tél. 54.31.01.91 - M. et Mme Gasquet**

♦ *Ouverture de mars à janvier - Fermeture dimanche soir et lundi d'oct. à Pâques* ♦ *14 chambres avec tél. direct, s.d.b., t.v. et minibar(13 avec w.c.) - Prix des chambres : 160/345 F - Prix du petit déjeuner et horaire : 35 F - 7 h 30/10 h - Prix demi-pension et pension : 300/390 F - 400/500 F (1 pers, 3 j. min.)* ♦ *Cartes de crédit : Visa - Eurocard - MasterCard* ♦ *Chiens admis avec supplément* ♦ *Possibilités alentour : Piscine et tennis à 8 km - Centre équestre à 8 km - Sports nautiques à 18 km (plan d'eau) et 30 km (lac d'Egusson) - Château George Sand à 2 km - Golf à 20 km (18 T)* ♦ *Restaurant : service 12 h/13 h 30 - 19 h 30/21 h - Fermeture dimanche soir et lundi h.s. - Menu : 105/260F - Carte Spécialités : Terrine forestière aux cèpes et purée de foie gras - Filet de sole George Sand - Lapin à l'estragon - Poirat berrichon.*

L'ombre de George Sand et de Chopin plane sur ce château construit par le médecin du couple au milieu d'un parc de 4 hectares. Hôtel depuis 23 ans, il possède une vue extraordinaire sur la campagne, le village et son château. La réception et un coin lecture à côté de la cheminée ont été aménagés à l'entrée. Un salon superbe avec mobilier anglais et cheminée ainsi que les deux très agréables salles à manger s'ouvrent sur le parc et son chêne tricentenaire.
Les chambres marient fort bien styles et époques, et elles ont été faites dans un souci évident de confort. Choix subtil de papiers peints et de couleurs dans toute la maison. Partout, des tableaux et des détails ayant un rapport avec l'écrivain et le musicien.

♦ *Itinéraire d'accès : à 30 km de Châteauroux - D 943 dir. La Châtre - après Vic, prendre D 918 dir. Issoudun - St-Chartier.*

Hostellerie du Château de Pray

CENTRE

37400 Amboise (Indre-et-Loire)
Tél. 47.57.23.67 - M. Farard

♦ *Ouverture du 10 février au 31 décembre* ♦ *16 chambres avec tél. (14 avec s.d.b., 8 avec w.c.) - Prix des chambres : 260/395/ 432 F - Prix du petit déjeuner et horaire : 40 F - 8 h/10 h - Prix demi-pension obligatoire : 485 F (1 pers. 3 j. min.) - 820/882 F (2 pers.)* ♦ *Cartes de crédit : Amex - Diners - Visa* ♦ *Chiens admis* ♦ *Possibilités alentour : Piscine et tennis à 3 km - Equitation 10 km - Golf et sports nautiques à 25 km* ♦ *Restaurant : service 12 h/13 h 45 - 19 h/20 h 45 - Fermeture du 31 décembre au 10 février - Menu : 150/185F - Spécialités : Saumon au beurre blanc - Rillettes maison.*

Ce noble château contemple la vallée depuis le XIIIe siècle. Chargé d'histoire, il est aujourd'hui un exemple d'hôtel confortable pratiquant des prix abordables. Dans le salon (de proportions agréables et d'une chaude intimité), un très beau poêle en faïence, rapporté de Prusse Orientale sous l'Empire et représentant des scènes de mythologie, côtoie les belles tapisseries des murs. La salle à manger, peinte en bleu et possèdant de beaux vitraux fabriqués en Suisse, ouvre sur les terrasses et jardins. Dans les chambres, les voyageurs aimeront, outre le beau mobilier ancien, la superbe vue sur le parc et la Loire en toile de fond. Accueil charmant dans cet hôtel où, dès les beaux jours, les repas et les apéritifs sont servis à l'extérieur, devant les 10 hectares de la propriété.

♦ *Itinéraire d'accès : à 35 km de Blois - D 751 dir. Chaumont-sur-Loire. L'hôtel se trouve 3 km avant Amboise.*

Hôtel Diderot

**37500 Chinon (Indre-et-Loire)
4, rue Buffon
Tél. 47.93.18.87 - M. Kazamias**

♦ *Ouverture du 15 janvier au 15 décembre* ♦ *22 chambres avec tél., s.d.b. et w.c. - Prix des chambres : 160/290 F - Prix du petit déjeuner et horaire : 25 F - 7 h 30/10 h* ♦ *Cartes de crédit : Amex - Diners -Visa - Eurocard - Access* ♦ *Chiens non admis* ♦ *Possibilités alentour : Châteaux de la Loire* ♦ *Pas de restaurant.*

Sa situation à proximité de la place Jeanne-d'Arc, au centre de Chinon, n'enlève rien à l'attrait et au calme de cet hôtel. Bien au contraire : les modestes dimensions de ce bâtiment XVIIIe siècle (uniquement 20 chambres, toutes distinctes) donne aux visiteurs l'illusion d'être accueilli dans une maison particulière pleine de charme.
Pas de restaurant mais un délicieux petit déjeuner qui vous sera servi avec tout un assortiment de confitures maison devant le foyer d'une cheminée, vestige du XVe siècle.

♦ *Itinéraire d'accès : Longer les berges de la Vienne jusqu'à la place Jeanne-d'Arc, rue Buffon. A l'angle de la rue Diderot.*

Moulin de Vandon

**37530 Souvigny-de-Touraine (Indre-et-Loire)
Tél. 47.57.26.46. - Mme Denisane**

♦ *Ouverture toute l'année* ♦ *5 chambres avec s.d.b. et w.c. - Prix des chambres : 290/320 F - Prix du petit déjeuner et horaire : 45 F 8 h/11 h* ♦ *Cartes de crédit non acceptées* ♦ *Chiens admis* ♦ *Possibilités alentour : Piscine - Tennis - Golf* ♦ *Restaurant : service 19 h 30 - Menu : 100 F - Spécialités : Cuisine régionale à base de produits naturels du potager*

C'est un moulin très hospitalier, propriété d'une dame allemande installée en Touraine depuis bientôt trente ans. Cela fait dix ans que des hôtes payants y sont reçus. Cet endroit a quelque chose d'un conte d'enfants. Le long du chemin, des stères bien alignés et coiffés de fétus de paille font face à un pré où broutent quelques moutons. Autour de la maison, couverte de lierre, des membres de la basse-cour, volailles et palmipèdes, profitent du gazon. Devant coule le ruisseau qui animait les entrailles du moulin. Sur le côté, l'étang courbe prend des airs de méandres. A l'intérieur un confort et un soin de maison du Nord s'allient à une douceur de vivre tourangelle. Beaucoup de charme dans les chambres : meubles de famille, cheminées pour certaines, lits recouverts de couettes moelleuses pour des frimats de Forêt Noire. Une table d'hôtes où est servie une cuisine familiale améliorée (vins et plats de la région) confectionnée à l'aide des légumes du potager (biologique) de la maison.

♦ *Itinéraire d'accès : à 7 km à l'est d'Amboise sur la D 23.*

Domaine de la Tortinière

**Veigné - 37250 Montbazon-en-Touraine
(Indre-et-Loire) - Tél. 47.26.00.19 - Télex 752 185
M. Capron - Mme Olivereau-Capron**

♦ *Ouverture du 1er mars au 15 novembre* ♦ *21 chambres avec tél., s.d.b. et w.c. - Prix des chambres : 310/650 F - Prix du petit déjeuner et horaire : 50 F - 8 h/11 h - Prix demi-pension : 465 F (par pers., 3 j. min.)* ♦ *Cartes de crédit : Visa - MasterCard - Eurocard* ♦ *Chiens non admis - Piscine chauffée et tennis à l'hôtel* ♦ *Possibilités alentour : Châteaux de la Loire - Golf - Equitation* ♦ *Restaurant : service 12 h/13 h 30 - 19 h 30/21 h Fermeture mardi et mercredi midi en mars et du 15 octobre au 15 novembre - Carte - Spécialités : Raviolis de langoustines petite nage - Rôti de lapereau cordon bleu.*

La Tortinière, château de style Renaissance construit en 1861, a la chance de se trouver, bien qu'à 10 km de Tours, dans un parc de 15 hectares dominant la vallée de l'Indre.
Les deux restaurants, le salon et la plupart des chambres se trouvent dans le château. Ces dernières, toutes différentes, viennent d'être pour la plupart redécorées au goût du jour et c'est une réussite. Les plus belles chambres sont sans aucun doute placées dans les tours, véritables suites avec leur salon attenant. On peut aussi habiter le pavillon Renaissance ou les écuries du domaine et profiter ainsi de la vue sur le château.
A l'automne, les cyclamens envahissent les sous-bois et, s'il fait beau, on peut encore profiter de la piscine chauffée.

♦ *Itinéraire d'accès : à 10 km de Tours - autoroute A 10 sortie Tours-sud - dir. Montbazon - à 1 km avant Montbazon.*

Auberge du Moulin Fleuri

CENTRE

Route de Monts - 37250 Veigné (Indre-et-Loire)
Tél. 47.26.01.12 - M. et Mme Chaplin

♦ *Ouverture du 30 octobre au 1er février et du 21 février au 15 octobre* ♦ *12 chambres avec tél. et w.c. (8 avec douche) - Prix des chambres : 165/280 F - Prix du petit déjeuner et horaire : 33/45 F (pt. déj. anglais) - 8 h/10 h - Prix demi-pension et pension : 222 F - 275 F (1 pers., 2 j. min.)* ♦ *Cartes de crédit : Visa - Amex - Carte bleue* ♦ *Chiens admis - Rivière et pêche à l'hôtel* ♦ *Possibilités alentour : Châteaux de la Loire - Académie équestre à 3 km (spectacle tous les samedis en saison) - Golf de Touraine à Ballan Mire, à 12 km, 18 T* ♦ *Restaurant : service 12 h 30/14 h 30 - 19 h 30/21 h - Fermeture lundi sauf jours fériés - Menu : 98 F - Carte - Spécialités : Cuisine saisonnière.*

Au cœur de la Touraine, à proximité des châteaux de la Loire, cet ancien moulin du XVIIIe siècle transformé aujourd'hui en auberge a bien préservé à l'extérieur son architecture d'origine. L'aménagement intérieur a été réalisé avec simplicité. L'entrée est embellie par une cour-jardin et le site lui-même, exceptionnel, est un grand parc cerné de forêts et traversé par l'Indre qui, formant ici un bassin, enserre une terrasse.
La rivière, poissonneuse, permet aux amateurs de se consacrer au plaisir de la pêche dans l'enceinte même de l'auberge.

♦ *Itinéraire d'accès : N 10 Tours - direction Montbazon - sur la droite par D. 87 avant Montbazon , dir. Monts.*

Les Perce-Neige

**Vernou-sur-Brenne - 37210 Vouvray (Indre-et-Loire)
Tél. 47.52.10.04 - Mme Métais**

♦ *Ouverture du 1er février au 2 janvier - Fermeture dimanche soir et lundi h.s.* ♦ *15 chambres avec tél. direct (14 avec s.d.b. et 13 avec w.c.) - Prix des chambres : 150/300 F - Prix du petit déjeuner et horaire : 28 F - 8 h/10 h 30 - Prix demi-pension et pension : 350 F - 440 F* ♦ *Cartes de crédit : Amex - Eurocard - Carte bleue* ♦ *Chiens admis* ♦ *Possibilités alentour : Châteaux de la Loire - Vignobles - Tennis au bout du parc de l'hôtel - Piscine à Vouvray (5 km)* ♦ *Restaurant : service 12 h 15/14 h - 19 h 30/ 21 h 30 - Fermeture dimanche soir et lundi h.s. - Menu : 105/210 F Carte - Spécialités : Cuisine saisonnière.*

A quelques kilomètres du vignoble de Vouvray, l'Hostellerie les Perce-Neige est une grande maison bourgeoise d'un très ancien village de Touraine, Vernou-sur-Brenne. Un vaste parc avec vivier s'étend derrière, jusqu'aux berges de la rivière. L'accueil réservé est détendu, très chaleureux, et les magnifiques bouquets des salons en sont un constant témoignage. Les chambres, confortables, sont toutes différentes et vous permettent de donner à votre séjour, selon l'humeur du moment, la tonalité de votre choix ; mais si vous voyagez en famille (ou si vous vous déplacez à quatre), demandez les deux chambres du petit pavillon, séparé de la maison et donnant sur le jardin.

♦ *Itinéraire d'accès : à 12 km de Tours et d'Amboise - à 4 km de Vouvray.*

La Promenade

CENTRE

**37290 Yzeures-sur-Creuse (Indre-et-Loire)
Tél. 47.94.55.21 - Mme Bussereau**

♦ *Ouverture toute l'année sauf en février* ♦ *17 chambres avec tél., s.d.b. et w.c. - Prix des chambres : 195/260 F - Prix du petit déjeuner et horaire : 30 /35 F - 7 h 30/9 h - Prix demi-pension et pension : 400 F - 490 F (2 pers., 1 semaine min.)* ♦ *Cartes de crédit : Visa - Eurocard - MasterCard - Carte bleue - Diners* ♦ *Chiens admis avec supplément* ♦ *Possibilités alentour : Piscine et tennis au village - Station thermale de la Roche-Posay à 4 km Centre équestre à 5 km - Visite de monuments historiques dans la région* ♦ *Restaurant : service 12 h/14 h - 19 h 30/21 h - Menu : 97/295 F - Carte - Spécialités : Gibier - Sandre à la tourangelle Terrines et desserts maison.*

L'hôtel La Promenade qui donne sur la place du petit village d'Yzeures n'est pas à proprement parler "campagnard" mais a conservé et admirablement mis en valeur la massive architecture de bois de l'ancien relais de poste qu'il occupe. Tous les plafonds sont portés par de longues solives et celles du rez-de-chaussée, dans la salle à manger, reposent sur de larges piliers de bois. L'hôtel a été entièrement rénové en 1980 avec beaucoup de raffinement. Les chambres donnant sur la rue disposent de doubles vitrages qui garantissent un calme total. Bien que vous ne soyez pas à la campagne -et ici comment le regretter ?- vous en avez toute l'atmosphère.

♦ *Itinéraire d'accès : à 54 km de Poitiers - Châtellerault - Yzeures.*

Hostellerie de la Caillère

41120 Candé-sur-Beuvron (Loir-et-Cher)
Tél. 54.44.03.08 - M. Guindon

♦ *Ouverture du 1er mars au 10 janvier* ♦ *6 chambres avec s.d.b. et w.c. - Prix des chambres : 160/220 F - Prix du petit déjeuner et horaire : 34 F - à la demande - Prix demi-pension 298 F (1 pers.)* ♦ *Cartes de crédit : Eurocarte - Diners - Visa - MasterCard - Carte bleue* ♦ *Chiens admis* ♦ *Possibilités alentour : Tennis à 2 km - Equitation à 10 km - Piscine à 14 km - Location de vélos et poneys au village - Chemins de randonnée balisés - Visite des châteaux de la Loire* ♦ *Restaurant : service 12 h 30/14 h - 19 h 30/21 30 h - Fermeture mercredi - Menu : 98/235 F - Carte Spécialités : Salade de raie - Foie gras aux câpres - Brochet rôti au vinaigre de framboise - Mille-feuilles tiède aux fruits de saison.*

Située à l'entrée du village, cette ancienne ferme est devenue un hôtel en 1946. Le site et le calme aidant, c'est aussi une étape de randonneurs. Une excellente cuisine vous est proposée dans une belle salle à manger où les tonalités douces et le mobilier rustique se marient avec une jolie cheminée en pierre et un très ancien plafond à la française. Aux murs, la Sologne peinte par un artiste local. Les chambres sont accueillantes, simples, mais avec un bon confort. Certaines donnent de plain-pied sur le jardin et la terrasse. Aux beaux jours, repas et boissons sont servis à l'extérieur. Propriétaires charmants.

♦ *Itinéraire d'accès : à 14 km de Blois - D 751, dir. Tours (par rive gauche) Candé-sur-Beuvron - D 7 route des Montils.*

Manoir de la Forêt

CENTRE

**La Ville-aux-Clercs - 41160 Morée (Loir-et-Cher)
Tél. 54.80.62.83 - Télex 752 319 - Mme Autebon**

♦ *Ouverture toute l'année - Fermeture dimanche soir et lundi d'octobre à Pâques* ♦ *22 chambres avec tél. et t.v. (16 avec s.d.b., 15 avec w.c.) - Prix des chambres : 170/390 F - Prix du petit déjeuner et horaire : 26 F - 7 h 15/10 h - Prix demi-pension et pension : 305/350 F - 340/390 F(par pers., 3 j. min.)* ♦ *Carte de crédit : Visa* ♦ *Chiens admis* ♦ *Possibilités alentour : Pêche et promenades dans la propriété - Tennis à 4 km - Location de vélos et de vélomoteurs à 2 km* ♦ *Restaurant : service 12 h/13 h 30 - 19 h 15/21 h 30 - Fermeture dimanche soir et lundi d'octobre à Pâques - Menu : 125/240 F - Carte - Spécialités : Ris et rognons aux moules - Turbot en habit vert - Filet de boeuf Wellington - Poule de sole aux pétoncles - Huîtres chaudes au champagne.*

Ancien pavillon de chasse du château de la Gaudinière (fin XVIIIe), le Manoir de la Forêt est bâti dans un parc de 2 hectares boisé, avec un plan d'eau. Dès le petit salon-réception, le ton est donné : ambiance feutrée, beaux bouquets, mobilier et détails agréables. Deux salons attendent les voyageurs avec fauteuils et canapés, endroit idéal pour les apéritifs, le café ou le thé. Une très bonne carte vous est proposée dans la salle à manger dont les onze fenêtres ouvrent généreusement sur le jardin. Partout bon choix de couleurs et de tissus. Les chambres, d'un grand charme, donnent toutes sur le parc ou la forêt, mais la 6 possède en outre une jolie terrasse. Service bar et restaurant à l'extérieur dès les beaux jours.

♦ *Itinéraire d'accès : à 158 km de Paris - A 11 sortie Thivars - N 10 direction Tours-Cloyes - D 24 La Ville-aux-Clercs.*

Hôtel Les Charmilles

**Nouan-le-Fuzelier
41600 La Motte-Beuvron (Loir-et-Cher)
Tél. 54.88.73.55 - M. et Mme Sené**

♦ *Ouverture du 15 mars au 15 décembre - Fermeture lundi en octobre, novembre et décembre* ♦ *14 chambres avec tél. direct, s.d.b., w.c. et t.v. - Prix des chambres : 210/320 F - Prix du petit déjeuner et horaire : 25/35 F - 7 h 30/9 h* ♦ *Cartes de crédit : Visa - MasterCard - Eurocarte* ♦ *Chiens admis avec supplément, dans les chambres du rez-de-chaussée* ♦ *Possibilités alentour : Piscine - Tennis - Golf de Sully-sur-Loire à 20 km, 2 x 9 T. - Golf du domaine de la plaine à 24 km, 18 T - Centre équestre (12 km) - Pêche - Chasse - Promenades à pied et location de vélos* ♦ *Pas de restaurant.*

Cette solide maison bourgeoise du début du siècle a trouvé sa vocation d'hôtel en 1972. La décoration est sans surprise mais un effort considérable a été fait dans les chambres pour le bien-être de leurs occupants : salles de bains très confortables et télévision dans 11 des 14 chambres.
L'environnement est délicieux. Un grand parc vous propose un plan d'eau aménagé, des coins fraîcheur sous les arbres séculaires, des meubles de jardin accueillants et une pelouse où il fait bon se prélasser.
Les propriétaires savent recevoir et vous mettre à l'aise. Pas de restaurant... mais Nouan n'est qu'à quelques pas.

♦ *Itinéraire d'accès : Autoroute A 71 Paris-Vierzon - sortie Lamotte Beuvron - N 20 Paris-Toulouse - D 122 à gauche dans le village.*

Moulin de Villiers

CENTRE

**Nouan-le-Fuzelier
41600 Lamotte-Beuvron (Loir-et-Cher)
Tél. 54.88.72.27 - M. et Mme Andrieux**

♦ *Ouverture du 20 mars au 30 août et du 15 septembre au 5 janvier - Fermeture mardi après-midi et mercredi en novembre et décembre* ♦ *20 chambres (16 avec s.d.b, 12 avec w.c) - Prix des chambres : 125/240 F - Prix du petit déjeuner et horaire : 23 F - 8 h/9 h -* ♦ *Cartes de crédit : Visa - Carte bleue* ♦ *Chiens non admis - Etang privé* ♦ *Possibilités alentour : Promenades en forêt Complexe sportif à 2,5 km - Equitation (15 km) - Pêche - Chasse - Location de vélos* ♦ *Restaurant : service 12 h 30/14 h - 19 h 45/20 h 45 - Fermeture mardi soir et mercredi en novembre et décembre - Menu : 65/80 F -160 F le dimanche - Spécialités : Cuisine traditionnelle saisonnière.*

Au centre d'un beau parc et au bord d'un étang, un moulin du siècle dernier, devenu hôtel en 1955 ; longeant le bâtiment, une terrasse ensoleillée invite au farniente et aux rafraîchissements ; un salon-bar y est attenant. La salle à manger, simple et agréable, est installée dans une ancienne salle du moulin ; elle possède un beau plancher d'origine. Le salon se trouve à l'étage inférieur, dans le soubassement du bâtiment qui a conservé certaines de ses machines. Les chambres, au confort inégal, ont chacune leur charme. On vous servira une vraie cuisine maison réalisée avec des produits de première fraîcheur.

♦ *Itinéraire d'accès : à 44 km d'Orléans - N. 20 dir. Vierzon - Nouan - D 44 dir. Chaon - à 2,5 km.*

Hôtel Château des Tertres

CENTRE

41150 Onzain (Loir-et-Cher)
Route de Monteaux
Tél. 54.20.83.88 - M. et Mme Valois

♦ *Ouverture de Pâques au 11 novembre* ♦ *19 chambres avec tél., s.d.b. et w.c. - Prix des chambres : 240/320 F - Prix du petit déjeuner et horaire : 28 F - 8 h/10 h* ♦ *Cartes de crédit : Amex Visa - MasterCard* ♦ *Chiens non admis* ♦ *Possibilités alentour : Visite des châteaux de la Loire - Tennis à 1,5 km - Equitation à 12 km - Piscine et sports nautiques à 17 km* ♦ *Pas de restaurant.*

Beau, ce château du XIXe, plein de charme et de goût. Au rez-de-chaussée donnant sur la campagne et le jardin, une belle réception côtoie un salon où le mobilier d'époque semble inviter à vous attarder. A côté une salle très sympathique et raffinée promet des petits déjeuners délicieux. Un climat "maison familiale" règne partout. Les chambres, très confortables, sont toutes plus jolies les unes que les autres. Idéal pour le calme dans une région très touristique, ce château fournit en outre un bon rapport qualité-prix. Dans l'annexe, deux chambres avec kitchenette sont parfaites dans cet hôtel sans restaurant. Excellent accueil.

♦ *Itinéraire d'accès : à 16 km de Blois - N 152, dir. Tours - Monteaux - Onzain.*

Relais des Landes

**Ouchamps - 41120 Les Montils (Loir-et-Cher)
Tél. 54.44.03.33 - Télex 751 454
M. Badenier - Melle Rousselet**

♦ *Ouverture du 1er mars au 1er décembre* ♦ *26 chambres avec tél. direct, s.d.b. et w.c. - Prix des chambres : 395/525 F - Prix du petit déjeuner et horaire : 38 F - 7 h 30/10 h - Prix demi-pension 905/970 F (2 pers.)* ♦ *Cartes de crédit : Amex - Diners - Eurocard - Carte bleue* ♦ *Chiens admis avec supplément* ♦ *Possibilités alentour : Châteaux de la Loire - Piscine à 15 km - Equitation à 10 km - Tennis à 500 m - Sports nautiques à Blois à 15 km - Promenades - Location de vélos à l'hôtel* ♦ *Restaurant : service 12 h 30/14 h - 19 h/21 h 30 - Menu : 165/215 F - Carte Spécialités : Steak de lotte aux blancs de poireaux - Magret de canard aux poires.*

En pleine campagne, au milieu d'un parc de 10 hectares, le Relais des Landes est une gentilhommière du XVIIe siècle, bien restaurée et bien entretenue. Le salon-réception abrite aussi le bar et divers coins de conversation et de lecture. Placé à l'écart, le salon t.v. ne dérangera personne. Un confortable mobilier a été choisi pour ces espaces ainsi que pour la salle à manger, où les belles tonnelles s'harmonisent avec la grande cheminée en pierre. Dans les chambres, esprit résolument contemporain dans le choix des motifs et des couleurs mélangés avec des meubles anciens : extrêmement confortables, elles ont toutes d'excellents sanitaires. En saison, service bar et restaurant sur les très jolies terrasses-jardin.

♦ *Itinéraire d'accès : à 15 km de Blois - N 751 dir. Montrichard - D 7 Les Montils.*

Manoir Bel Air

**41500 St-Dyé-sur-Loire (Loir-et-Cher)
Tél. 54.81.60.10 - M. Abel**

♦ *Ouverture toute l'année sauf du 15 janv. au 15 fév.* ♦ *40 chambres avec tél. direct, s.d.b., w.c. et t.v. - Prix des chambres : 320/800 F - Prix du petit déjeuner et horaire : 25 F - 7 h 30/9 h 30 Prix demi-pension et pension : 280F - 320 F (1 pers., 3 j. min.)*
♦ *Cartes de crédit acceptées sauf Amex* ♦ *Chiens admis*
♦ *Possibilités alentour : Visite des châteaux de la Loire - Piscine - Tennis - Equitation* ♦ *Restaurant : service 12 h - 19 h 30 Fermeture du 15 janvier au 20 février - Menu : 88/180 F - Carte Spécialités : Mousseline de sandre - Cailles aux cèpes - Aiguillettes de canard au chiron - Escalope de saumon à l'oseille.*

Construit en bordure de la Loire, ce manoir possède le calme et la douceur du site, tout en gardant une grande facilité d'accès par la route.
Une aile du bâtiment a été construite récemment. Elle abrite une très vaste salle à manger avec vue panoramique sur la Loire, et dans les étages une bonne partie des chambres. Mobilier et couleurs sont discrets, et il y a un très grand souci du confort (salles de bains impeccables) même si l'ensemble de la partie moderne reste un peu froid.
Dans l'aile ancienne se trouvent le salon et le reste des chambres, le tout meublé d'époque et en styles mélangés. Inutile de dire que je préfère le charme ancien de ces vieux murs.
Propriétaire au contact facile. Bonne carte.

♦ *Itinéraire d'accès : à 15 km de Blois - à 5 km de Chambord - N 751 - St-Dyé.*

Château de la Voûte

**Troo - 41800 Montoire-sur-le-Loir (Loir-et-Cher)
Tél. 54.72.52.52 - J. Clays - C. Venon**

♦ *Ouverture toute l'année* ♦ *5 chambres avec s.d.b et w.c - Prix des chambres : 300/400 F - Prix du petit déjeuner compris* ♦ *Cartes de crédit : Amex - Visa* ♦ *Chiens admis* ♦ *Possibilités alentour : Tennis - Piscine à 5 km* ♦ *Pas de restaurant à l'hôtel .*

Voici un endroit d'un grand raffinement. Cet ancien manoir dispose de chambres d'hôtes qui sont le reflet de l'amour porté aux belles choses par les heureux propriétaires de cette demeure, chineurs passionnés devenus antiquaires. Les chambres sont meublées et décorées de quelques-unes de leurs trouvailles. Toutes les pièces, qui ont chacune leur style, ont beaucoup d'allure et de charme : la plus petite n'est pas la moins agréable et certaines sont de véritables suites (Chambres "Pompadour", "Louis XIII", et "Empire") voire des appartements (Chambre "les Tours"). Quant à la vue, elle est digne d'un tableau du XVIIIe siècle.
C'est un lieu idéal pour sillonner la Touraine, la vallée du Loir et de la Loire. Une adresse de grande qualité, gérée par des gens de qualité, et que l'on aimerait garder pour soi.

♦ *Itinéraire d'accès : à 6 km de Montoire.*

Auberge de Combreux

**Combreux - 45530 Vitry-aux-Loges (Loiret)
Tél. 38.59.47.63 - Mme Gangloff**

♦ *Ouverture du 20 janvier au 20 décembre* ♦ *21 chambres avec tél. direct, s.d.b, w.c. et t.v - Prix des chambres : 210/350 F - Prix du petit déjeuner et horaire : 30 F - 8 h/10 h - Prix demi-pension : 280/320 F (1 pers., 2 j. min.)* ♦ *Cartes de crédit : Carte bleue - MasterCard - Visa - Eurocard* ♦ *Chiens admis - Piscine chauffée, tennis, vélos et practice de golf à l'hôtel* ♦ *Possibilités alentour : Sports nautiques et plage à 1 km - Equitation à 4 km - Golf club d'Orléans à 15 km - Promenades en forêt - Chasse à courre* ♦ *Restaurant : service 12 h/13 h 30 - 19 h 15/21 h 15 - Menu : 90/200 F - Carte - Spécialités : Terrines maison - Brochet à l'échalote confite - Navarin d'agneau - Gâteau de foies blonds sur salade d'épinards à l'orange - Tarte au citron - Nougat glacé.*

Quelle merveille ! L'auberge est aussi belle et simple que son nom. A l'intérieur : murs blancs, lits blancs, bouquets de roseaux ou de graminées et le bois partout présent, celui des poutres, celui du mobilier rustique, celui des manteaux de cheminées. Partout s'harmonisent discrètement les couleurs des rideaux, des abat-jour et celles, plus gaies encore, de généreux bouquets champêtres.
La tonnelle en été doit être parfaite pour des petits déjeuners paresseux et des apéritifs rafraîchissants. La table aussi est rustique, belle et bonne, c'est une vraie cuisine "maison". Pour être complet, il faut mentionner la chaleur de l'accueil et la séduction de balades sur des vélos procurés par l'hôtel.

♦ *Itinéraire d'accès : à 115 km de Paris - Autoroute Sud puis N. 20 Etampes - Pithiviers - Ascoux - Nibelle - Combreux.*

Domaine de Chicamour

CENTRE

**Sury-aux-Bois - 45530 Vitry-aux-Loges (Loiret)
Tél. 38.59.35.42 - M. et Mme Merckx**

♦ *Ouverture de début mars à fin novembre* ♦ *12 chambres avec tél., s.d.b. et w.c. - Prix des chambres : 250/330 F - Prix du petit déjeuner et horaire : 30 F - 8 h/10 h - Prix demi-pension et pension : 250/290 F - 330/360 F (par pers., 2 j. min.)* ♦ *Cartes de crédit : Eurocard - Visa* ♦ *Chiens admis avec 25 F de supplément - Tennis - Equitation à l'hôtel* ♦ *Possibilités alentour : Chasse à courre - Chasse - Pêche - Golf de Sully-sur-Loire à 25 km, 27 T - Golf Club d'Orléans à 20 km, 12 T. - Randonnées châteaux de la Loire, Route Jacques-Coeur - Route des Hauts-Dignitaires* ♦ *Restaurant : service 12 h 15/13 h 30 - 19 h 30/21 h Menu : 90/190 F - Carte - Spécialités : Saint-Jacques et quenelles de saumon au beurre blanc - Foie de canard frais - Poêlon de poire.*

Situé au milieu d'un parc de 8 hectares planté d'essences rares, au cœur de la forêt domaniale d'Orléans, le château de Chicamour a été transformé en hôtel avec un grand souci de simplicité et d'élégance. Le résultat est remarquable.
Beaucoup de goût également dans la décoration intérieure ; un salon très accueillant avec coin cheminée, une salle à manger élégante où est servie une cuisine raffinée à base de produits régionaux.
Chaque chambre a son style propre, confortable et bien équipée avec une très belle vue sur le parc. Calme assuré.

♦ *Itinéraire d'accès : à 120 km de Paris, A 6, sortie Ury, Puiseaux, Bellegarde-du-Loiret - R.N. 60 entre Bellegarde et Châteauneuf-sur-Loire.*

CHAMPAGNE PICARDIE

Domaine du Tilleul

**Landouzy-la-Ville - 02140 Vervins (Aisne)
Tél. 23.98.48.00 - Téléfax 23984646 - M. Tirtiaux**

♦ *Ouverture toute l'année* ♦ *26 chambres avec tél., s.d.b., w.c., t.v. et minibar - Prix des chambres : 280/340 F - Prix du petit déjeuner et horaire : 30 F - 7 h/10 h - Prix demi-pension et pension : 700 F - 1 000 F (2 pers.)* ♦ *Cartes de crédit : Visa - Diners - Amex* ♦ *Chiens admis - Tennis - Golf 9 trous à l'hôtel (green fee : 100 F)- Practice et putting* ♦ *Possibilités alentour : Piscine à 8 km - Equitation 25 km - Promenades en sentiers pédestres* ♦ *Restaurant : service 12 h - 20 h - Menu : 140/190 F Carte - Spécialités : Feuilleté de saumon et de turbot au beurre blanc - Escalope de ris de veau aux morilles.*

Un parc de 24 hectares entoure les deux bâtiments du domaine. L'un des corps est une ravissante demeure ancienne où est installé le bar, l'autre abrite la salle à manger, les chambres et un petit salon. Tous deux sont en brique et leurs intérieurs aménagés en style contemporain sont de très bon goût. Matériaux et couleurs ont été choisis avec soin par le propriétaire qui est aussi décorateur à Bruxelles.
Outre le calme et la détente, vous trouverez ici un accueil chaleureux, un très grand confort et une excellente cuisine. Sans compter que vous pourrez, sur place, faire un parcours de golf (100 F le green fee, location de matériel et réservation au bar du domaine).

♦ *Itinéraire d'accès : à 180 km de Paris - à 130 km de Bruxelles - à 50 km de Laon. NZ direction Bruxelles - Vervins D 936 après La Bouteille - D 29 Landouzy.*

Hôtel de l'Abbaye

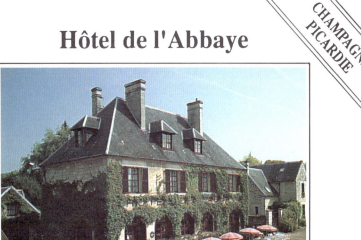

CHAMPAGNE PICARDIE

**Longpont - 02600 Villers-Cotterêts (Aisne)
Tél. 23.96.02.44 - M. Verdun**

♦ *Ouverture toute l'année* ♦ *12 chambres avec tél. (5 avec s.d.b., 6 avec w.c.) - Prix des chambres : 160/300 F - Prix du petit déjeuner et horaire : 35 F - à la demande* ♦ *Carte de crédit : Carte bleue* ♦ *Chiens admis* ♦ *Possibilités alentour : Abbaye cistercienne - Musée du bois - Chasse à courre - Promenades en forêt (GR 11) - Location vélos à l'hôtel - Centre équestre 4 km - Golf à 25 km* ♦ *Restaurant : service 12 h/13 h 30 - 19 h/20 h 30 Menu : 80/200 F - Carte - Spécialités : Gibier en saison - Ficelle picarde - Pâté maison - Poisson.*

Cette grande et ancienne maison est située dans la rue principale du village, au cœur de la forêt de Retz. Ses grandes tables en bois massif et sa cheminée constituent un point de ralliement animé et chaleureux pour les randonneurs comme pour les chasseurs.
La cuisine proposée est sans sophistication, savoureuse et familiale, qualités qui doivent beaucoup au propriétaire qui fait son possible pour vous convaincre que vous êtes ici chez vous.
Les chambres, peu nombreuses, sont d'un confort variable, mais certaines disposent d'un équipement sanitaire complet ; elles sont toutes au calme et donnent sur la forêt ou l'abbaye. Un salon de lecture et une salle de télévision ouverts cette année ajoutent plus d'agrément à l'hôtel.

♦ *Itinéraire d'accès : Entre Villers-Cotterêts et Soissons, sur la N 2, prendre D 2 direction Longpont.*

Auberge de la Scierie

CHAMPAGNE PICARDIE

**La Vove - 10160 Aix-en-Othe (Aube)
Tél. 25.46.71.26 - M. Duguet - M. Lefort**

♦ *Ouverture toute l'année - Fermeture lundi soir et mardi du 15 octobre au 15 avril* ♦ *14 chambres avec tél., s.d.b. et w.c. - Prix des chambres : 300 F - Prix du petit déjeuner et horaire : 38 F 8 h/11 h - Prix demi-pension : 400 F (1 pers., 3 j. min.)*
♦ *Cartes de crédit : Carte bleue - Eurocard - Diners - Amex*
♦ *Chiens admis - Piscine découverte chauffée à l'hôtel - Ping-pong*
♦ *Possibilités alentour : Tennis à 1 km - Pêche à la truite*
♦ *Restaurant : service 12 h/14 h - 19 h 30/21 h - Fermeture lundi soir et mardi du 15 octobre au 15 avril - Menu : 108/195 F - Carte Spécialités : Bar au varech - Feuilleté de saumon - Boudin maison aux pommes.*

L'auberge est installée en pleine campagne, dans une ancienne scierie dont les corps de bâtiment, restaurés et bien aménagés, connaissent ainsi une nouvelle vocation pour laquelle on les croirait initialement conçus.
Les abords, entretenus avec grand soin, permettent de prendre les repas à l'extérieur et de se détendre dans un parc ombragé de 2 hectares que traverse une rivière.
Les chambres, disposées autour de la piscine, sont tranquilles et confortables ; certaines sont meublées en ancien ; toutes disposent d'un téléviseur couleur. De même pour le salon qui, confortablement meublé, offre l'agrément d'une cheminée et d'une bibliothèque. La cuisine est de qualité. L'accueil, enfin, est très chaleureux.

♦ *Itinéraire d'accès : N 60 entre Troyes et Sens.*

Château de la Tour

CHAMPAGNE PICARDIE

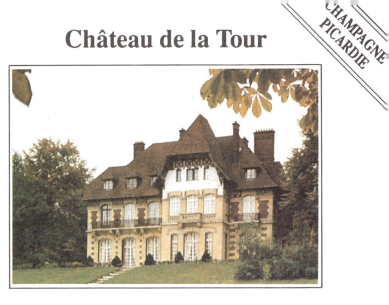

60270 Gouvieux (Oise)
Tél. 44.57.07.39 - Télex 155 014 - Mme R. Jadas

♦ *Ouverture toute l'année sauf du 28 juillet au 12 août* ♦ *15 chambres avec tél., s.d.b. (13 avec w.c.) - Prix des chambres : 240/480 F - Prix du petit déjeuner et horaire : 30 F - 7 h 30/10 h 30* ♦ *Cartes de crédit : Visa - Amex* ♦ *Chiens admis - Tennis à l'hôtel* ♦ *Possibilités alentour : Promenades en forêt de Chantilly Promenades équestres - Plage de l'Oise (Boran)* ♦ *Restaurant : service 12 h/14 h - 19 h/21 h - Fermeture du 15 juillet au 12 août - Menu : 95/220 F - Carte .*

Le Château de la Tour est une élégante demeure du début du siècle, dans un parc de 5 hectares, dominant la forêt avoisinante. Le salon meublé d'époque invite à la détente devant le feu de sa cheminée. Aussi feutrée et lui attenant, la salle à manger ne vous décevra pas. Elle possède, tout comme le salon, de grandes portes vitrées donnant sur la terrasse et sur la verdure. Les chambres, entièrement rénovées, sont toutes meublées à l'ancienne.
Une bien agréable adresse à retenir, à quelques kilomètres de Paris.

♦ *Itinéraire d'accès : à 40 km de Paris - à 3 km de Chantilly - D 909 Gouvieux.*

Hostellerie des Deux Marronniers

**60112 Milly-sur-Thérain (Oise)
Tél. 44.81.07.52 - Mme Normandin - M. Degranges**

♦ *Ouverture toute l'année* ♦ *10 chambres (3 avec s.d.b et w.c) - Prix des chambres : 90/190 F - Prix du petit déjeuner et horaire : 16 F - 8 h/11 h - Prix demi-pension et pension : 175 F - à la demande* ♦ *Carte de crédit : Carte bleue* ♦ *Chiens non admis* ♦ *Possibilités alentour : Tennis à 1 km - Piscine à 5 km - Equitation à 10 km - Parc d'attraction à 10 km - Planche à voile et voile à 7 km - Canoë-kayak à côté - Pêche sur place et tout autour, en rivière et en étang* ♦ *Restaurant : service 12 h/14 h 30 - 19 h 30/22h - Menu : 90 F - Carte - Spécialités : Magret de canard aux pâtes fraîches maison - Escargots - Escalope vallée d'Auge.*

Au début du siècle, le casino du lac était aussi une guinguette où les gens des environs aimaient se retrouver. Aujourd'hui hostellerie, elle vous accueille avec une belle terrasse ombragée par deux énormes marronniers où sont disposés, parmi les fleurs, des tables et des jeux d'enfants. La salle à manger, rustique et sympathique, est placée à côté d'un bar où se trouve aussi un billard. Les chambres, bien que simples, sont correctes et calmes. A l'étage, un tout petit salon abrite la t.v. Outre le jardin, la propriété possède aussi un étang privé qui fera les délices des pêcheurs. Ambiance décontractée et très bon accueil.

♦ *Itinéraire d'accès : à 10 km de Beauvais - D 909 Troissereux - D 133 - Milly-sur-Thérain.*

A la Bonne Idée

**60350 St-Jean-aux-Bois (Oise)
Tél. 44.42.84.09 - 44.42.82.64 - Télex 155 026
M. Royer**

♦ *Ouverture du 14 février au 23 août et du 5 sept. au 11 janvier*
♦ *24 chambres avec tél., t.v., s.d.b. et w.c. - Prix des chambres : 320/380 F - Prix du petit déjeuner et horaire : 45 F - 8 h/11 h -*
♦ *Cartes de crédit : Visa - Eurocard - MasterCard* ♦ *Chiens admis avec supplément* ♦ *Possibilités alentour : Piscine et tennis à environ 11 km - Planche à voile à 13 km - Pêche - Promenades*
♦ *Restaurant : service 12 h/14 h 30- 19 h/21 h 30 - Fermeture mardi et mercredi midi - Menu : 250/380 F - Carte - Spécialités : Potée d'escargots forestière - Aiguillettes de canette aux baies roses Homard - Langouste.*

Ancienne capitainerie du XVIIe siècle, cette auberge est située dans un adorable petit village, au cœur de la forêt de Compiègne. Dans le salon d'entrée et le bar, le moderne se marie au style d'une façon harmonieuse. La belle salle à manger est un cadre idéal pour l'excellente cuisine proposée par le chef et propriétaire. Quant aux chambres, vous avez le choix entre celles du corps principal, anciennes et pleines de charme, et celles de la petite annexe donnant sur le jardin fleuri et la terrasse ombragée. Dans les deux cas, elles sont toutes parfaitement aménagées. Une grande cordialité et le calme assuré par une rue en cul-de-sac sont autant d'autres raisons pour aimer cette adresse à quelques kilomètres de Paris.

♦ *Itinéraire d'accès : à 81 km de Paris - à 33 km de Senlis. A 1 sortie n° 9 - D 155 Verberi - D 932 direction Compiègne - Avant la croix St-Ouen D 85 St-Jean-aux-Bois.*

Moulin d'Acoravo

**20166 Arbellara (Corse-du-Sud)
Tél. 95.77.06.56 - Mme Pracchia**

♦ *Ouverture toute l'année sauf une semaine à Noël*
♦ *22 chambres et 4 duplex avec s.d.b. et w.c. privés (bientôt le tél.) - Prix des chambres et duplex : 350/700 F - Prix du petit déjeuner et horaire : compris - 8 h/10 h* ♦ *Cartes de crédit non acceptées*
♦ *Chiens admis avec 25 F de supplément - Piscine naturelle et baignades dans la rivière de l'hôtel* ♦ *Possibilités alentour : Pêche truite et anguille - Centre équestre - Poney club - Sites archéologiques - Mer à 10 mn* ♦ *Restaurant : service 12 h/14 h 20 h/22 h - Fermeture mardi soir et mercredi - Menu et Carte Spécialités : Truite du moulin - Canard de la mare - Poissons du golfe du Valinco.*

L'endroit est étonnant : une grande propriété de 6 hectares traversée par des cascades appelées le "petit Niagara", du fleuve Rizzanese.
C'est là qu'au milieu d'une végétation luxuriante se niche le vieux Moulin d'Acoravo, aménagé avec fantaisie par les propriétaires qui veillent cependant avec beaucoup de professionnalisme au bien-être de leurs hôtes.
Une bonne cuisine, copieuse, confiée à un chef venu du Sud-Ouest. Les plats sont préparés à base de produits frais, l'hôtel possédant son potager, sa mare aux canards et sa réserve de truites en pleine eau. A midi, rôtisserie et grillades au bord de la rivière, le soir dîner aux chandelles sur la terrasse.

♦ *Itinéraire d'accès : à 9 km de Propriano - N 196 - dir. Ste-Lucie-de-Tallano D 268 - dir. Arbellara - à droite après le pont.*

L'Aïtone

CORSE

20126 Evisa (Corse-du-Sud)
Tél. 95.26.20.04 - M. T. Ceccaldi

♦ *Ouverture de janvier au 31 octobre* ♦ *32 chambres avec tél. (24 avec s.d.b., 21 avec w.c.) - Prix des chambres : 150/450 F (double) - Prix du petit déjeuner et horaire : 25 F - 8 h/10 h - Prix demi-pension 400/600 F (2 pers., 3 j. min.)* ♦ *Cartes de crédit : Amex - Carte bleue* ♦ *Chiens non admis* ♦ *Possibilités alentour : Tennis à 200 m - Centre équestre, cascade et piscine naturelle de la forêt d'Aïtone à 3 km - Très important centre de randonnées pédestres - Gorges de la Spélunca, forêt d'Aïtone - Mer à 23 km - Les calanques de Piana - La Girolata* ♦ *Restaurant : service 12 h/14 h - 20 h/22 h - Menu : 80/120 F - Carte - Spécialités : Charcuterie - Truites - Terrines locales - Spécialités sur commande.*

L'auberge de l'Aïtone est située à 800 m d'altitude, aux portes de l'extraordinaire forêt de pins laricio d'Aïtone et de Valdoniello.
Toussaint Ceccaldi, qui a pris la suite de ses parents, a récemment rénové et agrandi l'établissement.
La bâtisse, qui manque de charme, jouit cependant d'un emplacement privilégié. En effet, une grande terrasse surplombe la belle vallée de la Spélunca. Quant aux chambres, toutes avec balcon, elles ont une vue superbe sur le golfe de Porto.
Bonne cuisine familiale.

♦ *Itinéraire d'accès : à 23 km de Porto - à 75 km d'Ajaccio.*

Les Roches Rouges

**20115 Piana (Corse-du-Sud)
Tél. 95.26.81.81 - Mme Alfonsi - Dalakupeyan**

♦ *Ouverture du 15 mars au 15 octobre   ♦ 30 chambres avec tél., s.d.b et w.c - Prix des chambres : 280/500 F en demi-pension - Prix du petit déjeuner compris   ♦ Cartes de crédit : Amex - Diners - Carte bleue ♦ Chiens admis ♦ Possibilités alentour : Col de Lava à 1 km ♦ Restaurant : service 12 h/14 h - 19 h 30/22 h - Menu : 90/250 F - Carte - Spécialités : Poisson.*

A la sortie de Piana, à 3 kilomètres des célèbres calanques, on a réaménagé cette ancienne maison corse. Les chambres sont d'un confort simple Certaines donnent sur la mer. L'accueil amical de Mado et la vue somptueuse que l'on a de la terrasse ne manqueront pas de vous séduire.

♦ *Itinéraire d'accès : à 92 km de Calvi - CD 81.*

Le Maquis

**Porticcio - 20 166 (Corse-du-Sud)
Tél. 95.25.05.55 - Télex 460 597 - Mme Salini**

♦ *Ouverture toute l'année* ♦ *19 chambres climatisées avec tél., s.d.b., w.c., t.v. et minibar - Prix des chambres : 330/385 F (simple) 550/600 F (double) - Prix du petit déjeuner compris et horaire : 8 h/10 h 30 - Prix demi-pension 1 410/2 000 F (chambre double)* ♦ *Cartes de crédit acceptées* ♦ *Chiens admis avec 60 F de supplément - Piscine chauffée - Tennis - Salle de gymnastique - Plage privée à l'hôtel* ♦ *Possibilités alentour : Golf d'Ajaccio* ♦ *Restaurant : service 12 h 30/14 h -19 h 30/22 h - Menu - Carte .*

Niché dans une crique du golfe d'Ajaccio, Le Maquis réunit à la fois les charmes du bord de mer et ceux de la campagne environnante, sans autre vis-à-vis que le maquis et la Méditerranée. Avec son architecture de style méditerranéen, il s'étend sur la plage mais offre aussi des terrasses ombragées dans le jardin luxurieusement planté. Les chambres, qui ont toutes la vue sur la mer, sont très confortables. Le Maquis met également à la disposition des clients un grand nombre de distractions qui permettent, si on le désire, de ne pas quitter l'hôtel : la piscine voisine avec le tennis, et sur la plage privée vous trouverez des planches à voile et des moniteurs pour vos enfants.

♦ *Iinéraire d'accès : à 18 km d'Ajaccio - à 8 km de l'aéroport.*

Marina d'Argentella

**L'Argentella - 20260 Calvi (Haute-Corse)
Tél. 95.65.25.08 - 95.65.25.12 - M. P. Grisoli**

♦ *Ouverture du 1er juin au 30 septembre* ♦ *28 chambres avec s.d.b et w.c - Prix des chambres : 200/400 F - Prix du petit déjeuner et horaire : 38 F - 7h30/10h30 - Prix demi-pension 450/650 F (2 pers, tarif enfants)* ♦ *Cartes de crédit : Carte bleue - Visa* ♦ *Chiens admis - Volley-ball - Planche à voile - Ping-pong et billard à l'hôtel* ♦ *Possibilités alentour : Tennis à 2 km - baignades en rivière à 10 km - Parc régional - Réserve naturelle de Scandola* ♦ *Restaurant : service 12 h/14 h 30 - 19 h30/22 h - Menu : 80/150 F - Carte - Spécialités : Poissons - Produits corses.*

L'Argentella est un hôtel un peu particulier dans la formule qu'il propose : des pavillons avec salle de bains et kitchenette, loués à la semaine ou en demi-pension avec un service hebdomadaire. Le confort des chambres est simple mais suffisant.
Mais si cet endroit mérite qu'on s'y attarde c'est essentiellement pour deux raisons : sa situation, sur la plage, dans la baie de Crovani, et la personnalité de Pierre et Dorine qui animent l'hôtel et qui veilleront à vous faire passer un séjour des plus agréables, surtout si vous voyagez avec des enfants. Les recettes testées pendant l'hiver sont soigneusement préparées par Dhaïr qui vous servira même des croissants faits maison pour le petit déjeuner. Après la traditionnelle partie de volley à sept heures précises, vous ne résisterez pas à l'exceptionnel coucher de soleil. Ambiance gaie, amicale, informelle.
La meilleure preuve du succès de l'Argentella c'est la soirée à Calvi que l'on remet de jour en jour.

♦ *Iinerature d'accès : à 22 km au sud de Calvi , direction Porto par le bord de mer.*

La Signoria

20260 Calvi (Haute-Corse)
Tél. 95.65.23.73 - Télex 460 551 - M. P. et J.B. Ceccaldi

♦ *Ouverture du 1er avril au 31 octobre* ♦ *10 chambres avec tél., s.d.b et w.c - Prix des chambres : 400/900 F - Prix du petit déjeuner et horaire : 50 F - jusqu'à 12 h -* ♦ *Cartes de crédit : Amex - Visa - Carte bleue* ♦ *Chiens admis - Piscine à l'hôtel* ♦ *Possibilités alentour : Les villages de Balagne* ♦ *Restaurant : service 12 h/14 h - 20 h/22 h 30 - Menu et Carte - Spécialités : Magret de canard au miel et aux cèpes des Landes - Chaud froid de poires aux épices.*

La Signoria est l'hôtel de charme tel qu'on le rêve : une belle et ancienne maison, dans une grande propriété plantée d'eucalyptus et de palmiers. Récemment aménagée en hôtel, les propriétaires ont transformé la maison sans lui enlever pour autant son cachet. Les chambres du bâtiment principal sont les plus agréables et les plus confortables mais vous ne serez pas punis si vous êtes à l'annexe.
Un des moments de rêve, c'est le dîner aux chandelles, le soir sous la voûte de palmiers de la terrasse. Une adorable petite piscine mériterait quelques améliorations si toutefois cela ne dénature pas ce coin de jardin. A découvrir absolument si l'on apprécie le calme absolu même en plein mois d'août. Un moyen de locomotion est souhaitable.

♦ *Itinéraire d'accès : sur la route de l'aéroport.*

CORSE

La Restonica

**20250 Corte (Haute-Corse)
Tél. 95.46.09.58 - M. D. Colonna - S. Delfour**

♦ *Ouverture toute l'année* ♦ *10 chambres avec s.d.b. (6 avec w.c.) - Prix des chambres : 200 F - Prix du petit déjeuner et horaire : 30 F - 8 h/11 h - Prix demi-pension 310 F (1 pers.)* ♦ *Cartes de crédit : Visa - Carte bleue* ♦ *Chiens admis* ♦ *Possibilités alentour : Visite des lacs - Baignades en torrent - Pêche à la truite - Centre équestre à 7 km - Excursions en haute montagne avec guides* ♦ *Restaurant : service 12 h 15/14 h - 19 h 30/22 h - Fermeture en novembre - Menu : 75/200 F - Carte Spécialités : Lapin à la corse - Omelette soufflée du pêcheur.*

L'auberge se trouve dans les gorges de la Restonica, site classé du parc naturel régional de la Corse.
Ambiance familiale et sans prétention dans cet hôtel dirigé par Dominique Colonna qui fut un célèbre footballeur.
Le grand pré qui s'étale devant la belle bâtisse de pierre, la rivière qui la longe en font un lieu idéal pour des vacances de nature.
Un des rares endroits où votre chien ne sera pas seulement toléré, mais bien accueilli par Mme Colonna, qui aime beaucoup les animaux.

♦ *Itinéraire d'accès : à 1,5 km de Corte, prendre la route de la Restonica.*

La Bergerie

20220 Ile-Rousse (Haute-Corse)
Route de Monticello
Tél. 95.60.10.28 - M. J.P. Caumere

♦ *Ouverture 15 mars au 15 novembre* ♦ *18 bungalows chambres avec s.d.b et w.c - Prix des chambres : 200/300 F - Prix du petit déjeuner et horaire : 28 F - 8 h /10 h - Prix demi-pension : 260/350 F (Prix enfants)* ♦ *Carte de crédit : Visa* ♦ *Chiens admis* ♦ *Possibilités alentour : Plages à 800 m - Visite des villages de Balagne* ♦ *Restaurant : service 12 h 30/14 h - 19 h 30/ 21 h - Menu et carte - Spécialités : Poisson - Grillades.*

A 800 mètres d'Ile-Rousse et de la plage, cette ancienne bergerie corse a été aménagée en auberge. C'était déjà un restaurant réputé, des bungalows viennent d'être installés, au calme dans le fond du jardin. Le propriétaire, qui est un grand pêcheur, régale ses clients avec le produit de sa pêche et vous pourrez déguster des plats aussi raffinés que des omelettes d'oursins ou des anémones de mer en beignet. Ambiance sympathique et détendue.

♦ *Itinéraire d'accès : Place Paoli - La poste - Route de Monticello.*

CORSE

L'Aghjola

**20259 Pioggiola (Haute-Corse)
Tél. 95.61.90.48 - M. J. Albertini**

♦ *Ouverture du 16 novembre au 14 octobre ♦ 10 chambres avec tél., s.d.b. (6 avec w.c.) - Prix des chambres : 180/200 F - Prix du petit déjeuner et horaire : 25 F - 8 h/10 h en terrasse - Prix demi-pension et pension : 280 F - 350 F (1 pers., 3 j. min.) ♦ Cartes de crédit : Amex - Carte bleue ♦ Chiens admis sauf au restaurant ♦ Possibilités alentour : Randonnées pédestres balisées - Baignades en torrent - Forêt de Tartagine - Pêche, chasse accompagnée ♦ Restaurant : service 12 h/14 h - 20 h/23 h - Menu : 150 F - Carte - Spécialités : Charcuterie maison - Produits de la chasse de Joseph - Marcassin entier à la menthe.*

C'est un accueil chaleureux qui vous attend dans cette auberge où l'on vous reçoit plus comme un ami que comme un client.
En effet, dès votre arrivée, le propriétaire vous invite à respecter et à aimer cet endroit qu'il a construit et aménagé lui-même. Ici tout est "maison" : la savoureuse cuisine préparée par Mme Albertini n'étant faite qu'à partir de la chasse, de la pêche ou de l'élevage de M. Albertini.
Chambres confortables. Une bonne étape dans l'arrière-pays corse.

♦ *Itinéraire d'accès : Ile Rousse - Speloncato - Pioggiola.*

Moulin du Prieuré

FRANCHE COMTÉ

**25620 Bonnevaux-le-Prieuré (Doubs)
Tél. 81.59.21.47 - M. et Mme Gatez**

♦ *Ouverture du 10 mars au 20 décembre - Fermeture dimanche soir et lundi h.s* ♦ *8 chambres avec tél., s.d.b., t.v., minibar et percolateur - Prix des chambres : 300 F - Prix du petit déjeuner : 25 F* ♦ *Cartes de crédit : Carte bleue - Amex - Diners - Eurocard* ♦ *Chiens admis avec 30 F de supplément* ♦ *Possibilités alentour : Pêche à la truite - Golf 18 T. à 10 km - Canoë-kayak à 6 km - Tennis à 6 km - Equitation à 6 km - Musée Gustave Courbet Château de Cléron* ♦ *Restaurant : service 12 h/13 h 30 - 19 h 30/21 h - Fermeture dimanche soir et lundi - Menu : 250 F Carte.*

Dans la merveilleuse vallée de la Brême, noyé dans la forêt des monts du Jura, le Moulin du Prieuré est, sans doute, une superbe adresse à retenir. Dans le corps principal, un grand espace a été aménagé en réception et salle à manger. Sobre mais très accueillante, élégante mais décontractée, vous y dégusterez une excellente cuisine. Une grande cheminée en pierre, de beaux bouquets, un service impeccable, voilà, vous êtes conquis. Derrière, une autre salle plus petite abrite toute la machinerie du moulin encore en état de marche. Les chambres sont une série de petits chalets parsemés dans la pelouse du jardin, décorées, tout comme le reste de l'hôtel, avec un goût très sûr. Très confortables et fonctionnelles, elles possèdent aussi la t.v. couleur et un minibar.

♦ *Itinéraire d'accès : à 40 km de Lausanne - à 20 km de Besançon, direc. Ornans, Marcenay - 6 km avant Ornans, bifurcation vers Bonnevaux-le-Prieuré.*

Hôtel de la Source

FRANCHE COMTE

**25390 Consolation (Doubs)
Tél. 81.43.55.38 - M. Faivre**

♦ *Ouverture toute l'année sauf du 15 nov. au 15 déc. et du 15 au 31 janv - Fermeture mardi du 15 septembre au 15 juin* ♦ *10 chambres avec tél., (s.d.b. et w.c. à l'étage) - Prix des chambres : 80/110 F - Prix du petit déjeuner et horaire : 22 F - 8 h/10 h - Prix demi-pension et pension : 190 F - 220 F (1 pers., 3 j. min.)* ♦ *Cartes de crédit : Eurocard - Visa - Diners - Crédit Agricole* ♦ *Chiens non admis* ♦ *Possibilités alentour : Promenades forestières* ♦ *Restaurant : service 12 h 15/14 h - 19 h 30/20 h 30 - Fermeture mardi du 15 septembre au 15 juin sauf vacances scolaires - Menu : 75/200 F - Carte - Spécialités : Jambon fumé - Truite meunière - Croûte aux morilles - Terrines maison - Brési.*

D'accord, le confort est très simple et la décoration des chambres sujette à discussion. Mais un chalet aura toujours pour lui la beauté et la chaleur d'un matériau noble : le bois. Ainsi a-t-on immédiatement ici le cœur conquis par la montagne. L'immense salle à manger est une sorte de plate-forme suspendue que soutiennent quatre piliers : ses parois sont en verre, faisant entrer de toutes parts le cirque environnant jusque sur votre table. Table où sont servis un délicieux jambon fumé, des truites parfaitement accomodées et plusieurs variétés de champignons ramassés dans les environs. En hiver, une autre salle à manger est divisible en plusieurs petites salles indépendantes grâce à des panneaux coulissants. Et toujours, de tous les points de l'hôtel, une vue éblouissante sur la cascade dont la source jaillit à deux pas sur le cirque et sur les pentes boisées des montagnes.

♦ *Itinéraire d'accès : à 56 km de Besançon -Valdahon - Fuans - D 39 jusqu'au Cirque.*

Auberge le Moulin du Plain

**Goumois - 25470 Indevillers (Doubs)
Tél. 81.44.41.99 - M. Choulet**

♦ *Ouverture du 28 février au 15 novembre - Fermeture dimanche soir, lundi et mardi du 1er octobre au 15 novembre* ♦ *22 chambres avec s.d.b. (15 avec w.c.) - Prix des chambres : 125/190 F - Prix du petit déjeuner et horaire : 22 F - 8 h/9 h 30 - Prix demi-pension et pension : 210 F - 250 F (1 pers., 3 j. min.)* ♦ *Cartes de crédit : Eurocard - Carte bleue - MasterCard* ♦ *Chiens admis* ♦ *Possibilités alentour : Pêche - Promenades - Baignades en rivière - Centre de loisirs à 9 km en Suisse* ♦ *Restaurant : service 12 h/13 h 30 - 19 h 30/21 h - Fermeture dimanche soir et lundi du 1er octobre au 15 novembre - Menu : 74/135 F - Carte - Spécialités : Truite à l'échalote - Croûtes forestières aux morilles - Jambon de montagne.*

C'est l'hôtel favori des pêcheurs. Au bord même du Doubs avec sa plage de galets et de sable, au pied de la montagne et face à la Suisse, l'Auberge du Moulin du Plain, au grand toit en pente si caractéristique des fermes du Haut-Jura, est un havre de silence et de tranquillité. Les chambres, séduisantes dans leur simplicité, un petit salon, plusieurs cheminées, un bar doivent retenir les amateurs de pêche mais aussi ceux qui, voulant profiter de ce site exceptionnel, préfèreront les baignades en eau claire et les promenades (la Suisse est à quelques pas).

♦ *Itinéraire d'accès : à 53 km de Montbeliard D 437 St-Hippolyte - à 8 km D 437 b Goumois - Longer le Doubs pendant 4 km.*

Hôtel du Lac

**Bonlieu - 39130 Clairvaux-les-Lacs (Jura)
Tél. 84.25.57.11 - M. de Vos**

♦ *Ouverture du 1er décembre au 31 octobre* ♦ *39 chambres (6 avec s.d.b., 4 avec w.c.) - Prix des chambres : 160/225 F - Prix du petit déjeuner et horaire : compris - 8 h/9 h 30* ♦ *Cartes de crédit : Visa - MasterCard - Amex - Diners - Contact* ♦ *Chiens admis à l'hôtel* ♦ *Possibilités alentour : Pêche, tennis, baignade, voile, planche à voile, dans un rayon de 20 km, sur les lacs - Equitation à 500 m - Randonnées pédestres menant à cascades, belvédères, forêts, vignobles - Ski de fond, ski alpin, luge* ♦ *Restaurant : service 12 h 30/13 h 30- 19 h 30/21 h 30 - Menu : 80/155 F - Carte - Spécialités : Pâté de lapin en croûte - Filets de sandre au riesling - Tournedos au foie gras et girolles.*

Cet hôtel est un gros chalet rustique édifié sur les rives du lac de Bonlieu, en pleine forêt jurassienne.
Le salon, avec sa cheminée et ses confortables fauteuils, ouvre ses portes vitrées sur la terrasse, face au lac. Même orientation pour la salle à manger rustique, spacieuse et gaie. Les chambres, d'un confort très inégal, sont néanmoins toutes chaudes et soignées. Partout l'esprit des années 30 à l'origine de l'hôtel est présent, sauf au rez-de-chaussée, plus intime et contemporain.
Accueil des meilleurs et calme absolu sont des atouts qui finiront par vous conquérir.

♦ *Itinéraire d'accès : à 33 km de Lons-le-Saunier - à 10 km de Clairvaux-les-Lacs par RN 78 ou RN 5.*

Hotel de la Vouivre

39300 Champagnole (Jura)
Tél. 84.52.10.44 - M. P. Pernod

♦ *Ouverture du 1er mai au 15 décembre* ♦ *20 chambres avec tél., t.v., s.d.b. et w.c - Prix des chambres : 220/260 F - Prix du petit déjeuner et horaire : 23 F - 7 h/9 h 30 - Prix demi-pension et pension : 399 F - 469 F(1 pers., 3 j. min.)* ♦ *Carte de crédit : Carte bleue* ♦ *Chiens admis avec 29 F de supplément - Piscine et tennis à l'hôtel* ♦ *Possibilités alentour : Equitation - Voile - Canoë-kayak* ♦ *Restaurant : service 19 h 30/21 h - Fermeture du 15 décembre au 30 avril - Menu : 88/124 F - Spécialités : Truite au vin jaune - Filet de boeuf aux nouilles - Magret de canard truffé Lotte au beurre blanc.*

Depuis les dix années d'existence de l'hôtel la vigne vierge tente désespérément de recouvrir la façade, et l'hiver survient, rigoureux comme le veut la région, pour stopper ou voire ruiner son travail.
La Vouivre est néanmoins une belle étape un peu en dehors de Champagnole. Ses chambres confortables, sa piscine, son tennis et son calme en font une halte reposante dans cette belle région du Jura.

♦ *Itinéraire d'accès : à 89 km de Genève - à 34 km de Lons-le-Saunier.*

Le Moulin de la Mère Michelle

**Les Planches - 39600 Arbois (Jura)
Tél. 84.66.08.17 - M. Delavenne**

♦ *Ouverture du 15 mars à fin décembre* ♦ *10 chambres avec tél., s.d.b., w.c (3 avec t.v et minibar) - Prix des chambres : 170/350 F - Prix du petit déjeuner et horaire : 30 F - 8 h/9 h 30 - Prix demi-pension 600 F (2 pers., 3 j. min.)* ♦ *Carte de crédit : Visa* ♦ *Chiens admis avec 30 F de supplément - Piscine et tennis à l'hôtel* ♦ *Possibilités alentour : Equitation - Visite de caves - Circuits pédestres* ♦ *Restaurant : service 12 h/13 h 30 - 19 h 30/ 21 h - Fermeture vendredi midi et dimanche soir h.s - Menu : 100/320 F - Spécialités : Poularde de Bresse aux morilles et vin jaune - Truite au bleu et son fumet - Grenouilles au cerfeuil.*

Tout à fait en dehors des sentiers battus, sur la route de la Suisse, non loin d'Arbois, ville à l'opulent charme provincial des bourgs aux vignes et commerces prospères, on peut séjourner en pleine nature dans le sauvage cirque du fer à cheval. Ancien moulin à huile où l'on broyait des noix, restauré avec acharnement par son propriétaire qui a également mis beaucoup de soin dans les aménagements des chambres. Certaines sont d'un grand confort : teintes chaleureuses, pierre et poutres apparentes, minibar et lit à baldaquin (n°5 et 10), d'autres plus modestes. Sous la terrasse, plus depouillées et sans vue mais meilleur marché elles peuvent convenir tout à fait à des enfants. Pour parfaire le tout l'hôtel dispose d'une piscine et d'un tennis. Une bonne adresse dans un paysage calme et superbe.

♦ *Itinéraire d'accès : à 50 km de Besançon sud.*

Grand Hôtel du Parc

FRANCHE COMTÉ

**39430 Port-Lesney (Jura)
Tél. 84.37.81.41 - 84.37.87.08 - M. et Mme Brocart**

♦ *Ouverture de Pâques à la Toussaint* ♦ *16 chambres et 1 appartement (12 avec s.d.b., 1 avec w.c.) - Prix des chambres : 265/400 F - Prix du petit déjeuner et horaire : 30 F - à toute heure Prix demi-pension : 285 F - 300 F (1 pers., 3 j. min.)* ♦ *Cartes de crédit non acceptées* ♦ *Chiens admis - Billard et tennis à l'hôtel* ♦ *Possibilités alentour : Piscine 10 km - Pêche et baignades sur place - Equitation 12 km - Thermes 8 km - Promenades pédestres* ♦ *Restaurant : service 13 h et 20 h - Menu : 150/250 F - Carte - Spécialités : Crêpes du marquis - Poulet aux morilles - Gratakeka - Jésus en papillote - Crêpe du marquis.*

Une poésie certaine règne dans chaque espace de ce merveilleux endroit. Bâti au XVIIIe siècle, le château de Germigney possède un parc de 4 ha planté de beaux arbres centenaires au bord de la Loue. Un grand salon voûté avec cheminée, un autre plus petit qui loge la t.v. couleur et une salle de billard donnent une ambiance très charmante à cet endroit.
La salle à manger ouvre ses grandes verrières sur le parc et la terrasse, ombragée par une tonnelle sous laquelle on peut se rafraîchir et prendre les repas. Le bar est installé dans les caves où autrefois l'on faisait du vin. Les chambres, plus belles les unes que les autres, ont toutes les fenêtres donnant soit sur le jardin et la verdure soit sur le coteau. Partout, dans toute la maison, très beau mobilier ancien. Accueil chaleureux.

♦ *Itinéraire d'accès : à 40 km de Besançon, à 3 km de Mouchard.*

FRANCHE COMTÉ

Auberge du Vieux Moulin

**Aubigney - 70140 Pesmes (Haute-Saône)
Tél. 84.31.21.16 - Mmes L. et E. Mirbey**

♦ *Ouverture de fin février au 6 janvier*   ♦ *7 chambres avec tél. direct et s.d.b. (5 avec w.c.) - Prix des chambres : 185/265 F - Prix du petit déjeuner et horaire : 35 F - 8 h/10 h - Prix demi-pension et pension : 440/530 F - 670/730 F (2 pers., du dimanche soir au vendredi matin)*   ♦ *Cartes de crédit : Amex - Diners*   ♦ *Chiens admis*   ♦ *Possibilités alentour : Pêche - Canoë-kayak - Golf de Dijon-Bourgogne à 49 km, 18 T.*   ♦ *Restaurant : service 12 h/14 h 19 h 30/21 h - Menu : 95 F - 275 F (gastro) - Carte - Spécialités : Ris de veau aux morilles - Ecrevisses à la fine champagne - Cassolette d'escargots - Filets de carpe à ma façon.*

Cette propriété est dans la famille Mirbey depuis le XVIIIe siècle. Niché dans la verdure, baigné d'étangs et de ruisseaux, cet ancien moulin connut de nombreuses étapes. Transformé en scierie au siècle dernier, il fut ensuite aménagé en restaurant avant de devenir un petit hôtel à la demande des clients qui désiraient pouvoir y séjourner plus longtemps. Cadre enchanteur, cuisine délicieuse, cave bien sélectionnée. Une petite merveille... Réservation conseillée hors saison.

♦ *Itinéraire d'accès : à 20 km de Dôle entre Gray et Dôle - D 475 dir. Pesmes - Sauvigney-les-Pesmes - D 280 Aubigney.*

Château de Rigny

**Rigny - 70101 Gray (Haute-Saône)
Tél. 84.65.25.01 - Télex 362 926 - M. et Mme Maupin**

♦ *Ouverture du 1er février au 6 janvier* ♦ *24 chambres avec tél., s.d.b., w.c. et t.v. - Prix des chambres : 280/480 F (pour 4 pers. : 530 F) - Prix du petit déjeuner et horaire : 40 F - 7 h 30/10 h* ♦ *Cartes de crédit : Visa - Amex - Diners - Eurocard* ♦ *Chiens admis - Piscine chauffée, tennis et vélos à l'hôtel* ♦ *Possibilités alentour : Equitation 4 km - Sports nautiques 25 km - Promenades en sentiers pédestres - Pêche sur place* ♦ *Restaurant : service 12 h/14 h - 19 h/21 h 30 - Menu : 180/260 F - Carte - Spécialités : Panaché de la mer au beurre de sauternes - Magret de canard au miel - Persillé de lapin .*

Chargé d'une histoire très mouvementée, le château de Rigny fut reconstruit sous Louis XIII, et d'héritage en héritage devint un hôtel en 1962. Entouré d'un parc à l'anglaise de 5 ha avec rivière et étang, il s'impose dès l'arrivée avec un salon aménagé dans le magnifique hall d'entrée présidé par une belle cheminée de bois. Difficile de choisir entre les deux ravissantes salles à manger : l'une dans les tonalités roses, l'autre dans les tons bleu-vert. Le bar, d'un esprit déjà plus moderne, donne accès à la terrasse face au parc et à ses belles pelouses. Les chambres sont parfaites. Celles du corps principal sont bien sûr meublées et décorées d'époque; celles de l'annexe, plus récentes, bénéficient du même soin que le reste du château. Dans toutes, TV couleur et réveil automatique.
Service bar à l'extérieur. Propriétaires au contact chaleureux.

♦ *Itinéraire d'accès : à 45 km de Dijon - D70, Rigny (à 4 km de Gray).*

Les Alouettes

**77630 Barbizon (Seine-et-Marne)
Tél. 60.66.41.98 - Télex 693 580 - M. et Mme Marziou**

♦ *Ouverture toute l'année* ♦ *22 chambres avec tél., s.d.b et t.v. (16 avec w.c, 6 avec minibar) - Prix des chambres : 180/375 F - Prix du petit déjeuner et horaire : 30 F - 8 h/10 h 30* ♦ *Cartes de crédit : Amex - Diners - Visa* ♦ *Chiens admis - Tennis et sauna à l'hôtel* ♦ *Possibilités alentour : Piscine - Promenades* ♦ *Restaurant : service 12 h/14 h - 19 h/21 h30 - Fermeture dimanche soir - Menu : 135/200 F - Spécialités : Foie gras chaud aux champignons rouges - St Pierre à la nage - Lapereau au gingembre.*

Une maison de peintre qui se transforme en hôtel et à Barbizon qui plus est, cela mérite l'attention. L'hôtel est un peu à l'écart de la rue principale bordée de petites galeries d'art et parcourue de touristes. Au calme dans un parc se tiennent comme tombés du ciel, quelques rochers bellifontains. Dans la maison, ça et là, des détails rappellent la bohême confortable d'un professeur de philosophie à la Sorbonne, peintre à ses heures, qui jadis y tenait salon recevant Mallarmé, Paul Painlevé, Galtier-Boissière. De cette époque datent les peintures ornant les portes des chambres qui furent parfois ateliers. Elles sont charmantes, confortables, aux murs sont accrochées des affiches plus contemporaines. La salle à manger se met elle aussi à la peinture encore que là se mêlent aux toiles anciennes un tout-venant pictural qui n'aurait pas forcément ravi les précédents propriétaires. Mais enfin, cela est confortable, un peu inattendu et proche de Paris.

♦ *Itinéraire d'accès : à 57 km de Paris et à 10 km de Fontainebleau par l'autoroute A6 sortie Barbizon.*

Hostellerie de la Clé d'Or

ÎLE DE FRANCE

77630 Barbizon (Seine-et-Marne)
Tél. (1) 60.66.40.96 - Télex 692 131 - M. et Mme Gayer

♦ *Ouverture toute l'année* ♦ *15 chambres avec tél., s.d.b. et w.c. Prix des chambres : 280/450 F - Prix du petit déjeuner et horaire : 35F - 7 h 30/11 h* ♦ *Cartes de crédit acceptées* ♦ *Chiens admis* ♦ *Possibilités alentour : Fontainebleau - Musée de Barbizon - Tennis - Jogging* ♦ *Restaurant : service 12 h /14 h - 19 h 30/21 h Fermeture dimanche soir - Menu : 140/190 F - Carte - Spécialités : Salade de langoustines au beurre d'orange.*

En bordure de forêt, cet ancien relais de poste est le plus vieil établissement du calme et joli village de Barbizon.
C'est un hôtel traditionnel, cossu et très confortable, dont le point fort est certainement la gastronomie.
Mais outre l'attrait de la table, il en est d'autres : une belle salle à manger avec cheminée, une terrasse côté jardin où l'on peut prendre ses repas en saison et les chambres, toutes très calmes et très bien équipées, donnant de plain-pied sur une pelouse. Les meubles rustiques, de belle patine, les cuivres, les faïences et les tableaux disposés avec goût donnent à cet hôtel traditionnel sa note d'élégance.

♦ *Itinéraire d'accès : autoroute A 6 sortie Fontainebleau-Barbizon.*

Hostellerie du Moulin de Flagy

ILE DE FRANCE

**Flagy - 77940 Voulx (Seine-et-Marne)
Tél. (1) 60.96.67.89 - M. et Mme Scheidecker**

♦ *Ouverture du 20 janvier au 10 septembre et du 22 septembre au 17 décembre - Fermeture dimanche soir et lundi ♦ 10 chambres avec tél., s.d.b. et w.c. - Prix des chambres : 160/180 F (simple) 190/350 F (double) - Prix du petit déjeuner et horaire : 30 F - 7 h 45/11 h - Prix demi-pension et pension : 313 F - 443 F (1 pers., 4 j. min.) ♦ Cartes de crédit : Visa - Diners - Amex ♦ Chiens admis ♦ Possibilités alentour : Pêche - Promenades en forêt (Fontainebleau) - Tennis - Golf de Fontainebleau à 22 km, 18 T. ♦ Restaurant : service 12 h 15/14 h 15 - 19 h 30/21 h 15 Fermeture dimanche soir et lundi - Menu : 130/200 F - Carte Spécialités : Truite à l'oseille - Terrine de canard aux airelles - Filet de boeuf au bleu des Causses - Filet de canard aux baies de cassis.*

En 1965 des travaux de restauration ont redonné à cet ancien moulin à farine du XIIIe siècle son visage d'antan. Sous le crépi, on a retrouvé tout l'appareil en excellent état, les colombages d'origine, les tuileaux noyés de torchis, les pierres apparentes du rez-de-chaussée et le pignon avec sa belle voûte d'échappement. Et c'est une nouvelle vocation qu'on lui a donnée en aménageant dix chambres personnalisées et pourvues de tout le confort souhaité ainsi qu'une salle à manger ouvrant sur la rivière, une terrasse et un jardin. Un dîner aux chandelles vous est proposé le soir avec, en hiver, un bon feu de bois.

A une heure de Paris se trouvent ici réunis calme, confort et campagne.

♦ *Itinéraire d'accès : A 6 sortie Fontainebleau - N 6 sur 18 km - D 403 et tout de suite à gauche par D 120.*

Auberge Casa del Sol

ILE DE FRANCE

**Recloses - 77116 Ury (Seine-et-Marne)
Tél. (1) 64.24.20.35 - Télex 692 131
Mme Hude-Courcoul**

♦ *Ouverture du 1er février au 31 décembre - Fermeture lundi soir et mardi h.s* ♦ *10 chambres avec tél.direct, s.d.b. (7 avec w.c.) Prix des chambres : 200/300 F - Prix du petit déjeuner et horaire : 30 F - 8 h/10 h - Prix demi-pension et pension : 280 F - 410 F (par pers., 3 jours min.)* ♦ *Cartes de crédit : Diners - Amex - Visa - Carte bleue* ♦ *Chiens admis* ♦ *Possibilités alentour : Promenades en forêt - Rochers de Recloses - Sablières de Bourron Centre hippique - Visite des châteaux de Fontainebleau et Vaux-le-Vicomte* ♦ *Restaurant : service 12 h/14 h 30 - 19 h/21 h Fermeture mardi h.s - Menu : 130/155 F - Carte - Spécialités : Filet de julienne à la fondue de poireaux - Sauté d'agneau madras Rognons aux deux moutardes - Cuisine de saison.*

La Casa del Sol est à 40 minutes de Paris et à 10 minutes de Fontainebleau. Il s'agit d'une belle maison ancienne et fleurie, aux modestes proportions, et bien restaurée.
Les chambres sont très coquettes, de style rustique et confortables ; certaines sont aménagées un peu à l'écart, sous les combles ; toutes bénéficient d'un très grand calme.
De récentes transformations ont amélioré la salle à manger et le salon. Durant les beaux jours, les repas sont servis sur la terrasse. C'est une cuisine "traditionnelle et moderne, utilisant les produits frais du terroir". Colette Courcoul, la propriétaire, très attentionnée, sait mettre ses hôtes à l'aise avec une spontanéité et un naturel rares.

♦ *Itinéraire d'accès : sur A 6, sortie Ury (10 km au sud de Fontainebleau) - Recloses à 3 km.*

Demeure de la Catounière

**Sancy-les-Meaux
77580 Crécy-la-Chapelle (Seine-et-Marne)
Tél. (1) 60.25.71.74 - Télex 690 375
M. et Mme Balestier**

♦ *Ouverture toute l'année* ♦ *22 chambres avec tél. direct et t.v., s.d.b. et w.c. - Prix des chambres : 320 F - Prix du petit déjeuner et horaire : 35 F - 7 h 30/10 h 30 - Prix demi-pension et pension : 525 F - 695 F (1 pers.)* ♦ *Cartes de crédit : Eurocard - Diners* ♦ *Chiens admis avec 35 F de supplément - Piscine couverte et chauffée à l'hôtel, de Pâques à novembre - Tennis - Club hippique dans le parc* ♦ *Possibilités alentour : Golf de Boutisny à 3 km, 18 T.* ♦ *Restaurant : service 12 h 15/13 h 30 - 19 h 15/21 h - Fermeture 2e quinzaine août et du 18 décembre au 6 janvier - Menu : 170 F - Carte - Spécialités : Cuisine saisonnière.*

C'est une belle demeure du XVIIIe siècle qu'entoure un parc de 5 hectares dessiné par un élève de Le Nôtre.
Les vingt-deux chambres sont cependant bien d'aujourd'hui, modernes et fonctionnelles : toutes sont équipées d'une salle de bains, d'un téléviseur couleur, d'un minibar et d'un téléphone direct ; elles sont de plus insonorisées.
La salle à manger aux poutres apparentes est spacieuse. Le salon a été aménagé dans le style anglais avec de profonds fauteuils en cuir capitonné.
L'hôtel dispose d'une piscine, d'un tennis et d'un club hippique : on peut depuis l'hôtel et sa terrasse apercevoir la carrière d'équitation.

♦ *Itinéraire d'accès : à 53 km de Paris - A 4 sortie Crécy ou Meaux Bouleurs - Coulommes dir. Coulommiers - 1er village sur la D 228.*

Auberge du Gros Marronnier

ILE DE FRANCE

78720 Senlisse (Yvelines)
Tél. (1) 30.52.51.69 - Télex 689 473 - Mme Trochon

♦ *Ouverture toute l'année* ♦ *14 chambres avec tél.direct (12 avec s.d.b.et w.c.) - Prix des chambres : 242/295 F - Prix du petit déjeuner et horaire : 35 F - 8 h/11 h - Prix demi-pension et pension : 500 F - 730 F (2 pers., 8 j. min.)* ♦ *Cartes de crédit : Carte bleue - Amex - Diners - Eurochèque* ♦ *Chiens admis avec 45 F de supplément* ♦ *Possibilités alentour : Cheval - Tennis - Balades* ♦ *Restaurant : service 12 h/14 h 30 - 19 h 30/22 h Fermeture le jeudi du 15 octobre au 31 mars - Menu : 95/220 F Carte - Spécialités : Confit de canard - Terrines et foie gras maison Saumon fumé maison.*

Dans la région de la vallée de Chevreuse, au détour d'une rue du joli village de Senlisse, se trouve cette auberge charmante et simple comme son nom...
En passant sous le porche de l'autre côté de la cour on trouve un ravissant jardin de curé entouré de murs avec quelques arbres fruitiers, un puits, des petits bancs, d'où l'on découvre la belle église avoisinante. Une impression rassurante de campagne paisible qui continue à l'intérieur de la maison.
Les chambres aussi sont décorées avec goût, différentes les unes des autres tant par leur taille que par leurs détails. La cuisine savoureuse est dans la tradition de l'endroit. A partir du printemps, les tables dehors permettent de profiter encore plus du jardin et d'entendre les cloches sonner pour ce petit coin de paradis.

♦ *Itinéraire d'accès : à 40 km de Paris, à 15 km de Rambouillet - Près de Dampierre-en-Yvelines, entre Versailles et Rambouillet - N 306.*

ILE DE FRANCE

Le Temps Retrouvé

Auberge du Pont Hardi
78720 Senlisse (Yvelines)
1, rue du Couvent
Tél. (1) 30.52.50.78 - Télex 689 473 - M. Trochon

♦ *Ouverture toute l'année sauf du 1er au 15 mars - Fermeture le lundi* ♦ *6 chambres avec tél. et s.d.b (5 avec w.c.) - Prix des chambres : 300/380 F - Prix du petit déjeuner : 35 F - Prix demi-pension et pension : 700 F - 930 F(2 pers., 8 j.min.)* ♦ *Cartes de crédit : Carte bleue - Amex - Diners* ♦ *Chiens admis avec 45 F de supplément* ♦ *Possibilités alentour : Parc floral - Forêt de Rambouillet - Vallée de Chevreuse* ♦ *Restaurant : service 12 h/ 14 h 30 - 19 h/22 h - Fermeture le lundi - Menu : 160/220 /320 F - Carte - Spécialités : Ris de veau aux moules en cocotte - Gibier - Poisson - Pain et pâtisserie maison.*

Le Temps Retrouvé (anciennement l'auberge du Pont Hardi) est avant tout une bonne table. Située dans une des ruelles de Senlisse, cette ravissante et ancienne maison a la chance d'avoir sur l'arrière un grand et beau parc dont on profite toute l'année. Dès que le temps le permet, les tables sont dressées sur une terrasse ombragée, mais les larges baies vitrées de la salle à manger laissent apparaître en toute saison les frondaisons du parc.
Les quelques chambres sont toutes très confortables, le décor très soigné y créant une atmosphère feutrée.
Une bonne adresse pour ceux qui rêvent d'un week-end alliant détente et gastronomie.

♦ *Itinéraire d'accès : à 40 km de Paris, à 15 km de Rambouillet - N 306.*

Moulin d'Orgeval

ILE DE FRANCE

**78630 Orgeval (Yvelines)
Tél. (1) 39.75.85.74 - Télex 689 036 - Mme Douvier**

♦ *Ouverture du 2 janvier au 20 décembre* ♦ *14 chambres avec tél., s.d.b., w.c. et t.v. - Prix des chambres : 450/600 F (double) - Prix du petit déjeuner et horaire : 40 F - 7 h 30/11 h 30 -* ♦ *Cartes de crédit : Visa - Amex - Diners* ♦ *Chiens admis avec 45 F de supplément* ♦ *Possibilités alentour : Piscine à Poissy (7km) - Golf (4 km) - Parc de Thoiry (16 km)* ♦ *Restaurant : service 12 h 30/14 h 30 - 19 h 30/21 h 30 - Menu : 215/360 F - Carte - Spécialités : Foie gras maison - Poisson - Gigot croûte au sel.*

Le Moulin d'Orgeval est situé au bord de l'eau, au cœur d'un parc fleuri de 5 hectares. Une des îles, au milieu du parc, est le domaine réservé des oiseaux. C'est dire combien cet endroit peut ravir, par sa végétation et sa tranquillité, à une demi-heure seulement de la capitale. L'établissement propose 14 chambres d'un grand confort donnant sur la verdure.
Dans la salle à manger rustique agrémentée d'une rôtisserie au feu de bois sont proposées au fil des saisons des spécialités appréciées.

♦ *Itinéraire d'accès : à Paris A 13 direction Evreux - Rouen - Sortie Poissy - Vilennes.*

Hostellerie L'Oasis

**78740 Vaux-sur-Seine (Yvelines)
Tél. 34.74.09.17 - M. Loiseau**

♦ *Ouverture toute l'année* ♦ *7 chambres avec tél., s.d.b et w.c - Prix des chambres : 200/250 F - Prix du petit déjeuner et horaire : 45 F - 7 h30/11 h - Prix demi-pension et pension : 590 F - 1130 F (2 pers. 1 sem. min.)* ♦ *Carte de crédit : Carte bleue* ♦ *Chiens admis* ♦ *Possibilités alentour : Tennis - Canotage* ♦ *Restaurant : service 12 h 15/14 h 15 - 19 h 15/21 h 45 - Fermeture dimanche soir et lundi - Menu : 120/300 F - Carte - Spécialités : Poisson.*

Les guinguettes reviennent à la mode, en voici une. A défaut de bord de la Marne, c'est sur une île de la Seine, domaine privé très fin de siècle dernier, que l'on peut passer un "Dimanche à la campagne". La guinguette en fait est plus un hôtel-restaurant, l'on n'y "guinche" que lors des mariages qui se tiennent parfois là. Autrement, c'est une calme auberge proche de Paris. Pour ceux qui souhaiteraient oublier leur voiture, cette île de quiétude et de verdure ne se trouve qu'à un quart d'heure de marche de la gare. Une proximité que vantaient déjà les "réclames" du début de ce siècle. La salle à manger rappelle un peu que vous êtes dans l'ancien pavillon de chasse du château de Vaux-sur-Seine. Les chambres ont du charme ; de certaines d'entre elles l'on peut apercevoir le jardin glisser vers la Seine, la n°2 est séduisante tout comme la n°5, plus vaste bien que regardant de l'autre côté.

♦ *Itinéraire d'accès : direction A 13 - Gare St-Lazare, dir. Argenteuil.*

Auberge de Courpain

ILE DE FRANCE

91690 Fontaine-la-Rivière (Essonne)
Tél. (1) 64.95.67.04 - M. Tewe

♦ *Ouverture toute l'année* ♦ *17 chambres avec tél., s.d.b. (15 avec w.c.) - Prix des chambres : 270/400 F - Prix du petit déjeuner et horaire : 30 F - 8 h/10 h* ♦ *Cartes de crédit : Amex - Diners Carte bleue* ♦ *Chiens admis* ♦ *Possibilités alentour : Piscine et tennis 6 km - Equitation 2 km - Promenades pédestres - Etampes Châteaux* ♦ *Restaurant : service 12 h 30/14 h - 19 h 30/21 h 30 Menu : 120/160 F - Carte - Spécialités : Poisson de mer - Salade de homard - Foie gras - Confit de lapereau à la Beaujolaise.*

En pleine campagne, au bord d'une petite route de Beauce, cet ancien relais de poste se compose d'une ensemble de bâtiments au milieu d'un grand jardin. Depuis l'auberge un petit chemin nous conduit dans une belle vallée avec ses ruisseaux à truites et ses promenades.
Le salon et sa cheminée vous invitent au repos ou à la lecture dans une ambiance feutrée et calme. Vous aurez le choix entre trois salles à manger également spacieuses et agréables (nous avons eu un petit faible pour la salle à manger d'été avec ses amples verrières donnant sur le jardin). Les chambres toutes différentes sont décorées avec goût et les installations sanitaires ont bénéficié du même souci de confort et de raffinement.

♦ *Itinéraire d'accès : à 55 km de Paris, N 20, Etampes, D 721 direction Pithiviers - Fontaine-la-Rivière.*

Hostellerie de Villemartin

ILE DE FRANCE

**91150 Morigny (Essonne)
Tél. (1) 64.94.63.54 - M. Savignet**

♦ *Ouverture toute l'année sauf en août - Fermeture dimanche soir et lundi* ♦ *14 chambres avec tél., s.d.b. (11 avec w.c.) - Prix des chambres : 220/260 F - 300/350 F - Prix du petit déjeuner et horaire : 31 F - 8h/11h* ♦ *Cartes de crédit : Amex - Carte bleue Diners - Visa* ♦ *Chiens admis avec 50 F de supplément - Tennis à l'hôtel - Parc de 17 ha* ♦ *Possibilités alentour : Promenades pédestres - Equitation - Aéroclub - Golf à 4 km* ♦ *Restaurant : service 12 h/14 h 30 - 20 h/21 h 30 - Fermeture dimanche soir et lundi - Menu : 95/150F - Menu dégustation 280 F - Carte Spécialités : Coquilles St-Jacques aux champignons sauvages Paupiettes de soles - Foie gras frais de canard - Aumônière de crêpes.*

Accolée à une ferme fortifiée du XVIe siècle, cette charmante gentilhommière se dresse au milieu d'un parc boisé de 17 ha agrémenté d'un étang et d'une rivière. Quelques-unes des grandes chambres confortablement restaurées dans un style rustique donnent sur la terrasse à l'italienne d'où l'on peut admirer le parc.
Les salles de bains sont spacieuses et raffinées.
La cuisine est d'excellente qualité et vous pourrez au cours d'un dîner aux chandelles savourer le calme de l'endroit. L'accueil est très chaleureux.

♦ *Itinéraire d'accès : à 48 km de Paris sur la N 20 entre Etampes et Etrechy.*

Auberge du Moulin de Jarcy

ILE DE FRANCE

Varennes-Jarcy - 91480 Quincy-sous-Sénart (Essonne)
Tél. (1) 69.00.89.20 - M. Le Moign

♦ *Ouverture du vendredi au dimanche du 15 janvier au 30 juillet et du 22 août au 22 décembre* ♦ *5 chambres sans s.d.b. - Prix des chambres : 170/200 F - Prix du petit déjeuner et horaire : 30 F - à partir de 8 h* ♦ *Cartes de crédit : Carte bleue - Visa* ♦ *Chiens non admis* ♦ *Possibilités alentour : Centre hippique et tennis à proximité - Promenades en forêt de Sénart - Possibilité de pêche avec permis* ♦ *Restaurant : service 12 h/14 h - 19 h 30/21 h - Fermeture mercredi et jeudi - Menu : 80/130 F - Carte - Spécialités : Terrine du chef - Ris de veau aux trompettes - Rognons de veau aux cèpes.*

Si la meunerie ancienne avec ses roues à aubes et ses machineries vous intéresse, il ne faut pas hésiter à vous rendre dans cet ancien moulin du XIIe siècle en bordure de l'Yerres et bien restauré. Il propose 5 chambres aux poutres apparentes et meublées en style rustique. De la salle à manger d'hiver avec cheminée, on aperçoit la roue du moulin toujours en état de marche. En été, il est possible de prendre les repas face à la rivière et à la verdure.
(Prenez la précaution de réserver si vous souhaitez venir déjeuner le dimanche.)

♦ *Itinéraire d'accès : à 28 km de Paris - N 6 - Pont de Charenton - N 19 - Villecresnes, dir. Mandres-les-Roses, Périgny-Varennes.*

ILE DE FRANCE

Château de Chaumontel

**Chaumontel - 95270 Luzarches (Val-d'Oise)
Tél. (1) 34.71.00.30 - Télex 609 730 - M. et Mme Rigard**

♦ *Ouverture toute l'année*   ♦ *20 chambres avec tél. (16 avec s.d.b., 18 avec w.c.) - Prix des chambres : 340/380 F - 610/650 F (suites) - Prix du petit déjeuner et horaire : 31 F - 7 h/10 h 30 - Prix demi-pension et pension : 700 F - 1 000 F (2 pers.,3 j. min. ou week-end)*   ♦ *Cartes de crédit : Amex - Carte bleue - Visa* ♦ *Chiens admis* ♦ *Possibilités alentour : Piscine à 9 km - Tennis à 500 m - Equitation - Chantilly - Abbaye de Royaumont - Musée d'Ecouen* ♦ *Restaurant : service 12 h/14 h 15 - 19 h/21 h 30 - Menu : 149 F - Carte - Spécialités : Salade de St-Jacques aux pommes - Raclette de filet de canard - Flan de pintadeau au cacao amer - Poisson - Crustacés.*

Dans un parc de 4 ha, entouré d'arbres tricentenaires, cet adorable château vous conquiert dès le premier coup d'œil. Bâti aux XVe, XVIe et XVIIIe siècles, ancien rendez-vous de chasse des princes de Condé, relais entre les châteaux d'Ecouen et de Chantilly, il fut le cadre de nombreux films. Deux salles à manger très agréables se partagent le rez-de-chaussée. A l'étage, un salon avec t.v. et les chambres. Elles sont superbes, toutes différentes dans le choix des tissus et des papiers. La merveilleuse terrasse bénéficie du service bar et restauration. Excellent accueil.

♦ *Itinéraire d'accès : à 32 km de Paris par la porte de La Chapelle N 16 Dir. Chantilly - Luzarches. Chaumontel.*

Relais du Val d'Orbieu

LANGUEDOC ROUSSILLON

11200 Ornaisons (Aude)
Tél. 68.27.10.27 - M. et Mme Gonzalvez

♦ *Ouverture toute l'année - Fermeture dimanche soir de novembre à février* ♦ *15 chambres et 8 appart. de 2 à 4 pers. avec tél. direct, s.d.b. et w.c. - Prix des chambres : 300/690 F - 600/1200 F (appart.) - Prix du petit déjeuner et horaire : 50F - 7h30/11h - Prix demi-pension 650 F (1 pers.)* ♦ *Cartes de crédit acceptées*
♦ *Chiens admis avec supplément - Piscine, tennis et pactice de golf à l'hôtel* ♦ *Possibilités alentour : Narbonne - Citadelles cathares Abbaye de Fontfroide - Vignobles* ♦ *Restaurant : service 12 h/14 h 19 h 30/21 h 30 - Fermeture dimanche soir de novembre à février - Menu : 145/345 F - Carte - Spécialités : Côtelette de saumon fumé Carré d'agneau - Feuilleté chocolat au café et pistache.*

Le Relais est un ancien moulin totalement rénové qui fait face au superbe paysage de la Montagne Noire. A l'intérieur de cette longue bâtisse, une décoration raffinée crée une ambiance calme et feutrée. Les chambres de plain-pied avec le jardin fleuri sont toutes d'un très bon confort, et au matin on vous y servira de délicieux et copieux petits déjeuners avec au menu des jus de fruits frais, des pâtisseries et confitures maison, des fromages avec un grand choix de thés ou de cafés. Il faut dire que le Relais est une bonne table et possède une très riche cave de vins de la région.

♦ *Itinéraire d'accès : à 14 km de Narbonne - soit A 61 sortie Lézignan - D 24 - Ornaisons - soit A 9 sortie Narbonne sud - N 113 dir. Carcassonne - D 24 - Ornaisons.*

LANGUEDOC ROUSSILLON

Château de Violet

**Peyriac - 11160 Caunes Minervois (Aude)
Tél. 68.78.10.42 - Télex 505 077 - M. et Mme Faussié**

♦ *Ouverture du 1er juin au 1er octobre, sur réservation du 1er octobre au 1er juin* ♦ *16 chambres ou appartements avec tél. direct, s.d.b. et w.c. - Prix des chambres : 280/580 F - Prix du petit déjeuner et horaire : 50 F - à partir de 8 h - Prix demi-pension et pension sur demande (1 pers. 3 j. min.)* ♦ *Cartes de crédit : Diners - Eurocard - Amex - Visa - MasterCard* ♦ *Chiens admis avec supplément - Piscine à l'hôtel* ♦ *Possibilités alentour : Cité de Carcassonne - Montagne Noire - Vignobles du Minervois - Promenades à pied et à cheval - Tennis* ♦ *Restaurant : service 13 h et 19 h 30 - Menu : 150/195 F - Carte - Spécialités : Cuisine régionale allégée.*

Situé sur l'ancien tracé de la voie romaine, entre Narbonne et Carcassonne, le château de Violet a le charme d'une vieille maison de campagne.
Les chambres donnant sur le parc ou sur les terrasses sont d'un confort simple.
Le salon et la salle à manger sont deux pièces chaleureuses. Sa situation au milieu d'un domaine viticole fait de cet hôtel-restaurant un lieu idéal de repos. Cuisine régionale réinventée. Accueil souriant et personnalisé.

♦ *Itinéraire d'accès : à 25 km de Carcassonne - Carcassonne-est - Route Minervoise - Villalier - Villegly - Peyriac - de Béziers sortie Béziers-ouest - Capestang - Olonzac - Pépieux - Violet.*

Castel de Villemagne

LANGUEDOC ROUSSILLON

**Villemagne - 11310 Saissac (Aude)
Tél. 68.94.22.95 - Mme de Vézian Maksud**

♦ *Ouverture du 1er avril au 1er novembre (en mars sur réservation)* ♦ *7 chambres avec tél. direct, s.d.b. et w.c. - Prix des chambres : 195/360 F - Prix du petit déjeuner et horaire : 32 F 8 h/10 h - Prix demi-pension 320 F (1 pers., 3 j. min.)* ♦ *Cartes de crédit : Visa - Eurocard* ♦ *Chiens admis* ♦ *Possibilités alentour : Lac à 10 km - Région historique du Cabardes - Circuit cathare - Montagne Noire* ♦ *Restaurant : service 12 h 30/13 h 30 19 h 30/20 h 30 - Fermeture à midi sauf week-end et fêtes - Menu : 85/160 F - Carte - Spécialités : Cassoulet - Marcassin -Confit de canard.*

C'est entre Mazamet et Carcassonne, dans un joli village de la Montagne Noire que C. Vézian de Reganhac reçoit ses visiteurs dans son manoir des XIVe et XVIIIe siècles. Aménagée seulement depuis quatre ans en hostellerie, la maison a gardé son esprit de vieille maison de famille. Les grandes armoires, les bergères Napoléon III donnent aux chambres le charme désuet que l'on aime retrouver à la campagne.
Dès les beaux jours, c'est dans le jardin qu'il vaut mieux prendre son petit déjeuner pour profiter du parc et de la vue sur les Pyrénées.
Très attachée à son pays, Mme de Reganhac se fera un plaisir de vous documenter sur l'Occitanie ou l'époque cathare.

♦ *Itinéraire d'accès : à 30 km de Carcassonne - Saissac - Villemagne.*

Hôtel Marie d'Agoult

**Arpaillargues - 30700 Uzès (Gard)
Tél. 66.22.14.48 - Télex 490 415 - M. Savry**

♦ *Ouverture du 15 mars au 2 novembre* ♦ *27 chambres avec tél. direct, s.d.b. et w.c. - Prix des chambres : 350/680 F -950 F - Prix du petit déjeuner et horaire : 45 F - 7 h 30/10 h 30 - Prix demi-pension et pension : 760/1360 F - 1 100/1700 F (2 pers.,3 j. min.)*
♦ *Cartes de crédit : Amex - Diners - Visa - Eurocard* ♦ *Chiens admis avec supplément - Piscine et tennis à l'hôtel* ♦ *Possibilités alentour : Equitation - Golf à Nîmes - Cévennes* ♦ *Restaurant : service 12 h 30/13 h 30 - 19 h 30/21 h - Fermeture mercredi h.s. Menu : 120 F (à midi seulement sauf samedi et dimanche) - Carte Spécialités : Petite crêpe de brandade en aubergine coulis de tomates - Lasagnes vertes de saumon - Parfait glacé au zan sauce menthe.*

Cet hôtel occupe le château d'Arpaillargues, belle demeure du XVIIIe où vécut Marie de Flavigny, compagne de Liszt.
Les chambres sont confortables et meublées avec goût. Si l'on veut une terrasse, on peut choisir dans le bâtiment principal la chambre numéro 1 sous les toits ou préférer dans le corps latéral les chambres 15 et 16 qui possèdent une terrasse de plain-pied sur le jardin ; enfin choisir dans l'annexe la 28, un petit duplex avec terrasse couverte. Le raffinement et le professionnalisme de l'ensemble feront oublier l'accent un peu froid et compassé. Joli bar, déjeuner l'été au bord de la piscine, petit déjeuner et dîner dans le jardin quand il fait beau font de cet hôtel un lieu de séjour des plus agréables. Cuisine légère et raffinée.

♦ *Itinéraire d'accès : à 4 km d'Uzès. D 982 dir. Anduze - à 25 km de Nîmes (de Narbonne) dir. Alès N 106 Calmette, D 22 dir. Uzès, Arpaillargues.*

Mas Quayrol

LANGUEDOC ROUSSILLON

Aulas - 30120 Le Vigan (Gard)
Tél. 67.81.12.38 - M. Grenouillet

♦ *Ouverture de fin avril à début novembre* ♦ *16 chambres avec tél. direct, s.d.b. et w.c. - Prix des chambres : 230/250 F - Prix du petit déjeuner : 26 F* ♦ *Carte de crédit : Visa* ♦ *Chiens admis - Piscine à l'hôtel* ♦ *Possibilités alentour : Musée cévenol au Vigan Parc national des Cévennes - Canoë-kayak (17 km) - La Couvertoirade (40 km) - Grotte des Demoiselles (20 km)* ♦ *Restaurant : service 12 h/14 h - 19 h/22 h - Menu : 98/160 F - Carte - Spécialités : Salade de chevrier - Cuissot de canard - Confit aux morilles - Escalope de veau aux cèpes.*

Aulas est à quelques kilomètres du Vigan, ancienne bourgade industrielle spécialisée dans la filature au siècle dernier, qui est encore aujourd'hui une ville gaie et animée. A 5 km, sur la fameuse route du col du Minier, on aperçoit Aulas au milieu des châtaigniers. L'hôtel, qui surplombe le village, offre de toutes parts une vue panoramique sur la vallée. Les poutres, les murs lambrissés de lattes de pin, les tons de brun de la décoration créent une atmosphère rustique très sympathique. Les chambres très sobres sont cependant toutes pourvues d'un bon confort.
Partout de grandes baies vitrées permettent de profiter de la nature environnante, la piscine elle-même étant en balcon sur le paysage.

♦ *Itinéraire d'accès : à 67 km de Montpellier - Le Vigan - D 999 dir. Millau - D 48 dir. Mont-Aigoual - Aulas.*

LANGUEDOC ROUSSILLON

Mas de Rivet

30430 Barjac (Gard)
Tél. 66.24.56.11 - 66.24.52.18 - M. et Mme Maillet

♦ *Ouverture du 1er juin au 30 septembre   ♦ 9 chambres avec s.d.b. et w.c. - Prix des chambres : 180/260 F - Prix du petit déjeuner et horaire : 25 F - 7 h/10 h - Prix demi-pension : 450 F (2 pers., 3 j. min.) - Obligatoire en juillet/août   ♦ Cartes de crédit non acceptées   ♦ Chiens admis - Piscine à l'hôtel*
♦ *Possibilités alentour : Aven d'Orgnac (7 km) - Bambouseraie de Prafrance (30 km) - Descente des gorges de l'Ardèche (13 km)*
♦ *Restaurant : service 19 h/20 h 30 - Menu : 80 F - Spécialités : Grillades au feu de bois - Volaille fermière.*

Ce grand mas, récemment rénové dans le style austère du pays, se trouve en pleine garrigue, à l'écart du village.
Il est situé sur une hauteur et devant vous s'étend un vaste panorama vers la vallée de la Cèze, la plaine languedocienne et les crêtes cévenoles.
Dans la maison, même austérité, même simplicité qui ne cède cependant en rien au confort bien assuré dans toutes les chambres.
Le propriétaire très amical se fera un plaisir de vous conseiller sur les promenades ou excursions que vous offre la région.
Un salon de télévision avec des jeux de société et une bibliothèque permettent aussi de distraire les soirées. Un bon hôtel pour des vacances de vrai repos à 700 m d'altitude.

♦ *Itinéraire d'accès : à 37 km de Pont St Esprit - A7 sortie Bollène dir. Pont St Esprit - Barjac (hôtel fléché).*

Les Termes

30430 Barjac (Gard)
Tél. 66.24.56.31 - M. et Mme Marron

♦ *Ouverture de mars à fin octobre (sur réservation en hiver)*
♦ *10 chambres avec tél., s.d.b. et w.c. - Prix des chambres : 230/310 F - Prix du petit déjeuner et horaire : 25 F - 8 h/10 h 30 - Prix demi-pension : 365/415 F (2 pers., 3 j.min.)* ♦ *Cartes de crédit acceptées* ♦ *Petits chiens admis* ♦ *Possibilités alentour : Piscine - Tennis (4 km) - Baignades en rivière - Canoë-kayak - Gorges de l'Ardèche (13 km) - L'aven d'Orgnac (7 km) - Spéléologie* ♦ *Restaurant : service 19h30/21h - Menu : 90/180 F Spécialités : Lotte aux petits légumes - Jambonnette d'agneau à la fleur de thym et au flan d'aïl.*

Barjac, vieux bourg perché au-dessus de la plaine de Roméjac, est un centre de tourisme très fréquenté en été. C'est pourquoi l'auberge des Termes, située en pleine campagne, au milieu des vignes, à 3 km du village, est aussi une adresse précieuse.
On a conservé l'esprit campagnard de cette ancienne magnanerie : pierre de taille, voûtes dans le salon, bar dans la cour intérieure... En plus des chambres sympathiques et confortables, trois appartements ont été aménagés pour la location.
Une fois par semaine, les jeunes propriétaires organisent une soirée autour d'un plat unique créant une ambiance amicale et décontractée.

♦ *Itinéraire d'accès : à 14 km de Mende - autoroute A 7 sortie Bollène - sur la D 901 à 3 km avant Barjac.*

Croquembouche

**Courry - 30500 Saint-Ambroix (Gard)
Tél. 66.24.13.30 - M. et Mme Labrosse**

♦ *Ouverture du 15 mars au 15 novembre - Fermeture mardi h.s.*
♦ *5 chambres avec tél., s.d.b. et w.c. - Prix des chambres : 230/250 F - Prix du petit déjeuner et horaire : 28 F - 8 h/10 h - Prix demi-pension : 230 F (par pers., 3 j. min.)* ♦ *Carte de crédit : Carte bleue* ♦ *Chiens admis avec 30 F de supplément à l'hôtel seulement - Piscine à l'hôtel* ♦ *Possibilités alentour : Tennis - Equitation - Baignades en rivière* ♦ *Restaurant : service 12 h/14 h - 19 h/21 h - Fermeture mardi h.s. - Menu : 70/230 F Carte - Spécialités : Ris de veau aux cèpes - Terrine de poisson à la St-Jacques - Filet de saint-pierre en papillote.*

Le Croquembouche, ancien mas restauré au XVIIIe siècle, entre Gard et Ardèche, est un mariage très réussi entre les vieilles pierres et un bel ameublement moderne que les exigences d'un grand confort n'ont troublé d'aucune fausse note. Dans ce cadre de campagne, on s'est bien gardé de toucher à l'harmonie des volumes d'origine et aux beaux appareillages en voûte de pierre sèche, utilisés judicieusement pour la salle à manger et le salon. Les chambres confortables et sobres, sans sécheresse pour autant, donnent l'impression d'être dans une maison d'amis à la campagne, plus que dans un hôtel.
Une jolie piscine pour les chaudes journées d'été et un accueil sympathique confirment agréablement cette impression.

♦ *Itinéraire d'accès : à 19 km d'Alès - St-Ambroix - D 904 direction Aubenas-Alès.*

L'Auberge Cévenole

LANGUEDOC ROUSSILLON

**30110 La Favède (Gard)
Tél. 66.34.12.13 - M. Chabaud**

♦ *Ouverture du 1er mars au 15 novembre ♦ 18 chambres avec tél. direct, s.d.b. et w.c. - Prix des chambres : 250/600 F - Prix du petit déjeuner et horaire : 45 F - 7 h 30/10 h - Prix demi-pension 300/550 F (1 pers., 3 j. min)   ♦ Carte de crédit : Carte bleue ♦ Chiens non admis - Piscine à l'hôtel ♦ Possibilités alentour : Promenades - Musée du Désert - Bambouseraie ♦ Restaurant : service 12 h/14 h - 19 h 30/21 h - Menu : 150/250 F - Carte Spécialités : Escargots à la cévenole nouvelle façon - Crépinette de Jannot Lapin - Poissons à la vapeur.*

Plus de trace des Cévennes noires dans cet îlot de verdure où le jardin se confond avec la colline environnante. A l'intérieur règne un confort de maison cossue ; murs tendus de tissu, moquette et tables juponnées décorent les chambres et le salon. On ressent partout qu'on est très attentif à votre confort et à votre agrément.
En été le jardin fleuri et ombragé, la grande piscine, le calme des lieux garantissent aussi un agréable séjour ou une étape reposante. A noter encore que la cuisine y est fort bonne.

♦ *Itinéraire d'accès : à 58 km de Nîmes - N 106 B - à 2,5 km de la Grand-Combe par D 283.*

Hostellerie du Château de Cubières

**30150 Roquemaure (Gard)
Tél. 66.82.64.28 - M. et Mme Wagner**

♦ *Ouverture toute l'année* ♦ *19 chambres avec tél., s.d.b. et w.c. Prix des chambres : 185/280 F - Prix du petit déjeuner et horaire : 27 F - 8 h/11 h - Prix demi-pension et pension : à la demande (1 pers., 3 j. min.)* ♦ *Cartes de crédit non acceptées* ♦ *Chiens admis avec supplément* ♦ *Possibilités alentour : Pêche, tennis, piscine à 500 m - Equitation 1 km - Festivals d'Orange et d'Avignon* ♦ *Restaurant : service 12 h/13 h 30 - 19 h 30/21 h - Tél. 66.82.89.33 - Fermeture dimanche soir, lundi et mardi - Menu : 110/175 F - Spécialités : Croustillant de rascasse aux poivrons doux.*

Dans un parc de 2, 5 ha, au cœur des vignobles des Côtes du Rhône, cette demeure du XVIIIe possède tout le charme d'autrefois, le confort en plus. Chaleureux, d'une grande gentillesse, l'accueil fait par cette famille ravira le touriste qui appréciera ici encore la "douceur de vivre" provençale. Un salon avec t.v., vieillot et savoureux, est attenant à une salle très agréable pour les petits déjeuners. Ils donnent tous deux sur la terrasse, ombragée par les arbres centenaires, et sur le jardin. Les chambres sont toutes différentes, spacieuses et dans le même esprit que le reste de la maison. Partout un beau mobilier ancien qui mélange styles et époques. La salle à manger se trouve dans un autre corps de bâtiment où vous est proposée une cuisine particulièrement soignée. A la belle saison, service bar et restaurant à l'extérieur.

♦ *Itinéraire d'accès : à 11 km d'Orange. A 7 sortie Orange - D 580 Roquemaure.*

Hostellerie de Varenne

LANGUEDOC ROUSSILLON

Sauveterre - 30150 Roquemaure (Gard)
Tél. 66.82.59.45 - M. Duplay

♦ *Ouverture toute l'année* ♦ *15 chambres avec tél., s.d.b. (10 avec w.c.) - Prix des chambres : 140/180 F - Prix du petit déjeuner et horaire : 22 F - 7 h 30/10 h 30* ♦ *Cartes de crédit non acceptées* ♦ *Chiens admis* ♦ *Possibilités alentour : Tennis à 5 km - Piscine à 3 km - Equitation à 10 km - Avignon à 10 km* ♦ *Restaurant : service 12 h/13 h 30 - 19 h 30/21 h 30 - Fermeture lundi et mardi midi sauf juillet et août - Menu : 120/200 F Spécialités : Cassolette d'escargots grand-mère - Gibier en saison.*

Cette gentilhommière du siècle dernier d'un goût très italianisant est bâtie sur les hauteurs du village, dominant ainsi la vallée du Rhône. L'intérieur est confortable, aménagé avec goût et, de l'ensemble, se dégage une ambiance de vieil hôtel provençal.
Les chambres sont spacieuses. Elles donnent sur une grande terrasse (agrémentée d'une fontaine) qui surplombe des jardins étagés. Des tables sont disposées sous une belle tonnelle.
Un accès direct à l'hôtel est possible mais en gravissant depuis le parking les escaliers du jardin, vous pourrez saisir d'un seul coup d'œil les charmes diffus d'une Italie dont on se souvient, mêlés à ceux de la Provence.

♦ *Itinéraire d'accès : à 12 km d'Avignon - à 9 km d'Orange - A 7 sortie Orange - Roquemaure-Sauveterre.*

Auberge du Pont Romain

**30250 Sommières (Gard)
Tél. 66.80.00.58 - Mme M. Michel**

♦ *Ouverture du 15 mars au 15 janvier*   ♦ *18 chambres avec tél., s.d.b (16 avec w.c) - Prix des chambres : 155/320 F - Prix du petit déjeuner et horaire : 30 F - 8 h/10 h - Prix demi-pension 270/350 F (par pers., 3 j. min.)*   ♦ *Cartes de crédit : Amex - Diners - Carte bleue* ♦ *Chiens admis - Piscine à l'hôtel* ♦ *Possibilités alentour : Pêche en rivière - Golf*   ♦ *Restaurant : service 12 h/13 h30 - 20 h/21 h 30 - Fermeture le mercredi - Menu : 140 /200 F - Carte Spécialités : Foie gras de canard mi-cuit - Escargots au roquefort - Gigot à la crème d'aïl - Profiteroles à la brandade nîmoise.*

Côté rue c'est d'abord une façade austère, l'air sombre d'une caserne, l'amabilité d'une prison ; l'hôtel a du mal à cacher ses antécédents. Fabrique de tapis au XIXe siècle, puis tour à tour blanchisserie ou distillerie, et ce jusqu'en 1968. Mais une fois le porche franchi, un visage plus attrayant se dévoile, fleurs et arbres poussent à foison et adoucissent la vieille manufacture. Ce jardin salvateur s'ouvre sur le Vidourle qui coule là, traversant la ville, et abrite piscine et terrasse fleurie. Est-ce à leurs vastes proportions que les chambres doivent ce petit côté pensionnat qu'elles semblent parfois affectionner ? Quoi qu'il en soit, préférez-les sur le jardin, la plus tentante étant la n°8, dont la terrasse, perdue dans des branches de platanes, surplombe la rivière Une bonne adresse, originale et gourmande. Le seul hôtel de France sur lequel trône une cheminée d'usine.

♦ *Itinéraire d'accès : à 28 km de Nîmes et de Montpellier - A9 sortie Gallargues-le-Montrieux.*

L'Atelier

LANGUEDOC ROUSSILLON

30400 Villeneuve-les-Avignon (Gard)
Rue de la Foire, 5
Tél. 90.25.01.84 - M. Garnier

♦ *Ouverture toute l'année sauf en janvier* ♦ *19 chambres avec tél., s.d.b, w.c et t.v - Prix des chambres : 200/350 F - Prix du petit déjeuner et horaire : 26 F - 7 h 15/10 h 30* ♦ *Cartes de crédit : Amex - Diners - Visa* ♦ *Chiens admis* ♦ *Possibilités alentour : Avignon à 3 km - La Provence romaine* ♦*Pas de restaurant à l'hôtel .*

De l'autre côté du Rhône, "hors Avignon", serait-on tenté de dire, dans la petite ville de Villeneuve-les-Avignon dont les maisons se ramassent au pied du fort St-André qui contemple impassible la cité des papes (Villeneuve fut celle des évêques), se trouve l'hôtel de l'Atelier. Cette paisible maison de village a plus d'un charme cachés : une enfilade de patios fleuris ombragés de figuiers, une terrasse sur les toits où l'on peut prendre un verre, le thé ou une collation plus matinale et surtout des chambres très séduisantes, chacune d'entre elles ayant sa propre atmosphère. La forme et la taille des pièces varient, tout comme la décoration et l'ameublement ancien : telle chambre détient une belle coiffeuse, telle autre un secrétaire ; à vous de trouver la vôtre, en somme. Une petite faiblesse pour la chambre n°41 : sous les toits, elle en épouse les formes mais reste fraîche (air conditionné), une petite estrade permet d'apercevoir Avignon par la haute fenêtre. Pas de restaurant mais Avignon n'est pas loin, et à Villeneuve même l'on dîne fort bien pour un prix raisonnable à la Calèche. Une adresse précieuse : beaucoup

♦ *Itinéraire d'accès : à 3 km d'Avignon.*

Mas de Couran

**34970 Lattes (Hérault)
Tél. 67.65.57.57 - M. et Mme Le Boedec**

♦ *Ouverture toute l'année* ♦ *13 chambres avec tél.direct, s.d.b et w.c - Prix des chambres : 245/325 F - Prix du petit déjeuner et horaire : 31 F - 7 h 30/10 h - Prix demi-pension et pension : 335 F 435 F (par pers. 3 j. min.)* ♦ *Cartes de crédit : Diners - Visa - Carte bleue* ♦ *Chiens admis - Piscine à l'hôtel* ♦ *Possibilités alentour : Montpellier à 5 km - Tennis - Golf* ♦ *Restaurant : service 12 h/13 h 30 - 19 h 30/21 h 30 - Fermeture le dimanche soir et lundi h. s - Menu : 95/220 F - Carte - Spécialités : Feuilleté de St-Jacques - Ris de veau à l'orange - Magret de canard aux figues.*

Tout d'abord ne vous laissez surtout pas effrayer par des alentours assez peu séduisants : noeuds routiers, zones industrielles et commerciales. Pas plus qu'il ne faut se laisser décourager par un fléchage qui ne facilitera qu'assez peu votre quête à travers cette campagne des environs de Montpellier. Mais une fois arrivé à bon port, devant cette maison bien carrée qui se bleuit de glycines plusieurs fois l'an vous serez bien récompensé de votre peine et de votre persévérance. La belle pelouse qu'ombragent quelques vieux pins s'achève par une piscine ; thés et déjeuners peuvent se prendre dans ce jardin coloré, l'on dîne dans la salle à manger et sur les terrasses sur lesquelles elle ouvre. Cette dernière, comme le salon, a le côté douillet que pourrait avoir une bonne pension de famille d'autrefois. La plupart des chambres qui ont été récemment refaites sont pourvues des attributs du meilleur confort (tv, minibar, téléphone), la n°4 a une belle terrasse privée ; sous les combles elles vous montrent leur poutres, tandis qu'au rez-de-chaussée elles ouvrent sur ce jardin qui embaume.

♦ *Itinéraire d'accès : à 5 km de Montpellier - A9 sortie Montpellier sud, route de Palavas, direction Lattes.*

Château de Madières

**Madières - 34190 Ganges (Hérault)
Tél. 67.73.84.03 - Mme F. Brucy**

♦ *Ouverture de Pâques au 2 novembre - Fermeture le mardi h.s* ♦ *10 chambres avec tél. direct, s.d.b., w.c. et t.v. - Prix des chambres : 400/650 F - 750/930 F (Appart.) - Prix du petit déjeuner et horaire : 45 F - 8 h/10 h 30 - Prix demi-pension : 675/900 F (2 pers., 3 j. min)* ♦ *Cartes de crédit : Visa - Eurocard MasterCard* ♦ *Chiens admis avec supplément* ♦ *Possibilités alentour : Tennis - Equitation (6 km) - Pêche à la truite - Gorges de la Vis - Cirque de Navacelles - Grotte des Demoiselles - Saint-Guilhem-le-Désert* ♦ *Restaurant : service 12 h/14 h - 19 h 30/21 h Fermeture mardi h. s - Menu : 130/230 F - Carte - Spécialités : Magret de canard - Entrecôte au roquefort.*

Dans un parc de 5 ha, le château de Madières occupe l'emplacement d'une ancienne place forte des XIVe et XVIe siècles. L'imposante bâtisse construite en pierre du pays a su s'adapter aux exigences de l'hôtellerie.
Dans la cour, couverte par la verrière, on a installé le salon où le rotin et les plantes vertes créent une ambiance accueillante. Les chambres se développent autour de ce patio, toutes très confortables, avec un souci évident du détail pour personnaliser chacune. Le salon, où subsiste une belle cheminée Renaissance, est attenant à une merveilleuse terrasse en balcon sur la rivière et le village. Il est également très agréable de profiter du calme et du paysage dans le jardin.

♦ *Itinéraire d'accès : à 60 km de Montpellier - sur A 9 sortie Montpellier - D 986 dir. Ganges - à Ganges D 25 dir. Cirque de Navacelles - Lodève.*

Relais Chantovent

**Minerve - 34210 Olonzac (Hérault)
Tél. 68.91.14.18 - Mme M. Evenou**

♦ *Ouverture toute l'année sauf janvier et février* ♦ *7 chambres (4 avec s.d.b et w.c) - Prix des chambres : 110/140 F - Prix du petit déjeuner et horaire : 18 F - 8 h/10 h - Prix demi-pension et pension : 180 F - 200 F (1 pers., 3 j. min)* ♦ *Cartes de crédit acceptées* ♦ *Chiens admis* ♦ *Possibilités alentour : Gorges du Tarn* ♦ *Restaurant : service 12 h/14 h - 19 h 30/21 h - Fermeture dimanche soir et lundi sauf juillet, août - Menu : 70/140 F - Carte Spécialités : Produits du terroir.*

Minerve est un village-île tout en hauteur entre les gorges de la Cesse et du Briand qui longent et usent ses à-pics. Fortifié jusqu'à ce que le roi, excédé, en fît raser les remparts, las qu'il était de ce repaire idéal pour brigands ou factieux que représentait l'ancienne citadelle cathare. L'hôtel s'éparpille dans les ruelles étroites. Il faut à tout prix préférer les chambres de l'annexe qui se trouve près de "l'agence postale-bibliothèque", celles du bâtiment principal ont tout à leur envier. Car c'est avec beaucoup de goût et de meubles de famille qu'a été refaite cette vieille maison de village . Deux d'entre elles se partagent une terrasse, celle se trouvant dans le grenier est aménagée de façon originale, la salle de bains faisant pratiquement partie de la chambre, toutes ont beaucoup de charme et de personnalité. En revanche celles faisant face au restaurant sont tout à fait impersonnelles, mais l'idée est dans l'air de leur donner autant de caractère qu'aux autres, vivement cela. Le restaurant sert une bonne et simple cuisine régionale. Un village et des alentours ravissants, une adresse qui tient largement la comparaison, un accueil très sympathique.

♦ *Itinéraire d'accès : à 45 km de Béziers et de Carcassonne - à 33 km de Narbonne.*

Demeure des Brousses

LANGUEDOC ROUSSILLON

**34000 Montpellier (Hérault)
Route de Vauguières
Tél. 67.65.77.66 - 67.64. 03. 58 - M. et Mme Maréchal**

♦ *Ouverture du 15 mars au 15 décembre* ♦ *17 chambres avec tél., s.d.b. et w.c. - Prix des chambres : 285/500 F - Prix du petit déjeuner et horaire : 38 F - 7 h 30/10 h - Prix demi-pension : 340/435 F (par pers., 2 j.min.)* ♦ *Cartes de crédit : Diners - Amex* ♦ *Chiens admis avec supplément* ♦ *Possibilités alentour : Piscine - Tennis - Golf - Promenades à cheval* ♦ *Restaurant : service 12 h/13h 30- 20 h/21 h 30 - Fermeture lundi - Menu : 150/270 F - Carte - Spécialités : Chartreuse de foie gras - Pigeonneau farci.*

Cet authentique mas du XVIIIe siècle aux nobles proportions a été restauré en 1968 / 1969 et transformé en hostellerie. Dans la maison de maîtres ont été aménagées des chambres de grand confort, toutes différentes, et quatre salons. Toutes ces pièces sont meublées et décorées dans un style qui s'harmonise avec le cadre. Tout autour, un vaste parc aux arbres séculaires assure une parfaite tranquillité. Il n'y a pas de restaurant dans l'hôtel, mais un restaurant gastronomique a été installé dans l'une des nombreuses dépendances. Loin du bruit, à l'ombre d'arbres majestueux, la Demeure des Brousses n'est cependant qu'à quelques minutes de la ville et de la mer.

♦ *Itinéraire d'accès : Par A9 sortie Montpellier-est, dir. aéroport, à 2 km à droite, dir. château de la Mogère.*

LANGUEDOC ROUSSILLON

Domaine de Rieumégé

34390 Olargues (Hérault)
Tél. 67.97.73.99 - M. et Mme Sylva

♦ *Ouverture du 1er mai au 1er octobre* ♦ *12 chambres avec tél. direct, s.d.b. et w.c. - Prix des chambres : 286/347 F (double) -Prix du petit déjeuner et horaire : brunch 45 F - 8 h 30/10 h - Prix demi-pension 355 F (1 pers., 3 j. min.)* ♦ *Cartes de crédit : Eurocard - Visa - MasterCard* ♦ *Chiens admis avec 25F de supplément - Piscine et tennis à l'hôtel* ♦ *Possibilités alentour : Pêche en rivière - Canoë-kayak - Escalade - Spéléo - Promenades* ♦ *Restaurant : service 19 h/20 h 45 - Menu : 125 F - Carte Spécialités : Magret de canard à la coriandre- Fruits de mer - Grillades aux aromates - Pâtisseries maison.*

Le domaine de Rieumégé est une propriété privée de 14 hectares qui s'étend au pied des montagnes du Haut-Languedoc. Une vieille demeure du XVIIe siècle y a été restaurée à l'ancienne avec le goût très sûr et le sens du confort de ses propriétaires, qui ont encore amélioré cette année les terrasses et les salons. Ainsi, dans les chambres voisinent et se valorisent meubles anciens de style campagnard et mobilier plus récent. La pierre apparente n'exclut pas les savants camaïeux des murs. Reflétant les pierres de la façade, une piscine privée semble un clair et frais morceau de ciel pris dans la verdure.

♦ *Itinéraire d'accès : à 50 km de Béziers - à 3 km d'Olargues en direction de Saint-Pons.*

Château de Pondérach

LANGUEDOC ROUSSILLON

**34220 Saint-Pons-de-Thomières (Hérault)
Tél. 67.97.02.57 - Mme Counotte**

♦ *Ouverture du 1er avril au 15 octobre* ♦ *11 chambres avec tél. (9 avec s.d.b.) - Prix des chambres : 300/400 F - Prix du petit déjeuner : 49 F* ♦ *Cartes de crédit : Amex - Diners - Visa* ♦ *Chiens admis avec 35 F de supplément* ♦ *Possibilités alentour : Grotte de la Devèze (5 km) - Promenades dans le Parc régional du Haut-Languedoc* ♦ *Restaurant : Menu : 170/350 F - Spécialités : Menu régional avec cassoulet.*

Le château de Pondérach déploie ses 160 hectares au pied des Cévennes méditerranéennes où voisinent palmiers et sapins, hêtres et oliviers. On a, dans cette ancienne demeure privée laissée telle quelle, une agréable sensation d'intimité. Une partie des chambres se trouvent dans le corps principal, les autres dans l'annexe. Toutes sont adorables mais celles de l'annexe ont en plus une terrasse fleurie.
Accueil et service très attentifs.

♦ *Itinéraire d'accès : à 50 km de Narbonne - D 907 St-Pons.*

Hôtel La Source

**34800 Villeneuvette (Hérault)
Tél. 67.96.05.07 - M. et Mme de Man**

♦ *Ouverture du 1er mars au 31 décembre* ♦ *12 chambres avec s.d.b. et w.c. - Prix des chambres : 200/280 F - Prix du petit déjeuner et horaire : 25 F - 7 h 30/10 h - Prix demi-pension et pension : 420/500 F - 560/640 F (2 pers., 2 j. min.)* ♦ *Carte de crédit : Visa* ♦ *Chiens admis - Piscine, tennis et club hippique à l'hôtel* ♦ *Possibilités alentour : Lac (6 km) - Canoë-kayak (5 km) Cirque dolomitique (5 km) - Grottes de Clamouse (20 km)* ♦ *Restaurant : service 12 h/14 h 30 - 19 h 30/22 h - Menu : 85/175 F - Carte - Spécialités : Grillades - Coquillages - Buffet.*

Au cœur du département de l'Hérault, à quelques minutes du lac du Salogou, Villeneuvette, ravissant village datant du XVIIe siècle (Colbert y installa la Manufacture Royale), abrite l'hôtel-restaurant La Source, situé en pleine verdure et en bordure de la rivière la Dourbie. Les chambres sont toutes personnalisées. Les repas d'été sont servis sur la terrasse ombragée par une magnifique glycine. La salle Colbert voûtée, avec vue sur le parc, vous accueillera pour vos repas de mi-saison ou d'hiver.
Partout des rues et des îlots fleuris, et surtout un grand jardin où poussent des bambous et autres espèces exotiques autour de courts de tennis et de la piscine bleu azur.

♦ *Itinéraire d'accès : A 9 sortie Montpellier sud - N 109 dir. Lodève St-André-de-Sangonis - D 908, Clermont-l'Hérault - à 3 km en dir. de Bédarieux.*

Auberge Régordane

La Garde Guérin - 48800 Villefort (Lozère)
Tél. 66.46.82.88 - Mme Malvy

♦ *Ouverture du 1er mai au 1er octobre et vacances scolaires de Pâques* ♦ *16 chambres (11 avec s.d.b., 10 avec w.c.) - Prix des chambres : 120/170 F - Prix du petit déjeuner et horaire : 19 F - 7 h 30/10 h - Prix demi-pension et pension : 165/190 F - 195/225 F (1 pers., 3 j. min.)* ♦ *Carte de crédit : Visa* ♦ *Chiens admis* ♦ *Possibilités alentour : Belvédère du Chassezac (9 km) - Donjon de la Garde Guérin - Lac (8 km) - Pêche* ♦ *Restaurant : service 12 h/13 h 30- 19 h 30/21 h - Menu : 90/130 F - Carte - Spécialités : Manouls - Ecrevisses - Grenouilles - Saumon - Agneau des Causses.*

C'est une haute tour qui signale le hameau fortifié de la Garde Guérin, qui se dresse presque à pic sur l'impressionnante tourée du Chassezac. L'auberge Regordane fait partie des bâtiments anciens qui ont été restaurés dans le village aujourd'hui classé et qui garde son caractère montagnard et authentique.
C'est une auberge simple mais l'ambiance y est très chaleureuse. Les repas sont servis dans une agréable salle à manger ou dans la cour intérieure cernée par les hauts murs de pierre et les tourelles de cette ancienne maison seigneuriale. Même simplicité de bon ton dans les chambres confortables à souhait.
L'accueil est des meilleurs.

♦ *Itinéraire d'accès : à 55 km d'Alès - D 906.*

Manoir de Montesquiou

48210 La Malène (Lozère)
Tél. 66.48.51.12 - M. Guillenet

♦ *Ouverture du 1er avril au 15 octobre* ♦ *12 chambres avec tél. direct, s.d.b. et w.c.(t.v dans certaines chambres) - Prix des chambres : 235/400 F - Prix du petit déjeuner et horaire : 30 F - 7 h 30/10 h - Prix demi-pension : 470/540 F (2 pers., 3 j. min.)*
♦ *Cartes de crédit : Diners - Carte bleue* ♦ *Chiens admis avec 23 F de supplément* ♦ *Possibilités alentour : Tennis et piscine à 20 km - Baignades dans le Tarn - Canoë-kayak - Equitation (10 km)*
♦ *Restaurant : service 12 h/14 h - 19 h 30/21 h - Menu : 120/180 F Menu enfant : 44 F - Carte - Spécialités : Truite à la mousseline de saumon fumé.*

Dans les merveilleuses gorges du Tarn, ce manoir des XVe et XVIe siècles plait d'emblée par ses belles proportions et la couleur de ses pierres. Une salle voûtée du rez-de-chaussée est devenue salle à manger. Toute blanche, dépouillée, elle est cependant arrangée avec raffinement. Sur toutes les tables, de petits bouquets de fleurs fraîches côtoient un service élégant. Au fond, une autre salle abrite les jeux, la lecture et la télévision. Les chambres sont toutes d'un grand confort et le mobilier d'époque contribue à créer le charme des lieux. Elles ont toutes des salles de bains très confortables. Repas excellents et rapport qualité-prix très intéressant.

♦ *Itinéraire d'accès : à 42 km de Millau - route 107 bis - Aguessac - Gorges du Tarn - La Malène.*

Château d'Ayres

LANGUEDOC ROUSSILLON

**48150 Meyrueis (Lozère)
Tél. 66.45.60.10 - M. de Montjou**

♦ *Ouverture du 25 mars au 15 octobre* ♦ *24 chambres avec tél. direct, s.d.b., w.c. (10 avec t.v. et minibar) - Prix des chambres : 260/520 F - Prix du petit déjeuner et horaire : 35 F - 8 h/10 h - Prix demi-pension et pension : 390 F - 475 F (1 pers.)* ♦ *Cartes de crédit : Amex - Diners - Visa* ♦ *Chiens admis avec 25 F de supplément - Tennis et équitation à l'hôtel* ♦ *Possibilités alentour : Gorges du Tarn et de la Jonte par le causse Méjean - Grotte de Dargitan* ♦ *Restaurant : service 12 h 30/13 h 30- 19h 30/21 h - Menu : 110/215 F - Carte - Spécialités : Cuisine traditionnelle saisonnière.*

Les guerres à travers l'Histoire n'épargnèrent guère le château d'Ayres. Reconstruit au XVIIIe siècle par les Nogaret, le château fut ensuite vendu et transformé en hostellerie. Mais l'héritière, une demoiselle Roussel, épouse un cousin des Nogaret, réintroduisant d'une manière inespérée le château dans le patrimoine de cette famille.
En le découvrant, on comprend combien on peut être attaché à ces lieux. C'est le charme absolu qui règne dans cette demeure historique située dans le cadre grandiose d'un parc de 5 ha planté de séquoias géants et de chênes centenaires.
De beaux meubles anciens, de jolis tableaux décorent les salons, les chambres et la bibliothèque. Partout règne un goût excellent, même dans l'adorable salle à manger pourtant plus rustique. Un lieu privilégié pour des hôtes privilégiés.

♦ *Itinéraire d'accès : Millau - N 9 - Aguessac - N 107 bis dir. Gorges du Tarn - Le Rozier N 596 Meyrueis.*

Hôtel Chantoiseau

LANGUEDOC ROUSSILLON

**Pont-de-Montvert - 48220 Vialas (Lozère)
Tél. 66.41.00.02 - M. Pagès**

♦ *Ouverture du 20 mars au 20 novembre* ♦ *15 chambres avec s.d.b. (11 avec w.c.) - Prix des chambres : 220/310 F - Prix du petit déjeuner et horaire : 35 F - 8 h/9 h 30 - Prix demi-pension et pension : 280 F - 330 F (1 pers., 3 j. min.)* ♦ *Cartes de crédit : Amex - Diners - Carte bleue - Eurocard - MasterCard* ♦ *Chiens non admis* ♦ *Possibilités alentour : Pêche - Promenades - Tennis à 10 km - Piscine à 15 km* ♦ *Restaurant : service 12 h 30/13 h 30 - 19 h 30/20 h 30 - Fermeture mardi soir et mercredi - Menu : 90/380 F - Carte - Spécialités : Foie gras - Truite - Cassoulet - Suprême au chocolat.*

Cet ancien relais cévenol du XVIIe siècle situé à 600 m d'altitude dans une région escarpée annonciatrice du Midi méditerranéen, constitue une étape ensoleillée au seuil du parc national des Cévennes. Les chambres, sans grand charme, ouvrent sur les vallées et les montagnes, assurance de nuits et de réveils paisibles. La salle à manger a bien conservé l'aspect austère des maisons de la région : grosses pierres granitiques des murs, profondes embrasures, présence chaleureuse du bois ; elle offre une très belle vue sur la vallée. Le restaurant ne propose que des produits cévenols préparés maison par le propriétaire dont les talents ont été plusieurs fois couronnés, et qui a sélectionné cent crus pour accompagner les plats : du charmant petit vin de pays aux plus grands millésimes. Les abords de l'hôtel mériteraient un peu plus de soin.

♦ *Itinéraire d'accès : à 41 km d'Alès, dir. Villefort - Vialas - Route du haut.*

Auberge de la Cascade

LANGUEDOC ROUSSILLON

**St-Chély-du-Tarn - 48210 Sainte-Enimie (Lozère)
Tél. 66.48.52.82 - 66.48.53.36 - M. Dufour**

♦ *Ouverture du 20 mars au 15 octobre* ♦ *8 chambres avec douche et w.c. - Prix des chambres : 122 F - Prix du petit déjeuner et horaire : 18 F - à partir de 8 h - Prix demi-pension et pension : 120 F - 163 F (1 pers., 3 j. min.)* ♦ *Cartes de crédit non acceptées* ♦ *Chiens non admis* ♦ *Possibilités alentour : Equitation (10 km) - Randonnées - Baignades et canoë-kayak dans le Tarn* ♦ *Restaurant : service 12 h/15 h - 19 h/22 h - Menu : 46/84 F - Spécialités : Truites - Tripoux - Magrets - Confits.*

St-Chély est un merveilleux village des Gorges du Tarn, interdit aux voitures. A côté du pont qu'il faut traverser pour y accéder, une belle plage de sable blanc promet des baignades dans l'eau claire de cette rivière non polluée.
Au centre du village une petite maison en pierre a été complètement rénovée, avec des chambres simples mais au confort sans reproche (toutes avec douche et w.c. privés).
Pas de restaurant dans la maison. Il est installé à quelques mètres de là, avec une terrasse très sympathique.
Bon accueil et prix très raisonnables. Spectacles son et lumière au village en saison.

♦ *Itinéraire d'accès : à 56 km de Millau - N 9 Aguessac - Gorges du Tarn.*

La Terrasse au Soleil

**66400 Céret (Pyrénées-Orientales)
Tél. 68.87.01.94 - Mme Leveille-Nizerolle**

♦ *Ouverture du 10 mars au 10 janvier* ♦ *18 chambres avec tél., s.d.b. et w.c. - 1 salle de séminaire 30 pers. environ - Prix des chambres : 380/410/480 F - Prix du petit déjeuner et horaire : 45 F 8 h/11 h - Prix demi-pension et pension : 565F - 655 F (1 pers., 2 j. min.)* ♦ *Cartes de crédit : Visa - Eurocard - MasterCard* ♦ *Chiens admis avec supplément - Piscine et practice de golf à l'hôtel* ♦ *Possibilités alentour : Tennis au village - Equitation à 2 km - Plage et golf à 25 km - Vestiges romains - Espagne à 7 km - Mer à 30 km* ♦ *Restaurant : service 12 h/14 h - 19 h 30/21 h 30 - Menu : 110 F (midi sauf dimanche) 260 F - Carte - Spécialités : Terrine de foie gras - Gaspacho de langoustine à la crème de courgettes - Chausson de fromage de chèvre - Millefeuilles aux deux coulis - Fondant au chocolat.*

La Terrasse au Soleil est un ancien mas entièrement restauré et bien aménagé, de façon très moderne. Cet hôtel possède à l'évidence deux atouts : le confort et une grande simplicité. Il en possède d'autres : son épaisse couronne de cerisiers, sa belle collection de faïences et de bibelots charmants ; et bien sûr son calme absolu. Certaines chambres sont exiguës. Préférez celles avec une jolie terrasse et vue sur les montagnes.
Belle piscine. Ambiance chaleureuse et décontractée. La table est savoureuse et l'on peut dîner aux chandelles.

♦ *Itinéraire d'accès : à 31 km de Perpignan - Autoroute B 9 sortie Le Boulou-Céret - Centre ville - à 1, 3 km route de Fontfrède.*

Auberge Atalaya

**66800 Llo (Pyrénées-Orientales)
Tél. 68.04.70.04 - M. et Mme Toussaint**

♦ *Ouverture du 20 décembre au 5 novembre* ♦ *10 chambres avec tél. direct, s.d.b., w.c., t.v. et minibar - Prix des chambres : 370/470 F - Prix du petit déjeuner et horaire : 38 F - 7 h 30/10 h - Prix demi-pension et pension : 535 F - 658 F (1 pers., 3 j. min.)* ♦ *Cartes de crédit : Carte bleue - Eurocard - MasterCard - Visa* ♦ *Chiens admis dans les chambres* ♦ *Possibilités alentour : Golf du Real Club de Cerdana à Puigcerda à 10 km, 18 T. - Golf de Font-Romeu à 10 km, 9 T* ♦ *Restaurant : service 12 h 30/14 h 30 19 h 30/21 h 30 - Fermeture lundi et mardi midi h.s. - Menu : 120/250 F - Carte - Spécialités : Aspic de brocolis et de noix de St Jacques - Confit de cailles au miel et aux airelles - Gâteau au chocolat, poires et sauce café.*

Llo est un village pastoral, le plus typique de Cerdagne à la frontière espagnole et andorrane.
Autour des ruines de son château du XIe et sa tour de guet dite *atalaya* en vieux castillan, le village surplombe les gorges du Sègre. C'est dans ce site enchanteur qu'est située l'auberge. La demeure n'en est pas moins ravissante : architecture traditionnelle de lauses et schistes, chambres douillettes, confortables. Partout règne le bon goût. En été les repas sont servis sur une terrasse pleine de charme où fleurissent géraniums et roses trémières. Bonne table. A ne pas manquer.

♦ *Itinéraire d'accès : à 91 km de Perpignan - N 116 jusqu'à Saillagouse - D 33 - Llo à 2 km.*

Demeure du Dourdou

**12360 Camarès (Aveyron)
Tél. 65.99.54.08 - Mlle Hermerel**

♦ *Ouvertures de Pâques au 31 octobre* ♦ *11 chambres avec tél. (9 avec s.d.b. et 6 avec w.c.) - Prix des chambres : 240/390 F - Prix du petit déjeuner et horaire : 35 F - 7 h 30/10 h 30 - Prix demi-pension et pension : 260 F - 320 F (1 pers., 3 j. min.)* ♦ *Cartes de crédit : Diners - Carte bleue - Eurocard* ♦ *Chiens admis avec 30 F de supplément* ♦ *Possibilités alentour : Pêche dans la propriété - Tennis à 200 m - Piscine à 10 km - Promenades et sentiers balisés - Visites de monuments historiques et de curiosités naturelles (gorges, grottes)* ♦ *Restaurant : service 12 h 30/13 h 30 19 h 30/21 h - Menu : 120/300 F - Carte - Spécialités : Feuilleté de St-Jacques à la provençale - Filet de loup aux fruits de mer.*

La Demeure du Dourdou est une maison de campagne cossue, bourgeoise et confortable, bien carrée sur sa base au milieu d'un grand jardin que longe la rivière, tout près des premières maisons du village. La décoration intérieure est très belle et l'on a fait jouer jusqu'au raffinement les matières et les couleurs des chambres et des salons. En été, les repas sont servis à l'extérieur, sous les tilleuls, et quand le temps ne permet plus de s'installer sur les terrasses, plantes et fleurs sont toujours présentes dans l'hôtel grâce à son petit jardin d'hiver.
Le jardin potager, en bordure de rivière, assure la qualité et la fraîcheur des produits de la table. Grand choix de pâtisseries.

♦ *Itinéraire d'accès : à 78 km d'Albi - D 999 - St-Sernin sur Rance - Rebourguil D 902 - Camarès.*

Château de Castelpers

MIDI PYRÉNÉES

**Castelpers - 12170 Requista (Aveyron)
Tél. 65.69.22.61 - Mme Tapie de Celeyran**

♦ *Ouverture du 1er avril au 1er octobre* ♦ *9 chambres avec tél. et s.d.b. (8 avec w.c. et 2 avec t.v.) - Prix des chambres : 210/350 F Prix du petit déjeuner et horaire : 27 F - 8 h/9 h 30 - Prix demi-pension et pension : 190/265 F - 240/315 F (1 pers., 3 j. min.)*
♦ *Cartes de crédit : Eurocard - MasterCard - Visa* ♦ *Chiens admis sauf au restaurant* ♦ *Possibilités alentour : Pêche - Piscine Tennis - Equitation dans un rayon de 14 km - Promenades en sentiers balisés* ♦ *Restaurant : service 12 h 30/13 h 30 - 19 h 30/ 20 h30 - Fermeture mardi sauf pour les résidents - Menu : 110/195 F - Carte - Spécialités : Confit de canard aux cèpes - Canette à l'ananas.*

Le château de Castelpers est blotti dans un coin verdoyant du Rouergue, dans la tranquille vallée du Viaur. Les divers corps de bâtiments reflètent en leurs façades les époques traversées et l'une, très rustique dans son agencement de pierre sèche, en jouxte une autre aux ouvertures en ogive.
Une terrasse surplombe un grand parc aux arbres séculaires que borde une petite rivière à truites.
Un beau mobilier ancien donne beaucoup de caractère à la salle à manger, au salon, de même qu'aux chambres très confortables.
Le château de Castelpers offre sur les pelouses des jeux de plein air pour les enfants.

♦ *Itinéraire d'accès : à 40 km de Rodez et d'Albi - N 88 dir. Naucelle gare et St-Just-sur-Viaur par la N 80 .*

Oustal del Barry

MIDI PYRÉNÉES

**12270 Najac (Aveyron)
Tél. 65.29.74.32 - M. Miquel**

♦ *Ouverture de fin mars à fin octobre* ♦ *21 chambres avec tél. direct, (18 avec s.d.b. et w.c.) - Prix des chambres : 195/240 F - Prix du petit déjeuner et horaire : 28 F - 8 h/10 h 30 - Prix demi-pension et pension : 210/250 F - 250/280 F (par pers., 3 j. min.)* ♦ *Carte de crédit : Visa* ♦ *Chiens admis* ♦ *Possibilités alentour : Excursions dans la région - Randonnées à vélo - Baignade et sports nautiques dans le lac à 10 km* ♦ *Restaurant : service 12 h 30/13 h 30 - 19 h 30/21 h - Fermeture le lundi en avril et octobre sauf jours fériés - Menu : 98/240 F - Carte - Spécialités : Escalope de foie gras aux raisins - Ris d'agneau aux cèpes - Lotte à la compote de tomates au gingembre.*

C'est une même famille qui depuis cinq générations préside aux destinées de l'Oustal del Barry, et cet hôtel a les charmes d'une vieille tradition hôtelière à la française.
Les chambres de style campagnard intègrent en un curieux mélange d'autres styles, du genre Art-Déco. Préférez une chambre de l'hôtel à celles de l'annexe, tout aussi confortables mais strictement modernes. Ne craignez pas le nombre des étages, un ascenceur est à votre disposition.
La salle à manger rustique bénéficie d'une vue panoramique sur un grand parc de verdure fleuri de 6 000 m^2.

♦ *Itinéraire d'accès : à 24 km de Villefranche de Rouergue, Gaillac D 922 - Au lieu-dit La Fouillade, D 39 Najac.*

Hostellerie Les Magnolias

MIDI PYRENEES

**12710 Plaisance (Aveyron)
Tél. 65.99.77.34 - M. Roussel**

♦ *Ouverture du 15 mars au 15 novembre   ♦ 5 chambres avec tél., s.d.b. et w.c. - Prix des chambres : 180/220 F - Prix du petit déjeuner et horaire : 25 F - 8 h/10 h - Prix demi-pension et pension : 356/396 F - 516/572 F (2 pers., 3 j. min.)   ♦ Cartes de crédit : Amex - Visa - Eurocard ♦ Chiens admis avec supplément ♦ Possibilités alentour : Tennis au village - Promenades - Piscine à 30 km - Barrage avec sports nautiques à 15 km - Vallée du Tarn à 8 km - Canoë-kayak   ♦ Restaurant : service 12 h 15/14 h 30 - 19 h 30/21 h 30 - Fermeture du 15 novembre au 15 mars - Menu : 68/240 F - Carte - Spécialités : Foie gras chaud aux noix - Pieds d'agneau au vin - Magret de pigeon aux choux.*

Voilà une des perles de ce guide. Cette belle demeure du XIVe siècle, qui a appartenu au frère de Paul Valéry, vous séduira au premier coup d'œil. Une décoration d'un goût délicat a transformé cette maison de village en un hôtel au caractère confidentiel. La salle à manger, qui a retrouvé ses pierres apparentes, est réchauffée par le feu de la magnifique cheminée. Nappes, vaisselle, service, le raffinement est parfait. La cuisine est à la hauteur, préparée par le propriétaire.
Au sommet du bel escalier, les cinq chambres vous feront croire que vous êtes les invités d'une maîtresse de maison attentive. Ravissantes, extrêmement soignées, elles possèdent chacune une salle de bains irréprochable.

♦ *Itinéraire d'accès : à 42 km d'Albi - D 999 dir. Millau - St-Sernin.*

Hôtel du Midi-Papillon

12230 Saint-Jean-du-Bruel (Aveyron)
Tél. 65.62.26.04 - M. et Mme Papillon

♦ *Ouverture des Rameaux au 11 novembre* ♦ *19 chambres (13 avec s.d.b., 12 avec w.c., 17 avec tél.) - Prix des chambres : 65 F (simple) - 81/164 F (double) - Prix du petit déjeuner et horaire : 18 F - 8 h/10 h - Prix demi-pension et pension : 145/184 F - 171/214 F (par pers., 3 j. min.)* ♦ *Carte de crédit : Carte bleue* ♦ *Chiens admis* ♦ *Possibilités alentour : Caves de Roquefort - Gorges de la Dourbie - Grotte des Demoiselles - Aven Armand - Baignade et pêche en rivière* ♦ *Restaurant : service 12 h 30/14 h - 20 h/21 h 30 - Menu : 61/163 F - Carte - Spécialités : Confit de canard aux cèpes - Flan au roquefort et aux noix - Escalope de saumon à la crème de mousserons.*

Sur la route du mont Aigoual, point culminant des Cévennes, Saint-Jean-du-Bruel est une bonne étape dans les gorges de la Dourbie.
L'hôtel est un ancien relais de poste géré par la même famille depuis quatre générations. Bien situé, en balcon sur la rivière, il offre une jolie vue de carte postale sur les anciennes maisons du village et sur un vieux pont de pierre.
Cet hôtel allie toutes les qualités d'une bonne auberge française : confort et bon goût dans la maison, bonne table, accueil sympathique. Nos chambres préférées : les numéros 3, 4 et 5 qui ont des terrasses sur la rivière. A signaler encore des chambres (genre suite) idéales pour des familles.

♦ *Itinéraire d'accès : à 40 km de Millau - N 9 dir. Lodève - La Cavalerie - D 999 dir. Nant et St-Jean-du-Bruel.*

Hostellerie du Lévézou

**12410 Salles-Curan-Pareloup (Aveyron)
Tél. 65.46.34.16 - M. Bouviala**

♦ *Ouverture de Pâques au 10 octobre - Fermeture dimanche soir et lundi h.s.* ♦ *25 chambres (17 avec tél., s.d.b. et w.c.) - Prix des chambres : 110/285 F - Prix du petit déjeuner et horaire : 28 F - 7 h 15/10 h - Prix demi-pension et pension : 440/540 F - 560/670 F (2 pers., 3 j. min.)* ♦ *Cartes de crédit : Amex - Diners - Carte bleue - Eurocard* ♦ *Chiens admis* ♦ *Possibilités alentour : Baignade et sports nautiques sur lac - Tennis - équitation au village Pêche - Promenades balisées* ♦ *Restaurant : service 12 h 30/14 h 19 h 30/21 h 30 - Fermeture dimanche soir et lundi h.s. - Menu : 155/285 F - Carte - Spécialités : Salade de ris d'agneau aux poireaux frits - Col-vert du Lévézou salmis.*

Certes, il s'agit de l'ancienne résidence des évêques de Rodez, mais ce château du XVe siècle, malgré ses murs austères flanqués d'une imposante tour d'angle et sa herse de bois, n'intimidera plus personne, ni par ses fastes ni par ses prix, sans faire renoncer pour autant à un juste confort et à la tranquillité. A noter une belle salle à manger au rez-de-chaussée avec une terrasse en façade pour le restaurant.
Les chambres sont simples ; à vous d'en choisir une parmi celles qui disposent de tout l'équipement sanitaire souhaité.
Et puis ici, en plein Aveyron, au centre de cet ancien village-forteresse, une belle vue sur le lac de Pareloup et la campagne vous place aux premières loges du Lévézou.

♦ *Itinéraire d'accès : à 40 km de Rodez - N 88 - La Primaube - D 911 - Pont de Salaro - D 993 Salles-Curan.*

Hostellerie des 7 Molles

MIDI PYRENEES

**Gesset-Barbazan
31510 Sauveterre-de-Comminges (Haute-Garonne)
Tél. 61.88.30.87 - M. Ferran**

♦ *Ouverture du 5 décembre au 20 octobre* ♦ *19 chambres avec tél.direct, s.d.b. et w.c. - Prix des chambres : 370/520 F - Prix du petit déjeuner et horaire : 48 F - 8 h/10 h 30 - Prix demi-pension et pension : 450 F - 580 F (1 pers., 4 j. min.)* ♦ *Cartes de crédit : Amex - Diners - Visa* ♦ *Chiens admis - Piscine chauffée et tennis à l'hôtel* ♦ *Possibilités alentour : Saint-Bertrand-de-Comminges Golf à Luchon, 9 T. (Tél. 61.79.03.27) (30 km)* ♦ *Restaurant : service 12 h/14 h - 19 h30/21 h - Menu : 140/220 F - Carte Spécialités : Truites aux cèpes - Gigotin de lapin au foie gras sauce poivrade - Brochet à la catalane dans sa feuille de chou.*

Les sept moulins à eau de Sauveterre accrochés jadis aux méandres du Roussec donnaient un cachet particulier à ce joli coin de Comminges. Les moulins disparus, on récupéra les meules, d'où le nom de l'hôtel.
L'adresse est intéressante. D'abord l'environnement est superbe : prés, vignes, bosquets entourent la maison.
A l'intérieur une décoration très soignée crée une atmosphère délicate et raffinée. La nourriture enfin est excellente avec un maximum de produits maison : depuis la charcuterie jusqu'à la pâtisserie, en passant par les confitures et les foies gras.

♦ *Itinéraire d'accès : à 10 km de St-Gaudens - dir. Luchon par Valentine - à Valentine dir. Sauveterre-de-Comminges.*

Auberge du Poids Public

MIDI PYRÉNÉES

**31540 Saint-Félix - Lauragais (Haute-Garonne)
Tél. 61.83.00.20 - Télex 532 477 - M. Augé**

♦ *Ouverture du 8 février au 6 janvier - Fermeture dimanche soir du 15 octobre au 15 mars* ♦ *13 chambres avec tél. et s.d.b. (12 avec w.c.) - Prix des chambres : 215/225 F - Prix du petit déjeuner et horaire : 35 F - 7 h/10 h - Prix demi-pension et pension : 200/220 F - 250/270F (1 pers., 3 j. min.)* ♦ *Cartes de crédit : Carte bleue - Amex* ♦ *Chiens admis* ♦ *Possibilités alentour : Piscine à 9 km - Tennis - Promenades, circuits pédestres balisés, pêche, chasse* ♦ *Restaurant : service 12 h/14 h - 20 h/21 h 45 - Fermeture dimanche soir du 15 octobre au 15 mars - Menu : 60/165 F - Carte - Spécialités : Poisson - Volaille.*

C'est une belle et ancienne auberge située à l'entrée du village. Ses chambres sont très agréables et confortables (équipement sanitaire complet). Salle à manger spacieuse et salon très intime au rez-de-chaussée, avec des meubles anciens qu'un aménagement soigné met bien en valeur. A l'extérieur, un petit jardin permet de profiter pleinement d'une vue splendide sur la campagne.
Le propriétaire, qui est aussi chef réputé, vous propose, avec ses spécialités régionales, une étape gastronomique.

♦ *Itinéraire d'accès : à 43 km de Toulouse - Provenance sud (Narbonne), sortie Castelnaudary - Provenance nord (Toulouse), sortie Villefranche-Lauragais.*

Château Bellevue

**Barbotan-les-Thermes - 32150 Cazaubon (Gers)
Tél. 62.09.51.95 - Télex 521 429 - Mme Consolaro**

♦ *Ouverture de début mars à fin novembre* ♦ *25 chambres avec tél., s.d.b. et w.c. - Prix des chambres : 160/375 F - Prix du petit déjeuner et horaire : 34 F - 7 h 30/10 h - Prix demi-pension et pension : 260 F - 320 F (1 pers., 3 j. min.)* ♦ *Cartes de crédit : Amex - Diners - Carte bleue - Visa* ♦ *Chiens admis avec supplément - Piscine à l'hôtel* ♦ *Possibilités alentour : Lac de l'Uby à 1 km - Golf à 17 km* ♦ *Restaurant : service 12 h 30/ 14 h 30 - 19 h 30/21 h 30 - Menu : 120/230 F - Carte saisonnière - Spécialités : Cassolette d'escargots au foie gras - Soupe de palombes (en saison) - Magret et confits - Cartes de saison.*

C'est le calme absolu. Dans son jardin bordé d'un grand parc fleuri, le château Bellevue est une demeure du XVIIIe siècle, de belle allure, située à la sortie du village. Spacieux, il prête ses murs à des expositions de peinture. Confortable, on peut aussi apprécier selon la saison son jardin d'hiver ou sa piscine partiellement ombragée et sa terrasse. Toutes ses chambres, aux meubles de style, sont différentes, personnalisées, et l'on peut s'endormir sous le dais d'un lit à baldaquin ou sous les poutres apparentes d'une chambre mansardée. A sa table, ce sont les produits de la Gascogne, qui font du château Bellevue une étape sans fausse note.

♦ *Itinéraire d'accès : Mont-de-Marsan - D 932 - D 933 - St-Justin - D 626 - Cazaubon. Sur l'axe Bordeaux-Mont-de-Marsan, sortie Roquefort-St-Justin Cazaubon.*

Château de Larroque

MIDI PYRÉNÉES

**32200 Gimont-en-Gascogne (Gers)
Tél. 62.67.77.44 - Mlle Fagedet**

♦ *Ouverture toute l'année sauf du 1er au 18 janvier ♦ 15 chambres avec tél., t.v, s.d.b. et w.c. - Prix des chambres : 330/ 720 F - Prix du petit déjeuner et horaire : 42 F - 8 h/11 h - Prix demi-pension et pension : 530 F - 680 F (1 pers., 3 j. min.) ♦ Cartes de crédit : Amex - Diners - Carte bleue ♦ Petits chiens admis - Piscine et tennis à l'hôtel ♦ Possibilités alentour : Equitation à 2 km - Randonnées - Golf de Las Martines à 15 km, 9 T ♦ Restaurant : service 12 h/14 h 30 - 19 h 30/21 h 30 - Menu : 130/245 F - Carte - Spécialités : Foie de canard aux raisins - Poulet Souvaroff.*

Situé dans un parc de 10 hectares, le château de Larroque est une importante demeure du Second Empire aménagée aujourd'hui en hostellerie. Sa salle à manger, ses salons et ses chambres équilibrent leurs vastes volumes par de chaudes boiseries, des tapisseries, d'épais rideaux et des moquettes, offrant ainsi le charme et le confort d'un univers solennel et feutré.
De grandes terrasses gazonnées dominent un parc aux arbres centenaires où il est impossible de dénombrer les espèces tant elles sont nombreuses et entremêlées. La vue s'étend très loin, au-delà des douces collines du Gers.

♦ *Itinéraire d'accès : à 45 km de Toulouse sur la N 124 - à 25 km d'Auch.*

Relais de la Salamandre

**Tourdun - 32230 Marciac (Gers)
Tél. 62.09.38.29 - R et G Koher**

♦ *Ouverture toute l'année - Fermeture le lundi*   ♦ *5 chambres avec s.d.b et w.c - Prix des chambres : 160/185 F - Prix du petit déjeuner : 30 F - Prix demi-pension et pension : 200/240 F - 230/270 F (1 pers., 3 j. min.)*   ♦ *Cartes de crédit : acceptées*   ♦ *Chiens admis - Piscine et équitation à l'hôtel*   ♦ *Possibilités alentour : Tennis - Voile - Ski nautique*   ♦ *Restaurant : service 12 h/13 h30 - 19 h 30/21 h - Menu : 80/170 F - Spécialités : Foie gras - Confit - Cuisine du sud-ouest.*

La maison fut construite par un corsaire du Roi, propriétaire du grand domaine qui l'entourait. La flibuste logeait bien son homme à cette époque, car celui-là jouissait de ce qui est toujours l'une des plus belles vues du Gers, contemplant au loin les blancheurs éternelles des Pyrénées. Ce manoir XVIIIe jusqu'alors défiguré par une baie vitrée des plus incongrues, a été racheté il y a peu, par un couple de Parisiens qui lui ont rendu son air d'autrefois.
C'est désormais une des bonnes adresses de la région. Chambres gaies et confortables décorées avec goût comme le salon, le bar et le restaurant. Baignade, voile et ski nautique à vos pieds (sur l'étang de Marciac), balades à cheval à travers les collines du Gers organisées par l'hôtel qui peut aussi, si vous le souhaitez, loger votre monture.
L'hôtel vit au rythme du festival de Jazz de Marciac du 9 au 15 août. Des musiciens y logent et il n'est pas rare que des "boeufs" s'improvisent sur la terrasse jusqu'à l'aube.

♦ *Itinéraire d'accès : A 40 km d'Auch, N 21 jusqu'à Mielan, puis D 3 Marciac.*

Hôtel du Château

Alvignac - 46500 Gramat (Lot)
Tél. 65.33.60.14 - M. Darnis

♦ *Ouverture du 1er mai au 15 octobre* ♦ *35 chambres (27 avec s.d.b., 22 avec w.c. et 4 avec tél.) - Prix des chambres : 80/160 F Prix du petit déjeuner et horaire : 20 F - 7 h 30/9 h 30 - Prix demi-pension et pension : 121/166 F - 171/216 F (1 pers., 2 j. min.)* ♦ *Cartes de crédit : Carte bleue - Diners - Amex - Eurocard* ♦ *Chiens admis* ♦ *Possibilités alentour : Piscine à 7 km - Tennis au village - Centre équestre avec roulotte à 12 km - Gouffre de Padirac à 7 km - Rocamadour à 7 km* ♦ *Restaurant : service 12 h/13 h 30 - 19 h/20 h 30 - Menu : 47/120 F - Carte - Spécialités: Cuisine quercynoise - Salade de gésiers - Canard aigre-doux - Manchons de canard au vin de Cahors.*

Une même famille dirige depuis 1862 cet hôtel bâti sur les fondations de l'ancien château.
Sur la façade, la terrasse fleurie du restaurant prolonge une grande salle et son petit bar agréable où l'on se sent bien. Une cour ombragée de grands arbres assure silence et fraîcheur que de petites tables disposées dans des coins de verdure permettent d'apprécier à tout moment.
Les chambres sont très spacieuses, le mobilier aux styles très divers et leur décoration quelque peu désuète leur donnent énormément de charme. Evitez d'être logé dans le bâtiment annexe trop récent et qui donne sur la route. En face de l'hôtel, un grand parc permet de rêver dans ce coin du Quercy connu pour ses eaux depuis le XVIIIe siècle.

♦ *Itinéraire d'accès : à 43 km de Figeac - N 410 Gramat Reveillon D 673 Alvignac.*

MIDI PYRENEES

Hôtel des Falaises

**Gluges - 46600 Martel (Lot)
Tél. 65.37.33.59 - 65.37.32.08 - M. Dassiou**

♦ *Ouverture du 1er mars au 1er décembre* ♦ *15 chambres avec tél. direct, (13 avec s.d.b., 14 avec w.c.) - Prix des chambres : 90/230 F - Prix du petit déjeuner et horaire : 23 F - 8 h/10 h - Prix demi-pension et pension : 190/220 F - 230/280 F (1 pers., 3 j. min.)* ♦ *Carte de crédit : Visa* ♦ *Chiens non admis* ♦ *Possibilités alentour : Tennis - Piscine (5 km) - Equitation (10 km) - Canoë-kayak - Visites de grottes* ♦ *Restaurant : service 12 h 30/13 h 30 - 19 h 30/21 h - Menu : 80/180 F - Carte - Spécialités : Poulet sauté au verjus - Magret au vinaigre de framboise - Assiette de Saint Jacques aux cèpes - Gratin de fruits sauce chocolat.*

Cette maison ancienne restaurée et transformée en hôtel depuis 35 ans est toujours tenue par la même famille.
A l'entrée, une maisonnette est devenue le salon de lecture et de télévision.
Ensuite, et comme lien entre celle-ci et l'hôtel, une terrasse ombragée où les repas sont servis en été. Une salle à manger au mobilier simple et accueillant s'ouvre à l'extérieur par de grandes baies vitrées. Les chambres sont confortables et les 9 et 11 ont des terrasses très agréables sur le jardin du devant. Un site très beau, un accueil des meilleurs, une cuisine de qualité finiront de vous convaincre des atouts de cet hôtel à la saveur très familiale.

♦ *Itinéraire d'accès : à 33 km de Brive - Martel - N 140 dir. Figeac Bords de la Dordogne - Gluges.*

Le Pont de l'Ouysse

MIDI PYRÉNÉES

Lacave - 46200 Souillac (Lot)
Tél. 65.37.87.04 - M. et Mme Chambon

♦ *Ouverture du 1er mars au 11 novembre - Fermeture lundi h.s.*
♦ *13 chambres avec tél., s.d.b. et w.c. - Prix des chambres : 300/500 F - Prix du petit déjeuner et horaire : 35F - 8 h/10 h - Prix demi-pension : 350 F (1 pers., 3 j. min.)* ♦ *Cartes de crédit : Visa - Eurocard* ♦ *Chiens admis - Piscine à l'hôtel* ♦ *Possibilités alentour : Piscine - Tennis - Equitation (10 km) - Golf du Mas del Teil à 18 km, 9 T - Pêche et canoë (5 km) - Promenades* ♦ *Restaurant : service 12 h 30/14 h - 19 h 30/21 h - Fermeture lundi h.s. - Menu : 120/250 F - Carte - Spécialités : Pigeonneau rôti aux champignons - Salade tiède d'écrevisses.*

C'est la même famille qui est à la tête de cet hôtel depuis 35 ans. Une salle à manger simple et claire où vous dégusterez une bonne cuisine traditionnelle ; des chambres très confortables et pourtant sans prétention, l'ensemble est plaisant.
Le grand intérêt de cet établissement est la superbe terrasse ombragée par un tilleul et un marronnier. A côté, une belle rivière coule dans un cadre de verdure. Et puis, le petit chemin qui vous amène étant sans issue, le calme est assuré.

♦ *Itinéraire d'accès : à 37 km de Brive - Souillac - Rocamadour.*

Relais Les Vieilles Tours

MIDI PYRENEES

**Lafage - 46500 Rocamadour (Lot)
Tél. 65.33.68.01 - M. et Mme Zozzoli**

♦ *Ouverture de Pâques à la Toussaint* ♦ *7 chambres avec tél., s.d.b. et w.c. - Prix des chambres : 175/290 F - Prix du petit déjeuner et horaire : 30/46 F - à partir de 8 h - Prix demi-pension 366/488 F (2 pers.)* ♦ *Cartes de crédit : Eurocard - MasterCard Visa* ♦ *Chiens admis avec 15 F de supplément - Piscine à l'hôtel* ♦ *Possibilités alentour : Piscine - Tennis - Equitation - Canoë, baignade, pêche - Stages de lithographie et aquarelle organisés par l'hôtel - Randonnées en calèche* ♦ *Restaurant : service sur réservation à midi -19 h 30/21 h - Menu : 76/120 F - Menu enfant - Carte - Spécialités : Cailles désossées farcies au foie gras et truffes Confit de canard - Magret des Causses - Tournedos Rossini - Truite sauce Roquefort.*

Très bien restauré en belle pierre du pays, le relais est en pleine campagne et le site est d'un calme et d'une beauté incroyables, à 2, 5 km de Rocamadour. La réception et la salle à manger ont gardé leurs murs de pierres nues et les tables sont dressées avec goût. Partout peintures, gravures et lithos du propriétaire, qui a su allier à sa passion d'artiste le métier d'hôtelier. Les chambres sont, elles, dans un autre bâtiment, (ce qui vous assure repos et intimité). Le confort y est présent à tout moment, les sanitaires sont irréprochables. Le mobilier est bien choisi et on trouvera partout des détails soignés. Bonne table et très grande gentillesse. Réservation souhaitée.

♦ *Itinéraire d'accès : à 55 km de Brive - N 20 Cressensac N 140 - D 673 dir. Rocamadour - D 673 dir. Calès et Payrac. A 60 km de Cahors - N 20 Gramat - Rocamadour et D 673.*

Hostellerie Le Vert

MIDI PYRENEES

Mauroux - 46700 Puy-l'Evêque (Lot)
Tél. 65.36.51.36 - M. Philippe

♦ *Ouverture du 5 mars au 5 janvier* ♦ *7 chambres avec tél. direct (5 avec s.d.b. et w.c.) - Prix des chambres : 200/250 F - Prix du petit déjeuner et horaire : 25 F - 7 h 30/10 h - Prix demi-pension et pension : à partir de 230 F - à partir de 280 F* ♦ *Carte de crédit : Visa* ♦ *Chiens admis avec supplément* ♦ *Possibilités alentour : Piscine, tennis à 8 km - Equitation à 2 km - Sentiers de randonnée - Château de Bonaguil - Vignobles* ♦ *Restaurant : service commandes jusqu'à 13 h 15 et 21 h - Fermeture jeudi sauf pour les résidents - réservation h.s - Menu : 90/180 F - Carte - Spécialités : Cuisine régionale, créative et saisonnière.*

L'hostellerie le Vert occupe une ancienne ferme, grande maison massive, carrée sur sa base, à la sobre architecture de pierre, restaurée et mise en valeur avec goût et discrétion. Les modestes ouvertures de la ferme d'autrefois, les mansardes surplombant les quatre façades et la belle fenêtre à meneaux de la salle à manger diffusent une lumière égale et douce sur des intérieurs spacieux, confortables et raffinés.
Une très belle terrasse sur voûtes donne sur la campagne environnante. La table est très bonne et l'ambiance extrêmement chaleureuse. En été, installez-vous dans la chambre aménagée en annexe dans une cave voûtée. Au raffinement du lieu s'ajoute une fraîcheur que n'égalerait aucune climatisation.

♦ *Itinéraire d'accès : à 9 km de Puy-l'Evêque par D 5 - à 9 km de Fumel par D 139.*

Hôtel de la Pelissaria

**St-Cirq-Lapopie - 46330 Cabrerets (Lot)
Tél. 65.31.25.14 - Mme Matuchet**

♦ *Ouverture du 1er avril au 3 novembre* ♦ *8 chambres avec tél., s.d.b. et w.c. - Prix des chambres : 200/350 F - Prix du petit déjeuner et horaire : 30 F - 8 h/10 h* ♦ *Cartes de crédit acceptées* ♦ *Chiens admis - Bicyclettes à l'hôtel* ♦ *Possibilités alentour : Canoë-kayak à 5 km - Equitation (10 km) - Randonnées - Visite du village médiéval* ♦ *Restaurant : service 19 h 30/20 h 30 Menu : 120 /150 F - Spécialités : Pâtes fraîches maison aux cèpes - Confit de canard - Magret grillé.*

Le village de Saint-Cirq-Lapopie a quelque chose de magique ; en majeure partie classé "monument historique" c'est certainement l'un des plus beaux villages médiévaux de France, et il est agréable d'y trouver un des plus beaux hôtels de ce guide. Bâtie au XIIIe siècle avec la belle pierre du pays, cette maison a été restaurée avec un sens artistique et un soin irréprochables par les jeunes et sympathiques propriétaires. Partout règne une atmosphère de raffinement élégant. Dans la salle à manger, on peut se tenir près de la cheminée, confortablement installé dans des canapés, en attendant de prendre place autour de quelques tables, à côté du piano. Toutes les chambres sont idéales, ouvrant sur des jardinets en terrasse. Nous avons une préférence pour la n° 6, dont la petite fenêtre ouvre directement sur le village et la vallée du Lot. Très bonne cuisine et excellent rapport qualité-prix.

♦ *Itinéraire d'accès : à 33 km de Cahors - D 662 St-Cirq-Lapopie.*

Auberge du Sombral

**Saint-Cirq-Lapopie - 46330 Cabrerets (Lot)
Tél. 65.31.26.08 - M. Hardeveld**

♦ *Ouverture du 15 mars au 15 novembre - Fermeture mardi soir et mercredi sauf vacances scolaires* ♦ *10 chambres avec tél., s.d.b. et w.c. - Prix des chambres : 180/230 F - Prix du petit déjeuner et horaire : 20 F - 8 h/9 h 30* ♦ *Cartes de crédit acceptées* ♦ *Chiens admis* ♦ *Possibilités alentour : Promenades dans les vallées du Lot et Cèle - Visites de grottes - Sentiers pour randonnées pédestres (GR) - Tennis à 2 km - Piscine à 7 km - Visites de villages et châteaux* ♦ *Restaurant : service 12 h/14 h - 19 h 30/21 h - Fermeture mardi soir et mercredi sauf vacances scolaires - Menu : 75/250 F - Carte - Spécialités : Truite au vieux cahors - Gratin quercynois aux cèpes - Terrine de foie de canard frais - Confit.*

L'auberge est une ancienne maison parfaitement restaurée, tournée vers la place de la mairie, au cœur d'un village escarpé entièrement classé monument historique, au-dessus de la vallée du Lot. L'ambiance y est très clame grâce à un site exceptionnel mais aussi à un aménagement et à une décoration en harmonie avec le cadre. Aucun ton tranché dans les teintes choisies, que ce soit dans la salle à manger du rez-de-chaussée ou dans les chambres, agréables et confortables.

Et si tout le village est à découvrir avec ses venelles et ses pittoresques maisons, l'auberge propose son propre "musée" en exposant en permanence des tableaux d'artistes locaux.

♦ *Itinéraire d'accès : à 33 km de Cahors D 653 Vers D 662 St-Géry - St-Cirq-Lapopie.*

Les Granges Vieilles

46200 Souillac (Lot)
Tél. 65.37.80.92 - M. Cayre

♦ *Ouverture toute l'année sauf en janvier* ♦ *11 chambres avec tél. direct, s.d.b. et w.c. - Prix des chambres : 210/350 F - Prix du petit déjeuner et horaire : 25 F - 8 h/10 h 30 - Prix demi-pension et pension : 240/290 F - 300/360 F (par pers., 3 j. min.)* ♦ *Carte de crédit : Carte bleue* ♦ *Chiens non admis* ♦ *Possibilités alentour : Piscine - Tennis - Equitation - Canoë* ♦ *Restaurant : service 12 h 30/13 h 30 - 20 h/21 h - Menu : 75/200 F - Carte - Spécialités : Foie gras - Confit - Cèpes.*

A deux kilomètres du village de Souillac, les Granges Vieilles est une grande maison bourgeoise de curieuse architecture. Dominant le paysage, au centre d'un très beau parc, cet hôtel, outre son confort et un raffinement certain, se trouve être un véritable îlot de calme.
Depuis la salle à manger aux grandes baies largement ouvertes sur l'extérieur, le bar, le salon ou depuis les chambres, c'est toujours le parc et ses grands arbres que l'on retrouve. En saison, on peut aller à leur rencontre en se faisant servir le dîner sur la terrasse qu'ils ombragent.
Les spécialités régionales servies sont en parfait accord avec le cadre.

♦ *Itinéraire d'accès : à 29 km de Sarlat - D 70 - D 703 le long de la Dordogne jusqu'à Souillac.*

La Source Bleue

MIDI PYRENEES

**Touzac - 46700 Puy-l'Evêque (Lot)
Tél. 65.36.52.01 - M. et Mme Bouyou**

♦ *Ouverture du 18 mars au 11 novembre* ♦ *12 chambres avec tél. direct, s.d.b. et w.c. - Prix des chambres : 220/380 F (double) - Prix du petit déjeuner et horaire : 28 F - 7 h 45/9 h - Prix demi-pension et pension : 490 F - 720 F (2 pers., 3 j. min.)* ♦ *Cartes de crédit : Visa - MasterCard* ♦ *Chiens admis avec 30 F de supplément - Piscine à l'hôtel* ♦ *Possibilités alentour : Tennis - Piscine à 500 m - Musée Marguerite Moreno - Centre équestre - Canoë-kayak - Château de Bonaguil* ♦ *Restaurant : service 12 h/13 h 15 - 19 h 30/ 21 h - Fermeture mardi midi - Menu : 95/195 F (le mardi soir, 1 seul menu) - Carte - Spécialités : Papillote de turbot - Foie gras maison au torchon - Haddock à la galloise.*

La Source Bleue occupe un ancien moulin à papier du XIVe siècle bâti sur la rive gauche du Lot, que ses propriétaires ont restauré récemment avec beaucoup de goût. Les chambres, parfois modernes dans leur ameublement, sont confortables et leurs installations sanitaires irréprochables. Une cuisine raffinée vous est servie dans une belle salle à manger avec parfois, témoignage agréable d'attention discrète, la diffusion d'une musique bien choisie. Le cadre de l'hôtel a belle allure avec ses jardins et son parc aux espèces variées où vous serez surpris par une impressionnante forêt de bambous géants.

• *Itinéraire d'accès : à 48 km de Cahors - D 911 - 6 km avant Fumel - franchir le Lot à Touzac - hôtel à 500 m du village rive gauche du Lot.*

Hôtel de la Ferme St-Férréol

MIDI PYRENEES

65800 Chis-Aureilhan (Hautes-Pyrénées)
Tél. 62.36.22.15 - M. Dalat

♦ *Ouverture toute l'année - Fermeture vendredi soir et dimanche soir sauf juillet et août* ♦ *23 chambres avec tél. direct, s.d.b. et w.c. - Prix des chambres : 130/300 F - Prix du petit déjeuner et horaire : 25 F - 7 h 30/10 h - Prix demi-pension et pension : 380 F 480 F (2 pers.)* ♦ *Cartes de crédit : Carte bleue - Amex - Diners Eurocard* ♦ *Chiens admis - Tennis couvert à l'hôtel.*
♦ *Possibilités alentour : Piscine (7 km) - Equitation possible à l'hôtel - Sports nautiques et U.L.M. (15 km) - Pêche et canoë (3 km) Parcours en 4 x 4* ♦ *Restaurant : service 12 h/14 h - 19 h 30 21 h 30 - Fermeture samedi midi et dimanche soir (sauf juillet et août) - Menu : 190 F - Carte - Spécialités : Foie gras et confit de canard - Noisettes d'agneau au foie frais - Porc en salade.*

Face aux Pyrénées, à 7 km de Tarbes et en pleine campagne, la ferme familiale a été transformée en hôtel en 1958.
Une salle à manger à l'esprit campagnard est attenante à une terrasse. Dès les premiers beaux jours, vous pouvez déjeuner ou dîner dehors, face à la campagne et au parc ombragé. Au salon, un joli mobilier en rotin est disposé le long des fenêtres et une cheminée réchauffera les soirs moins cléments.
Si vous êtes à plusieurs, prenez le petit salon-salle à manger qui est à côté. Les chambres sont sympathiques et confortables quoiqu'un peu désuètes.
Bonne table et accueil chaleureux.

♦ *Itinéraire d'accès : à 7 km de Tarbes - N 21 dir. Auch, Chis.*

Relais de Saux

MIDI PYRÉNÉES

**Saux - 65100 Lourdes (Hautes-Pyrénées)
Tél. 62.94.29.61 - Mme Heres**

Ouverture toute l'année ♦ 9 chambres avec tél., (6 avec s.d.b. 4 avec w.c., 4 de luxe avec t.v.) - Prix des chambres : 220/450 F Prix du petit déjeuner et horaire : 35 F - 8 h/10 h ♦ Cartes de crédit : Carte bleue - Amex ♦ Chiens non admis ♦ Possibilités alentour : Tennis - Piscine - Squash - Planche à voile (2 km) - Promenades en montagne - Ski ♦ Restaurant : service 12 h 30/ 14 h - 19 h 30/21 h 30 - Fermeture janvier - Menu : 115/160 F (pour résidents) - à partir de 150 F (passage) - Carte - Spécialités : Foie frais de canard aux poires - Homard rôti au beurre de girolles.

A l'écart de la cohue de Lourdes, le relais de Saux offre calme et quiétude. Maison ancienne au charme campagnard très agréablement meublée et décorée par ses propriétaires.
Un petit salon-bar très confortable vous accueillera avant de passer à table, cuisine de grande qualité et service attentif.
Vous pourrez aussi, si le temps le permet, déjeuner ou prendre un verre sur la terrasse face à la campagne.
Les chambres, de confort inégal, sont néanmoins accueillantes et pleines de charme.

Itinéraire d'accès : à 3 km de Lourdes, N 21 dir. Tarbes. Saux.

MIDI PYRENEES

La Métairie Neuve

**81660 Pont-de-l'Arn (Tarn)
Tél. 63.61.23.31 - Mme Tournier**

♦ *Ouverture du 10 janvier au 20 décembre* ♦ *11 chambres avec tél. direct, s.d.b. et w.c. - Prix des chambres : 210/320 F - Prix du petit déjeuner et horaire : 40 F - 7 h/9 h 30 - Prix demi-pension et pension : 330 F - 410 F (1 pers., 3 j. min.)* ♦ *Cartes de crédit : Visa - Diners* ♦ *Chiens admis* ♦ *Possibilités alentour : Golf de la Barouge à 1,5 km, 18 T. - Randonnées pédestres - Tennis gratuit à proximité - Lacs* ♦ *Restaurant : service 12 h/13 h 30 - 19 h 30/ 21 h - Fermeture samedi midi - Menu : 80/250 F - Carte - Spécialités : Terrine de foie frais - Cassoulet - Ragoût de Saint Jacques.*

Cet hôtel-restaurant est situé à l'entrée du village ; il s'agit d'une ancienne ferme, restaurée avec beaucoup de goût. Les 7 chambres sont toutes très bien équipées et leur aménagement témoigne, dans le soin du détail, d'un agréable raffinement. Ce sont de délicieux camaïeux de tons, et le mobilier ancien s'harmonise parfaitement avec les éléments modernes que l'on a su lui associer. L'hôtel dispose d'une belle cour de caractère et d'un grand jardin avec terrasses.
Et pour ne pas rompre avec l'ancienne vocation des lieux, le restaurant tire encore profit d'un jardin potager dont l'intérêt ira de soi pour tout gastronome averti.

♦ *Itinéraire d'accès : à 2 km de Mazamet - N 112 direction Bout du Pont de l'Arn, ou sortie Mazamet dir. Béziers.*

Château de Montlédier

MIDI PYRENEES

81660 Pont-de-l'Arn (Tarn)
Tél. 63.61.20.54 - Mme Thiercelin

♦ *Ouverture du 1er février au 31 décembre* ♦ *9 chambres avec tél. direct, s.d.b.et w.c., t.v. sur demande - Prix des chambres : 370/500 F - Prix du petit déjeuner et horaire : 45 F - 8 h/11 h - Prix demi-pension et pension : 350/450 F - 450/620 F (1 pers., 3 j. min.)* ♦ *Cartes de crédit : Amex - Diners - Visa* ♦ *Chiens admis - Practice de golf à l'hôtel* ♦ *Possibilités alentour : Golf Club de la Barouge 18 T. (Tél. 63.61.06.72) - Parc naturel régional du Haut-Languedoc - Gorges du Tarn* ♦ *Restaurant : service 12 h 30/14 h - 19 h 45/21 h 30 - Fermeture dimanche soir et lundi hors saison - lundi à midi en saison -Menu - Spécialités : Foie gras maison - Cassoulet.*

Les deux énormes tours du château de Montlédier se dressent sur un des précipices dominant les gorges de l'Arn. Depuis sa construction au XVIe siècle, il eut une histoire mouvementée et ce n'est qu'en 1968 que d'importants travaux de rénovation furent entrepris pour le transformer en hostellerie.

On arrive toujours dans la cour d'honneur du château. A l'intérieur, différents petits salons ont été aménagés avec le souci que chacun trouve son plaisir (jeux, lecture, télévision). Les chambres sont ravissantes, donnant soit sur une cour fleurie gagnée par la vigne vierge, soit sur les arbres centenaires du parc. La décoration est sobre et de bon goût. Les repas sont servis dans une petite salle à manger ou sur la terrasse ombragée qui prolonge le salon. Très grande cordialité de l'accueil.

♦ *Itinéraire d'accès : à 50 km de Béziers - N 112 dir. Mazamet - à 5 km de Mazamet par D 109 et D 54.*

Au Vieux Relais

**82150 Montaigu-de-Quercy (Tarn-et-Garonne)
Tél. 63.94.46.63 - Mme Gauthier**

♦ *Ouverture du 1er mars au 3 janvier - Fermeture dimanche soir et lundi h.s* ♦ *3 chambres avec s.d.b. et w.c. - Prix des chambres : 130/180 F - Prix du petit déjeuner et horaire : 25/40 F - 7 h/12 h* ♦ *Cartes de crédit : Carte bleue - Eurocard* ♦ *Chiens admis* ♦ *Possibilités alentour : Piscine et tennis au village - Centre équestre à 6 km - Visite des châteaux - 11 chapelles anciennes dans le village* ♦ *Restaurant : service 12 h/13 h 30 - 19 h 30/21 h 30 - Fermeture dimanche soir et lundi h.s. - Menu : 115/190 F - Carte Spécialités : Confit et magret de canard - Foie gras frais en terrine Filet de boeuf à l'armagnac - Pâtisseries maison.*

Cet hôtel occupe un ancien relais de poste du XVe siècle, face à la place de la mairie, en haut du vieux village de Montaigu-de-Quercy. Dans ce cadre d'époque aux modestes dimensions et entretenu avec soin sont aménagées trois chambres très confortables et personnalisées, un petit salon avec télévision et une jolie salle à manger (que les éclats dorés de la décoration rehaussent peut-être avec excès).
On peut profiter pleinement du site en s'installant au pied de la façade à colombage, sur la petite terrasse cernée de fleurs et de verdure.
Le propriétaire, qui est le chef de cuisine, propose des spécialités régionales et une cave de vins millésimés.

♦ *Itinéraire d'accès : à 47 km de Cahors - D 911 - Fumel - D 102 - Montaigu.*

Hostellerie du Moulin du Pré

NORMANDIE

**14860 Bavent (Calvados)
Tél. 31.78.83.68 - M. Hamchin-Holtz**

♦ Ouverture toute l'année sauf du 1ᵉʳ au 15 mars et octobre - Fermeture dimanche soir et lundi sauf juillet, août et jours fériés ♦ 10 chambres avec tél. (7 avec s.d.b. et 5 avec w.c.) Prix des chambres : 125/230 F - Prix du petit déjeuner et horaire : 25 F - 8 h/10 h   ♦ Cartes de crédit : Carte bleue - Diners - Amex ♦ Chiens non admis   ♦ Possibilités alentour : Sports nautiques Tennis - Equitation   ♦ Restaurant : service 12 h 30/13 h 30 - 19 h 30/21 h - Fermeture dimanche soir et lundi sauf juillet, août et jours fériés - Menu : 200/230 F - Carte - Spécialités : Galantine de volaille au foie gras - Filets de sardines fraîches marinées.

En limite du pays d'Auge, cette ancienne ferme rénovée vous transporte en pleine campagne, dans une grande propriété avec étang. Mais la mer n'est pas loin, à 4 km à peine, et plage et campagne peuvent s'associer aisément. L'intérieur est confortable. Les chambres personnalisées donnent sur la verdure et bénéficient d'un grand calme (mais l'équipement sanitaire dépendra beaucoup de la chambre choisie).
Au rez-de-chaussée, la grande salle à manger et le salon sont accueillants et font que l'on s'y sent tout simplement bien.
Les repas, servis uniquement à l'intérieur, sont l'occasion d'apprécier une savoureuse cuisine maison. Certainement un hôtel où il fait bon séjourner même hors saison.

♦ Itinéraire d'accès : à Cabourg - D 513 direction Caen - Indication à 7 km sur la droite après Varaville.

NORMANDIE

Auberge Saint-Christophe

**14690 Pont-d'Ouilly (Calvados)
Tél. 31.69.81.23 - M. Lecoeur**

♦ *Ouverture toute l'année sauf février et octobre - Fermeture dimanche soir et lundi h.s.* ♦ *7 chambres avec tél. direct, s.d.b. et w.c. - Prix des chambres : 210 F - Prix du petit déjeuner et horaire : 28 F - 8 h/9 h 30 - Prix demi-pension et pension : 220 F 300 F (1 pers., 3 j. min.)* ♦ *Cartes de crédit : Carte bleue - Amex Eurocard* ♦ *Chiens admis avec supplément* ♦ *Possibilités alentour : Tennis - Equitation - Pêche - Canoë-kayak - Alpinisme à Clecy (10 km)* ♦ *Restaurant : service 12 h/13 h 30 - 19 h 30/21 h Fermeture dimanche soir et lundi du 1er octobre au 31 mai et le lundi du 1er juin au 30 sept. - Menu : 75/190 F - Carte - Spécialités : Ris de veau au pommeau - Gigot de lotte en civet - Mousse de pommes au calvados.*

L'auberge est une belle maison raffinée de la Suisse normande. L'aménagement intérieur répond par mille détails au souci du confort. Plantes et fleurs agrémentent des lieux où il fait bon séjourner : petit salon, salle des petits déjeuners qui, le soir, se transforme en petit bar, angles de pièces en retrait et aménagés pour qui recherche plus de calme encore. Les chambres sont coquettes et donnent sur la verdure d'un beau jardin. En saison, les déjeuners peuvent être servis en terrasse. A signaler d'ailleurs une bonne cuisine à l'image de l'auberge elle-même.
Enfin les propriétaires, jeunes et sympathiques, vous accueillent bien agréablement.

♦ *Itinéraire d'accès : à 1, 5 km de Pont d'Ouilly par la D 23 en direction de Thury-Harcourt.*

Relais de la Poste

NORMANDIE

14220 Thury-Harcourt (Calvados)
Tél. 31.79.72.12 - M. Foucher

♦ *Ouverture du 1er février au 15 novembre* ♦ *11 chambres avec tél. direct et s.d.b. (8 avec w.c.) - Prix des chambres : 180/250 F 350 F(appart.) - Prix du petit déjeuner et horaire : 30 F - à partir de 7 h 30 - Prix demi-pension et pension : 293/451 F - 396/554 F (1 pers., 3 j. min.)* ♦ *Cartes de crédit : Carte bleue - Amex - Diners* ♦ *Chiens admis - Garage fermé pour vélos ou kayaks* ♦ *Possibilités alentour : Equitation - Canoë-kayak - Randonnée pédestre - Golf de Clécy-Cantelou à 12 km* ♦ *Restaurant : service 12 h 30/14 h - 19 h 30/21 h - Menu : 85 F (midi en semaine) 110/190 F - Carte - Spécialités : Saumon et poissons fumés maison Fricassée de langue et pied d'agneau au pommeau - Pigeonneau rôti aux oignons confits - Tarte aux pommes chaudes.*

Dans cette auberge située à l'orée du charmant village de Thury-Harcourt vous trouverez un accueil chaleureux et sympathique.
Monsieur Foucher, le patron, est lui-même aux cuisines et son restaurant a été classé par Philippe Couderc comme l'un des meilleurs de Normandie. Sa réputation gastronomique n'est plus à faire et vous dégusterez ses spécialités de poisson fumé dans la belle salle à manger rustique. Près de l'entrée, le bar du même style où l'on peut regarder la télévision.
Les chambres décorées avec goût et simplicité dans des couleurs chaudes et pastel sont toutes différentes avec en commun le calme et le confort.

♦ *Itinéraire d'accès : à 26 km au sud de Caen - Route de Flers.*

Moulin de la Balisne

**Balines - 27130 Verneuil-sur-Avre (Eure)
Tél. 32.32.03.48 - M. Gastaldi**

♦ *Ouverture toute l'année - Fermeture le lundi sauf réservations*
♦ *10 chambres avec tél., (9 avec s.d.b et w.c) - Prix des chambres : 220/250 F - Prix du petit déjeuner et horaire : 25 F - 8 h/11 h - Prix demi-pension et pension : 250 F - 350 F (par pers.)*
♦ *Cartes de crédit : Amex - Diners - Visa - Carte bleue - Eurocard*
♦ *Chiens admis - Rivière et étang dans la propriété* ♦ *Possibilités alentour : Piscine - Tennis* ♦ *Restaurant : service 12 h/15 h - 19 h 30/22 h - Fermeture le lundi sauf réservation - Menu : 75/150 F - Carte - Spécialités : Feuilleté de St-Jacques à la normande - Cassolette de brochet au beurre blanc.*

Au premier abord, lorsque l'on aperçoit l'hôtel du bord de la nationale, on frémit un peu à la vue de cette proximité de la voie d'asphalte. Mais bien vite, une fois le porche franchi, l'on se rend à l'évidence que le calme règne, les seuls bruits de carrefour étant ceux de l'Avre et de l'Iton qui se rencontrent là. Dix hectares des terres alentour sont propriétés de l'hôtel, deux étangs s'y trouvent ainsi que quelques barques ; elles sont à votre disposition si la pêche vous tente. Lorsqu'il reprit ce moulin après avoir quitté Paris et la publicité, l'actuel propriétaire mit autant de ferveur à reconstruire ce qui n'était alors qu'une ruine qu'il en met désormais à donner aux chambres ce que l'on y trouve : caractère, charme et personnalité. Formes et ameublements varient, certaines chambres sous les toits donnent l'impression d'être perchées dans les arbres, mais toutes ont leur "petit quelque chose". Une bonne adresse pas trop éloignée de Paris, de Giverny, du Haras du Pin et du château d'Anet.

♦ *Itinéraire d'accès : à 116 km de Paris - à 35 km de Dreux.*

Château de la Rapée

NORMANDIE

**Bazincourt-sur-Epte - 27140 Gisors (Eure)
Tél. 32 55 11 61 - M. et Mme Bergeron**

♦ *Ouverture toute l'année sauf du 15 janvier au 1er mars et du 15 août au 1er septembre - Fermeture le mardi soir et le mercredi en hiver - le mercredi en été* ♦ *10 chambres avec tél., s.d.b. et w.c Prix des chambres : 240/380 F - Prix du petit déjeuner et horaire : 25 F - 8 h/10 h* ♦ *Cartes de crédit acceptées* ♦ *Petits chiens admis* ♦ *Possibilités alentour : Haras voisin pour équitation - Ball Trap à 1 km - Golf de Chaumont en Vexin 18 T à 15 km -* ♦ *Restaurant : Menu : 120/160 F - Carte : 220/250 F - Spécialités : Tarte au livarot - Anguilles en matelote - Douillon normand - Tartes chaudes aux fruits de saison.*

A moins d'une heure de Paris et à 4 km de Gisors, cette grande demeure normande du XIXe offre un cadre exceptionnel et idéal pour ceux qui recherchent le calme. Perdu au milieu de bois et de champs, au bout d'un sentier de terre, avec comme seul voisin un haras, cet hôtel possède des chambres confortables (les 4 grandes chambres sont au premier étage, la n°15 avec une terrasse), une salle à manger d'été et une d'hiver avec une belle cheminée. Monsieur Bergeron fait une bonne cuisine et Madame Bergeron est à l'accueil. Une atmosphère familiale et sympathique. Des tables dehors permettent de prendre petits déjeuners et consommations lorsque le temps le permet.

♦ *Itinéraire d'accès : à 70 km de Paris - à 6 km de Gisors , dir. Bazincourt. A 4 km environ, suivre fléchage.*

Auberge de l'Abbaye

NORMANDIE

27800 Le Bec-Hellouin (Eure)
Tél. 32.44.86.02 - Mme Sergent

♦ *Ouverture du 24 février au 7 janvier - Fermeture lundi soir et mardi h.s.* ♦ *8 chambres avec tél., s.d.b. et w.c. - Prix des chambres : 300/350 F - Prix du petit déjeuner et horaire : 30 F à partir de 8 h* ♦ *Cartes de crédit : Visa - Carte bleue - Eurocard MasterCard - Diners* ♦ *Chiens admis* ♦ *Possibilités alentour : Visite de l'abbaye du Bec Hellouin - Châteaux de Champ de Bataille et d'Harcourt - Musée de l'automobile - Equitation - Piscine - Pêche - Golf* ♦ *Restaurant : service 12 h 15 jusqu'à 21 h 30 - Fermeture lundi soir et mardi h.s. - Menu : 100/250 F Carte - Spécialités : Cassolette de homard - Ris de veau aux morilles - Gibier en saison - Tarte aux pommes.*

C'est une demeure du XVIIIe siècle, agréablement rénovée, toute proche de l'abbaye, au centre d'un très joli village.
Ce sont d'abord 8 chambres de style rustique, petites mais confortables et calmes, avec un équipement sanitaire complet. C'est une belle salle à manger avec cheminée aux murs blanchis à la chaux et c'est, dans ce cadre soigné, une table savoureuse et appréciée. Ajoutez l'agrément d'une cour intérieure fleurie, une petite terrasse sur le devant où prendre le frais, face à la place du village et enfin l'accueil très agréable des propriétaires qui connaissent de longue date leur métier et leurs clients.

♦ *Itinéraire d'accès : à 5 km de Brionne sur D 130 en direction de Pont-Audemer prendre à droite.*

Manoir de Calleville

NORMANDIE

Calleville - 27800 Brionne (Eure)
Tél. 32.44.94.11 - Mme Grassat

♦ *Ouverture de Pâques au 11 novembre - Fermeture mardi h.s.*
♦ *8 chambres avec tél. et w.c (6 avec s.d.b.) - Prix des chambres : 200/450 F - Prix du petit déjeuner et horaire : 32 F - 8 h 30/10 h*
♦ *Cartes de crédit non acceptées* ♦ *Chiens admis avec supplément - Piscine chauffée et tennis quick à l'hôtel*
♦ *Possibilités alentour : Visites de châteaux, d'abbayes - Randonnées - Pêche - Equitation* ♦ *Restaurant : service 12 h/ 13 h 30 - 19 h/21 h - Fermeture mardi h.s. - Menu : 110/230 F Carte - Spécialités : Cassolette d'escargots - St Pierre à l'oseille Coeur de charolais aux morilles.*

C'est une grande maison de belle allure, sise dans un petit parc fleuri d'un calme absolu. A l'intérieur comme à l'extérieur, l'impression est celle d'être reçu chez des amis. De bon confort et raffinées, les chambres s'offrent le luxe d'être spacieuses : demander la chambre blanche ou rose. Une salle à manger, point trop grande, paraît comme familiale, un petit salon confortable renforce l'impression d'intimité et de bien-être. La personnalité de l'hôtesse et de son fils a certainement marqué cet ancien manoir en lui évitant un agencement stéréotypé qui condamne trop souvent à l'anonymat.
Très grande qualité de la cuisine et superbe petit déjeuner.

♦ *Itinéraire d'accès : par la D 26, à 2 km de Brionne, direction le Neubourg.*

Auberge du Vieux Puits

NORMANDIE

27500 Pont-Audemer (Eure)
6, rue N.-D.-du-Pré
Tél. 32.41.01.48 - M. et Mme Foltz

♦ Ouverture du 18 janv. au 26 juin et du 6 juill. au 18 déc. - Fermeture lundi soir et mardi ♦ 12 chambres avec tél., (11 avec s.d.b. et 8 avec w.c.) - Prix des chambres : 130/330 F - Prix du petit déjeuner et horaire : 29 F - 8 h/9 h 30 ♦ Cartes de crédit : Visa - MasterCard - Eurochèques ♦ Chiens non admis ♦ Possibilités alentour : Piscine - Tennis - Equitation ♦ Restaurant : service 12 h/14 h - 19 h 30/21 h - Menu : 150 F (déjeuner en semaine) - 240 F - Carte - Spécialités : Canard aux griottes - Ravioles de langoustines - Tresse de lotte et de saumon.

Pont-Audemer est directement relié par l'autoroute, parfaite étape sur le chemin d'une Normandie intime, pour qui s'étonnera d'y dénicher ce clos de bâtiments de style parfaitement normand du XVIIe à colombages, protégeant un jardin fleuri où trônent le "Vieux Puits" et deux saules impressionnants (l'on y sert l'apéritif, le café et de bons goûters à la belle saison). Plusieurs petits salons douillets où prendre le thé ou lire au coin du feu, et une salle à manger un peu plus grande, décorée de faïences anciennes et de cuivres rutilants, où vous sera servie une cuisine très personnelle, avec des références à quelques recettes de la région. Pour dormir, vous avez le choix entre le charme rustique et simple des chambres des anciennes maisons, et le confort moderne de celles récemment ouvertes dans un bâtiment nouveau bien dans le style de l'ensemble lui aussi.

♦ Itinéraire d'accès : à 52 km de Rouen - A 13 sortie Bourneville - Pont-Audemer.

Les Saisons

NORMANDIE

**Vironvay - 27400 Louviers (Eure)
Tél. 32.40.02.56 - M. Bouchinet**

♦ *Ouverture toute l'année* ♦ *15 chambres (dont 5 appartements) avec tél., s.d.b. et w.c. - Prix des chambres : 320/650 F (appart.) - Prix du petit déjeuner et horaire : 45 F - 7 h 30/11 h* ♦ *Cartes de crédit : Eurocard - Amex - Visa* ♦ *Chiens admis avec supplément - Tennis à l'hôtel - Jeux pour enfants* ♦ *Possibilités alentour : Equitation - Promenades en forêt - Golf du Vaudreuil à 4 km, 18 T. - Piscine* ♦ *Restaurant : service 12 h/14 h 30 - 19 h/ 22 h - Fermeture dimanche soir et lundi - Menu : 120/165 F - Carte Spécialités : Homard grillé - Pavé aux noisettes - Cuisine saisonnière.*

Un hôtel dont les chambres, au lieu de se succéder d'étage en étage, se trouvent disséminées dans un parc ombragé ponctué ça et là de roseraies et de vergers : c'est ce que propose Les Saisons en pleine Normandie verdoyante.
Si vous pouvez ainsi retrouver la nuit venue votre pavillon au détour d'un bosquet, vous pouvez également vous détendre à toute heure du jour dans de petits salons propices à la lecture et aux plaisirs de la conversation.
Sur votre table, au gré des... saisons, sont servis des plats typiques de la gastronomie régionale préparés avec les produits du potager et de l'élevage propre à l'hôtel.

♦ *Itinéraire d'accès : à 108 km de Paris - à 5 km de Louviers - En venant de Paris par autoroute A 15 sortie Louviers-Sud, direction Louviers, à droite vers Vironvay (2 km de la sortie).*

Manoir de la Roche Torin

**50220 Courtils (Manche)
Tél. 33.70.96.55 - Télex 170 380 - Mme Barraux**

♦ *Ouverture du 15 mars au 12 novembre* ♦ *12 chambres .et une suite avec tél. direct, s.d.b. et w.c.(8 avec t.v et 3 avec minibar) - Prix des chambres : 290/520 F - Prix du petit déjeuner et horaire : 35 F - 8 h/10 h - Prix demi-pension : 490 F (1 pers.) 680 F (2 pers.)* ♦ *Cartes de crédit : Amex -Visa - Diners* ♦ *Chiens admis avec 30 F de supplément* ♦ *Possibilités alentour : Piscine, tennis, équitation dans un rayon de 10 km - Golf 30 km - Plages 25 km - Pêche au saumon 300 m - Promenades pédestres, entre autres au Mont-Saint-Michel* ♦ *Restaurant : service 19 h 30/21 h Fermeture mardi h.s. - Menu : 130/180 F - Carte - Spécialités : Fruits de mer - Poissons - Agneau de pré-salé.*

Un heureux compromis entre l'ancien et le contemporain caractérise la décoration de cette maison de maître du XXᵉ siècle.
Des tissus à fleurs ont été choisis pour le salon et ses confortables canapés. Dans la grande cheminée de la salle à manger grillent homards, côtes de bœuf et agneaux de pré-salé. Les chambres, comme le reste de la maison, mélangent le moderne et le rotin, le meuble d'époque et de style. Elles sont d'un grand confort.
Terrasse et jardin très agréables, avec service de bar et restauration à la belle saison.
Superbe endroit : outre les 2 ha du parc, entre le Mont-St-Michel et l'hôtel, il n'y a que la campagne et les prés...

♦ *Itinéraire d'accès : à 9 km du Mt-St-Michel - Route de la Baie, dir. Avranches - Courtils.*

Auberge de la Sélune

NORMANDIE

**50220 Ducey (Manche)
Tél. 33.48.53.62 - M. Girres**

♦ *Ouverture du 15 février au 15 janvier - Fermeture lundi du 1er octobre au 1er mars* ♦ *20 chambres avec tél., s.d.b. et w.c.) - Prix des chambres : 185/210 F - Prix du petit déjeuner et horaire : 22 F 7 h 30/9 h 30 - Prix demi-pension et pension : 162/178 F - 225/235 F (par pers., 4 j. min.)* ♦ *Cartes de crédit : MasterCard Eurocard - Visa* ♦ *Chiens non admis* ♦ *Possibilités alentour : Pêche au saumon - Tennis* ♦ *Restaurant : service 12 h/14 h - 19 h/21 h - Fermeture lundi du 1er octobre au 1er mars - Menu : 58/143 F - Carte - Spécialités : Pie au crabe - Râble de lapereau farci au vinaigre de cidre - Paupiettes de saumon au poiré - Mousse de rhubarbe glacée au coulis de framboises.*

L'auberge de la Sélune est un ancien hospice de belles proportions. Champêtre, elle se trouve à l'orée du village, dans un parc-jardin en bordure de rivière, la Sélune, où l'on peut, pêcheur, avoir la chance d'attraper un saumon...
L'auberge se compose de vastes pièces aux plafonds élevés, dans un entrelacs de couloirs et de dégagements. Les chambres ont été soigneusement aménagées de façon personnelle, avec, à travers teintes et meubles, un grand souci de la décoration, de tendance actuelle. Très bien tenue, raffinée et confortable, cette auberge est en droite ligne dans la bonne tradition hôtelière.

♦ *Itinéraire d'accès : En venant d'Avranches direction Alençon par N 176 - Hôtel indiqué à l'entrée de Ducey.*

NORMANDIE

Hôtel de France et des Fuchsias

50550 Saint-Vaast-la-Hougue (Manche)
Tél. 33.54.42.26 - M. et Mme Brix

♦ *Ouverture du 1er mars au 3 janvier - Fermeture lundi sauf vacances scolaires et hte s.* ♦ *32 chambres avec tél. direct, (27 avec s.d.b. et w.c.) - Prix des chambres : 95/320 F - Prix du petit déjeuner et horaire : 28 F - 8 h/10 h - Prix demi-pension et pension : 285 F - 335 F (1 pers.)* ♦ *Cartes de crédit : Carte bleue - Diners - MasterCard - Amex* ♦ *Chiens admis dans certaines chambres avec supplément* ♦ *Possibilités alentour : Tennis - Golf de Fontenay à Quinéville* ♦ *Restaurant : service 12 h/ 14 h - 19 h/21 h15 - Menu : 60/200 F - Carte - Spécialités : Suprême de barbue au sabayon d'estragon - Petite pêche de St Vaast à l'oseille - Cassolette de ris à la normande.*

Les fuchsias sont partout, comme un véritable tapis de haute laine vert et rose foncé sur la façade, en bouquets sur votre table dans la jolie salle à manger lambrissée tendue de tissu vieux rose, en longues grappes depuis la verrière de la salle à manger d'été jusque dans les motifs qui ornent votre assiette.

A Saint-Vaast-la-Hougue, sur la côte orientale de la presqu'île du Cotentin, si douce qu'y fleurissent les mimosas, cet ancien relais de poste devenu auberge au siècle dernier a également su trouver le ton juste avec ses chambres simples et raffinées dans leur ameublement et leurs dégradés de teintes.

La table associe avec bonheur les produits de la mer à ceux de la ferme voisine de Quettehou. Ce bel hôtel est en outre à portée d'un petit port de pêche, d'une plage de sable fin, des haies et des bocages d'une Normandie au climat particulièrement hospitalier.

♦ *Itinéraire d'accès : N 13 jusqu'à Montebourg puis direction Quettehou.*

Verte Campagne

NORMANDIE

50660 Trelly (Manche)
Tél. 33.47.65.33 - Mme Meredith - M. Desnos

♦ *Ouverture toute l'année sauf du 15 novembre au 6 décembre et du 15 au 28 février - Fermeture dimanche soir et lundi d'octobre à Pâques* ♦ *8 chambres avec tél., (5 avec s.d.b. et 3 avec w.c.) Prix des chambres : 150/310 F - Prix du petit déjeuner et horaire : 25 F 8 h 30/10 h -* ♦ *Cartes de crédit : Amex - Carte bleue* ♦ *Chiens non admis* ♦ *Possibilités alentour : Mer à 12 km - Tennis - Equitation - Golf à 20 km* ♦ *Restaurant : service 12 h 30/ 14 h 30 19 h 30/22 h - Fermeture dimanche soir et lundi d'octobre à Pâques - Menu : 105/125 F - Carte - Spécialités : Pot-au-feu de poisson - Cassolette de soles.*

C'est une authentique ferme normande du XVIIIe siècle, située au cœur du bocage normand, et qui mérite bien son nom de Verte Campagne. Ses dimensions sont modestes, ce qui préserve le caractère familier et même intime de la maison. La pierre apparente, le bois des poutres et du mobilier, les faïences anciennes et les cuivres font un intérieur à la fois rustique et recherché, confortable et chaleureux. La petite salle à manger et le salon possèdent de belles cheminées. Les chambres sont toutes différentes et aménagées avec le même souci d'unité et de confort. On peut apprécier le grand calme des lieux en s'installant dans le jardin fleuri (où les repas ne sont cependant pas servis). Enfin, une cuisine très appréciée et l'amabilité de l'accueil font de cette auberge une adresse précieuse à tous égards.

♦ *Itinéraire d'accès : à 45 km d'Avranches - à 55 km du Mont-St-Michel, en venant de Coutances, direction Granville par N 971, prendre à gauche à Quetreville direction Trelly; ensuite hôtel fléché.*

Château du Landel

**76220 Bezancourt (Seine-Maritime)
Tél. 35.90.16.01 - M. Cardon**

♦ *Ouverture toute l'année sauf du 15 novembre au 15 mars*
♦ *18 chambres avec tél., s.d.b. et w.c. - Prix des chambres : 280/480 F - Prix du petit déjeuner et horaire : 38 F - 8 h 30/10 h - Prix demi-pension à la demande* ♦ *Carte de crédit : Carte bleue*
♦ *Petits chiens admis avec supplément - Tennis à l'hôtel*
♦ *Possibilités alentour : Equitation - Promenades - Golf*
♦ *Restaurant : service 12 h 30/14 h - 19 h 30/21 h - Fermeture dimanche soir et lundi - Carte - Spécialités : Fonds d'artichauts pochés au saumon rose - Escargots sautés aux petits lardons - Magret de canard à la gelée de groseilles.*

Perdu en pleine forêt de Lyons, à proximité du charmant village de Bezancourt, cette ancienne verrerie du début du XVIIIe siècle, où M. et Mme Cardon vous accueilleront avec beaucoup de gentillesse, est une demeure de choix. M. Cardon, ancien agriculteur, sa femme et leurs fils ont su transformer la maison familiale en hôtel plein de charme et de quiétude. L'un de leurs fils s'occupe essentiellement de la cuisine et prépare avec amour des mets délicieux et raffinés que l'on vous servira dans un petit salon orné d'une magnifique cheminée avec feu de bois et sur une musique de Vivaldi. La décoration est à l'image des propriétaires, qui ont su garder le style demeure familiale ; toutes les chambres sont personnalisées et confortables.

♦ *Itinéraire d'accès : à 90 km de Paris, N 14 dir. Rouen, 5 km après Pontoise, D 53 dir. Dieppe puis D 915 ; à Neufmarché prendre direction Bezancourt.*

Manoir de Rétival

NORMANDIE

**76490 Caudebec-en-Caux (Seine-Maritime)
Tél. 35.96.11.22 - Mme Collet-Boitard**

♦ *Ouverture du 1er février au 31 octobre - Fermeture mercredi*
♦ *10 chambres avec tél., s.d.b. et w.c. - Prix des chambres : 240/500 F - Prix du petit déjeuner et horaire : 37 F - 8 h/10 h 15*
♦ *Cartes de crédit : Amex - Diners* ♦ *Chiens admis*
♦ *Possibilités alentour : Piscine - Tennis - Minigolf - Equitation*
♦ *Pas de restaurant.*

Sur la route des abbayes normandes, à proximité de celle de Saint-Wandrille que les Bénédictins occupent toujours, ce manoir insolite doit son charme à sa position dominante en bordure de Seine et à sa vue exceptionnelle sur la forêt de Brotonne, mais aussi à sa réfection méticuleuse selon les goûts du siècle dernier, friand de reconstitutions historiques et de mélange des genres.
L'intérieur a conservé le confort un peu désuet et nostalgique des demeures d'autrefois : les lambris, les meubles anciens, les portraits de famille, les lustres, les pendules et les girandoles vous retiennent dans leurs rets, loin des turbulences touristiques.

♦ *Itinéraire d'accès : sur autoroute A 13 dir. Caen-Le Havre, sortie Bourg-Achard dir. Pont de Brotonne - à Caudebec place du Général-de-Gaulle, direction site de Rétival.*

Le Donjon

**76790 Etretat (Seine-Maritime)
Tél. 35.27.08.23 - M. et Mme Abo-Dib**

♦ *Ouverture du 5 fév. au 15 nov. et du 15 décembre au 5 janvier*
♦ *7 chambres avec tél., s.d.b. et w.c. - Prix du petit déjeuner et horaire : 30 F - 8 h/10 h - Prix demi-pension : 400 F (1 pers.)*
♦ *Cartes de crédit : Amex - Carte bleue - Diners* ♦ *Chiens admis avec supplément - Piscine à l'hôtel* ♦ *Possibilités alentour : Tennis - Golf - Promenades - Visite de châteaux* ♦ *Restaurant : service 12 h/14 h - 19 h 30/22h - Ouverture tous les soirs et mardi, dimanche et fériés, à midi - Menu : 90/250 F - Carte - Spécialités : Fruits de mer - Poisson - Canard.*

Surplombant la charmante ville d'Etretat, ses galets et ses falaises, ce petit château enfoui sous le lierre est séduisant à tous points de vue.
Ses chambres, plus jolies les unes que les autres, portent des noms originaux : la Koala room (suite avec chambre d'enfants), la Serge room (la plus petite et une des plus charmantes avec vue sur la piscine), la suite chinoise, la rustique, ou la rétro room avec dentelles et photos du mariage des grands-parents de Mme Abo-Dib, la charmante propriétaire. Le rez-de-chaussée est formé de plusieurs petits salons décorés dans le style 1900, dont deux ou trois servent de salle à manger (l'un d'eux vous offre une vue panoramique sur les falaises d'Etretat) et un autre parfait pour la lecture. Le chef, plein d'idées, vous mijotera des plats de qualité.

♦ *Itinéraire d'accès : à 28 km du Havre - autoroute A 13 sortie pont de Tancarville - Bolbec-Goderville-Etretat.*

Auberge du Clos Normand

NORMANDIE

76370 Martin-Eglise (Seine-Maritime)
Tél. 35.82.71.01 - 35.82.71.31
M. et Mme Hauchecorne

♦ *Ouverture toute l'année sauf du 1er décembre au 15 janvier - Fermeture lundi soir et mardi* ♦ *9 chambres avec tél. direct, s.d.b. et w.c. - Prix des chambres : 220/350 F - Prix du petit déjeuner et horaire : 25 F - 8 h/10 h - Prix demi-pension : 340 F (1 pers., 3 j. min.)* ♦ *Cartes de crédit : Visa - Access - MasterCard - Amex - Diners* ♦ *Chiens admis* ♦ *Possibilités alentour : Plage de Dieppe - Golf de Dieppe à 5 km, 18 T. - Equitation - Tennis - Thalassothérapie - Châteaux du pays de Caux* ♦ *Restaurant : service 12 h/14 h - 19 h/21 h - Fermeture lundi soir et mardi - Carte seulement - Spécialités : Tarte aux moules Turbot sauce crème estragon - Caneton "ma pomme" - Fricassée riz et rognon de veau.*

C'est une belle auberge du XVe siècle en lisière de la forêt d'Arques et à quelques kilomètres de la mer. De la salle à manger, coquette et rustique, on peut voir le chef à ses fourneaux, ce qui crée une atmosphère détendue et complice. Grâce au jardin en bordure de rivière, vous pouvez déjeuner dans un cadre verdoyant.
Neuf chambres ont été aménagées en annexe, au fond du jardin, et bénéficient d'un grand calme ; elles sont toutes différentes, égayées de papiers peints fleuris, et toutes donnent sur la verdure.

♦ *Itinéraire d'accès : à 5 km de Dieppe direction Abbeville - sur la D 1.*

Auberge de la Rouge

St-Léonard - 76400 Fécamp (Seine-Maritime)
Route du Havre
Tél. 35.28.07.59 - M. Guyot

♦ *Ouverture toute l'année sauf trois semaines en février*
♦ *8 chambres avec tél. direct, s.d.b. et w.c. - Prix des chambres : 240 F - Prix du petit déjeuner et horaire : 25 F - 7 h/10 h - Prix demi-pension 280 F (1 pers., 3 nuits min.)* ♦ *Cartes de crédit : Diners - Carte bleue - Amex - Eurocard* ♦ *Chiens admis*
♦ *Possibilités alentour : Falaises d'Etretat (8 km) - Fécamp - Sports nautiques - Golf d'Etretat 18 T., tél. 35.27.04.89*
♦ *Restaurant : service 12 h/14 h 30 - 19 h/21 h 30 - Fermeture dimanche soir et lundi - Menu : 80/220 F - Carte - Spécialités : Poissons - Gibier en saison - desserts variés.*

Bien que située sur une route nationale à 2 km de Fécamp, cette auberge normande n'en a aucun des inconvénients : les chambres récemment construites dans l'ancienne salle de bal donnent sur le jardin et sont insonorisées. Toutes identiques, elles ont une mezzanine avec lit supplémentaire, elles sont modernes et confortables. Les salles de bains sont équipées de douches. Au restaurant les menus proposés sont délicieux et copieux. Avec un décor soigné et rustique un accueil des plus chaleureux, cet hôtel marque une étape agréable et confortable.

♦ *Itinéraire d'accès : à 2 km de Fécamp - Route du Havre à Goderville.*

Hôtel du Golf de la Bretesche

PAYS DE LA LOIRE

**44780 Missillac (Loire-Atlantique)
Tél. 40.88.30.05 - Télex 701976 - M. et Mme Valats**

♦ *Ouverture du 1er mars au 31 janvier   ♦ 27 chambres avec tél. et s.d.b. (23 avec w.c.) - Prix des chambres : 320/430 F - Prix du petit déjeuner et horaire : 30 F - 7 h 15/10 h - Prix demi-pension et pension (obligatoire juillet-août, 2 j. min) : 565/655 F (2 pers.) 740/860F   ♦ Cartes de crédit : Visa - Access - MasterCard - Eurocard   ♦ Chiens admis avec supplément sauf au restaurant Tennis - Piscine - Golf de 18 T. à l'hôtel   ♦ Possibilités alentour : Forêt à proximité - Mer à 30 km - Grande Brière - Golfe du Morbihan   ♦ Restaurant : service 12 h /14 h - 19 h /21 h 30 - Menu : 95/260 F - Carte - Spécialités : Suprême de turbot à l'estragon - Filet de veau au calvados - Nougat glacé.*

L'hôtel est installé dans les communs du château de la Bretesche qui fut au XIVe siècle la résidence des barons de la Roche-Bernard. Le magnifique parc de 200 ha contigu à la très belle forêt de la Bretesche offre de grandes possibilités. De plus vous trouverez dans l'hôtel piscine et tennis et vous serez à côté du golf de la Bretesche (18 trous). Les chambres sont très joliment meublées et d'un grand confort, la table très raffinée et l'accueil agréable. Le très confortable salon aménagé dans les anciennes écuries offre de vastes fauteuils pour la détente. La salle de restaurant a une grande cheminée d'époque et des baies vitrées donnant sur le lac. La vaste cour pavée du siècle dernier s'ouvre sur une belle terrasse fleurie. Environnement, raffinement, accueil, possibilités de loisirs variés et cuisine gastronomique font de cet hôtel un lieu de séjour plus qu'une simple étape.

♦ *Itinéraire d'accès : à 61 km de Nantes - N 165 dir. Vannes - D 2 dir. Redon, Missillac.*

Auberge de Kerhinet

PAYS DE LA LOIRE

**44410 Saint-Lyphard (Loire-Atlantique)
Tél. 40.61.91.46 - M. Pebay-Arnauné**

♦ *Ouverture toute l'année - Fermeture mardi soir et mercredi h.s*
♦ *7 chambres avec tél., s.d.b. et w.c. - Prix des chambres : 160 F (simple) - 190 F (double) - Prix du petit déjeuner et horaire : 20 F jusqu'à 10 h 30* ♦ *Cartes de crédit : Carte bleue - Amex - Diners MasterCard* ♦ *Chiens admis* ♦ *Possibilités alentour : Location de vélos - La Baule à 15 km* ♦ *Restaurant : service 12 h/14 h 30 - 19 h/23 h - Fermeture mardi soir et mercredi h.s - Menu : 60/160 F Carte - Spécialités : Anguilles au roquefort - Cuisses de grenouilles fraîches - Canard aux pêches - Confit de canard.*

Cette merveilleuse petite auberge fait partie d'un village classé parfaitement reconstitué et restauré.
Toit de chaume, pierre, la recette est simple et le résultat a la beauté de tout ce qui est fait avec respect. Esprit rustique, saveur campagne aussi bien dans la salle à manger et le bar que dans les chambres, regroupées dans un pavillon calme.
Bonne cuisine et accueil chaleureux, bonne adresse du terroir.

♦ *Itinéraire d'accès : à 21 km de St-Nazaire - à 15 km de la Baule.*

Château de la Grifferaie

PAYS DE LA LOIRE

**49150 Echemiré-Baugé (Maine-et-Loire)
Tél. 41.89.70.25 - M. Tixier**

♦ *Ouverture de Pâques à Toussaint inclus* ♦ *9 chambres avec tél. direct (7 avec s.d.b. et w.c.) dont 2 peuvent former des suites - Prix des chambres : 350/650 F - Prix du petit déjeuner et horaire : 40 F - à la demande* ♦ *Cartes de crédit : Amex - Visa - Mastercard* ♦ *Chiens admis - Tennis et vélos à l'hôtel* ♦ *Possibilités alentour : Châteaux de la Loire - Saumur - Abbaye de Fontevraud et bords de Loire - Piscine à 4 km - Equitation à 6 km - Golf de St-Jean-des-Mauvrets à 30 km, 9 T - Golf de Fontevraud à 40 km, 18 T.* ♦ *Restaurant : service 12 h - 20 h Menu : 165/210 F - Carte - Spécialités : Foie gras - Confits - Magret de canard - Saumon - Brochet au beurre blanc.*

Pour mener la vie de château dans un site vallonné et boisé du Beaugeois, la Grifferaie et son propriétaire Jean-Michel Tixier vous proposent leurs chambres d'hôte.
Le château Napoléon III de style Louis XIII, typiquement angevin, en pierre de tuffeau, très ouvragé et construit sur les restes d'un ancien château par le marquis d'Andigné, est situé dans un très beau parc aux essences multiples et variées. Les chambres sont spacieuses, toutes meublées à l'ancienne avec des tableaux et des bibelots raffinés.

♦ *Itinéraire d'accès : Autoroute Paris-Angers, sortie Durtal ou Seiches-sur-Loir, puis N 766.*

PAYS DE LA LOIRE

L'Ermitage

53340 Saulges (Mayenne)
Tél. 43.90.52.28 - M. et Mme Janvier

♦ *Ouverture du 24 février au 12 janvier - Fermeture dimanche soir et lundi sauf du 1er mai au 25 septembre* ♦ *26 chambres avec tél.direct, s.d.b., t.v. et minibar (24 avec w.c.) - Prix des chambres : 140/250 F - Prix du petit déjeuner et horaire : 21 F - 7 h 30/ 10 h 15 - Prix demi-pension et pension : 170/210 F - 195/240 F (2 pers., 4 j. min.)* ♦ *Cartes de crédit : Carte bleue - Eurocard - Visa* ♦ *Chiens admis avec supplément* ♦ *Possibilités alentour : Baignade et tennis à 500 m - Abbaye de Solesmes à 20 km - Grottes préhistoriques à 2 km - 2 églises à Saulges dont une mérovingienne* ♦ *Restaurant : service 12 h/13 h 45 - 19 h 15/21 h - Fermeture dimanche soir et lundi sauf du 1er mai au 25 septembre - Menu : 80/170 F - Carte - Spécialités : Saumon sauce Ermitage - Volaille au cidre et aux pommes - Filets de truite saumonée fumée maison - Desserts maison.*

L'Ermitage est situé dans la région Erve et Vegre, deux charmantes rivières poissonneuses, au cœur de la Mayenne. C'est un bâtiment moderne, installé au centre du petit bourg très calme de Saulges.
Les chambres viennent d'être rénovées, toutes sont avec vue sur la campagne (toutes sont équipées de minibar et télévision) ; le jardin est très agréable et la cuisine de M. Janvier légère et inventive. Les possibilités touristiques ne manquent pas avec deux belles églises et les grottes de Roquefort et Margot à Saulges même, les châteaux de Sillé-le-Guillaume, de Fresnay et de Lassay.

♦ *Itinéraire d'accès : Autoroute F 11 Paris-Rennes, sortie n°2 à Vaiges.*

Hostellerie du château de Maleffre

**Arçonnay - 72610 Saint-Paterne (Sarthe)
Tél. 33.31.82.78 - M. G. Nanteuil**

♦ *Ouverture du 5 janvier au 23 décembre* ♦ *13 chambres (5 avec s.d.b., 1 avec w.c.) - Prix des chambres : 85/260 F - Prix du petit déjeuner : 21 F* ♦ *Cartes de crédit : Visa - MasterCard* ♦ *Chiens admis avec 25 F de supplément* ♦ *Possibilités alentour : Forêt - Alpes Mancelles (culminant à 357 m) - Alençon à 5 minutes avec toutes ses possibilités touristiques* ♦ *Restaurant : service 20 h - Fermeture vendredi, samedi et dimanche - Menu : 115 F vin compris - Spécialités : Table d'hôte - Cuisine familiale.*

C'est une demeure de famille, qui appartient aux Nanteuil depuis 1900 (grands-parents du propriétaire actuel).
M. Gaëtan de Nanteuil accueille ses clients en amis dans une ambiance familiale, ce qui n'est pas pour plaire forcément à tout le monde. En effet, les chambres joliment meublées n'ont pas de téléphone, le petit déjeuner est servi uniquement dans la salle à manger et le repas du soir autour de la table d'hôte. Cette formule par contre, si l'on en juge par les dédicaces du livre d'or, a l'air de plaire par son originalité qui met en contact pour un soir des touristes de tous les horizons.
Si vous avez besoin de solitude, vous pouvez toujours aller faire un tour dans le ravissant jardin en compagnie des canards.

♦ *Itinéraire d'accès : De Paris, la RN 12 jusqu'à Alençon, puis RN 138 pendant 5 à 6 km et à gauche après Arçonnay.*

PAYS DE LA LOIRE

Relais Laurent

72540 Loué (Sarthe)
Tél. 43.88.40.03 - Télex 722 013 - M. Laurent

♦ *Ouverture toute l'année sauf janvier, février et mars* ♦ *22 chambres avec tél., s.d.b.(20 avec w.c) - Prix des chambres : 200/1200 F - Prix du petit déjeuner et horaire : 65 F - 7 h 30/ 10 h 30 - Prix demi-pension 800/1700 F (2 pers.)* ♦ *Cartes de crédit : Amex - Diners - Visa - Eurocard* ♦ *Chiens admis - Piscine chauffée à l'hôtel* ♦ *Possibilités alentour : Tennis à 1 km - Equitation - Les châteaux de la Loire* ♦ *Restaurant : service 12 h/14 h30 - 19 h 30/22 h - Menu : 190/450 F - Carte - Spécialités : Galette de sarrasin aux légumes nouveaux - Pigeon en ballottine aux lentilles - Rêve d'enfant sage .*

Situé dans le très typique bourg de Loué, l'ancien hôtel Ricordeau a changé de propriétaire. Les nouveaux occupants des lieux ont décidé de donner un coup de neuf à l'ancien relais de poste en rénovant les chambres dont certaines ont été transformées en appartements.
Un jardin fleuri, une grande vigne vierge et une belle terrasse idéale pour prendre un verre l'été font partie du charme de cet hôtel. Les chambres, décorées avec soin, et la cuisine traditionnelle de qualité en font une étape agréable sur la route Paris-Bretagne . L'hôtel dispose en outre de salons privés et de salles de réunion suffisamment à l'écart pour que les réceptions et séminaires ne dérangent pas trop les hôtes privés.

♦ *Itinéraire d'accès : de Paris par autoroute sortie Le Mans-ouest, la N 157 direction Laval, puis la D 21 jusqu'à Loué.*

Auberge du Port-des-Roches

PAYS DE LA LOIRE

**72800 Luché-Pringé (Sarthe)
Tél. 43.45.44.48 - M.et Mme Martin**

Ouverture toute l'année - Fermeture dimanche soir et lundi 15 chambres avec tél., (12 avec s.d.b. et 5 avec w.c.) - Prix des chambres : 160/250 F - Prix du petit déjeuner et horaire : 22 F h 30/9 h - Prix demi-pension et pension : 190/230 F - 220/260 F pers., 5 j. min.) ♦ *Cartes de crédit : Carte bleue - Diners Chiens non admis* ♦ *Possibilités alentour : Plan d'eau à Mansigné (voile, tennis, pêche) - Circuits équestres, pédestres Château de Lude à 10 mn (spectacle nocturne)* ♦ *Restaurant : ervice 12 h/13 h 30 - 19 h 15/20 h 30 - Fermeture dimanche soir t lundi - Menu : 110/150 F - Carte - Spécialités : Escalope de andre au vinaigre de cidre - Salade aux foies et gésiers de volaille.*

es fleurs sont partout : sur la façade, aux fenêtres des chambres et ur la très jolie terrasse donnant sur le Loir.
'auberge est accueillante avec ses quinze chambres confortables et laires.
a propriétaire est charmante, très souriante ; M. Martin est aux ourneaux et choisit ses repas en fonction du marché. Il y a un salon vec télévision et une vaste salle à manger avec ses baies donnant ur la cour d'arrivée.
Une halte privilégiée à deux heures de Paris dans cette région de arthe où tous les villages rivalisent de coquetterie en se parant de leurs multicolores.

Itinéraire d'accès : de Paris par autoroute sortie le Mans-Est, irection la Flèche, puis D 13 et D 214.

Hôtel du Martinet

**85230 Bouin (Vendée)
Tél. 51.49.08.94 - Mme Huchet**

♦ *Ouverture toute l'année* ♦ *16 chambres avec tél. direct, s.d.b
w.c., t.v. sur demande - Prix des chambres : 165/245 F - Prix d
petit déjeuner et horaire : 22 F* ♦ *Carte de crédit : Vis
♦ Petits chiens admis* ♦ *Possibilités alentour : Promenades dan
le marais - Noirmoutier à 15 km - Visite du parc à huîtres - Piscin
et tennis à 8 km* ♦ *Pas de restaurant.*

On ne peut qu'être séduit par cette vieille maison fin XVIIIe où règn
une atmosphère de maison bien entretenue et où l'odeur de la cire s
mêle à celle des bouquets de fleurs coupées. Dans les chambres d
rez-de-chaussée ou du premier étage, le mobilier est simple mais trè
confortable. Sous les combles on a aménagé deux chambres idéale
pour des familles de 4 personnes. Un grand parc s'étend derrière l
maison d'où l'on a une belle vue sur la campagne et le mara
vendéen. Il n'y a pas de restaurant à l'hôtel mais le mari de l
propriétaire, ostréiculteur, se fera un plaisir de vous faire déguste
les huîtres de son parc.

♦ *Itinéraire d'accès : à 51 km de Nantes - D 751 dir. Noirmoutier
Port St Père - D 758 dir. Noirmoutier - Bouin.*

Logis de La Couperie

**85000 La-Roche-sur-Yon (Vendée)
Tél. 51.37.21.19 - Mme Oliveau**

♦ *Ouverture toute l'année* ♦ *9 chambres avec tél. direct et s.d.b. (7 avec w.c.) t.v sur demande - Prix des chambres : 165/350 F - Prix du petit déjeuner et horaire : 27 F - 7 h 30/10 h* ♦ *Cartes de crédit acceptées* ♦ *Chiens non admis* ♦ *Possibilités alentour : Sentiers pédestres en pleine campagne - Circuit vélo - Vol à voile - Planche à voile au lac* ♦ *Pas de restaurant.*

Le Logis de la Couperie est situé en pleine campagne, dans un grand jardin de 3 000 m², à cinq minutes de la Roche-sur-Yon. Vous y trouverez le calme et un accueil chaleureux.
Les chambres, toutes grandes et confortables, sont meublées avec goût avec du mobilier régional. Un magnifique escalier à colombage mène aux étages et une bibliothèque bien fournie est à votre disposition pour le cas où vous auriez déserté le salon où l'on peut bien sûr regarder la télévision.
Le petit déjeuner est servi dans la salle à manger, une ancienne boulangerie qui a conservé ses fours.

♦ *Itinéraire d'accès : sur la D 80, à 5 mn du centre-ville, par la RN de Niort ou la RN de Cholet.*

La Barbacane

**85130 Tiffauges (Vendée)
Tél. 51.65.75.59 - Mme Bidan**

♦ *Ouverture toute l'année* ♦ *16 chambres avec tél. direct, s.d.b., w.c. et t.v. - Prix des chambres : 185/305 F - Prix du petit déjeuner et horaire : 22 F - 7 h/10 h 30* ♦ *Cartes de crédit : Diners - Visa* ♦ *Chiens admis* ♦ *Possibilités alentour : Château de Barbe Bleue Visite de vignobles - Tennis - Equitation à 7 km - Piscine à 12 km - Cinéscénie de Puy du Fou à 25 mn* ♦ *Pas de restaurant.*

La Barbacane est une belle demeure du XIXe siècle avec un parc d'un hectare qui s'étend sur l'arrière de la maison.
Toutes les chambres sont confortables, pourvues d'agréables salles de bains très fonctionnelles. Certaines donnent sur la cour d'arrivée devant l'église, d'autres sur le parc et celles du dernier étage ont une vue panoramique sur le château de Barbe Bleue.
En été un service bar est assuré dans le jardin planté de cèdres centenaires et de magnolias, où fleurissent rosiers et glycines.

♦ *Itinéraire d'accès : Nantes - N 149 dir. Bressuire - La Colonne - D 753 dir. Montaigu - à 3 km . De Cholet D753, route de Noirmoutier.*

Baumotel - La Chaumière

PAYS DE LA LOIRE

**La Trique - 85290 Saint-Laurent-sur-Sèvre (Vendée)
Tél. 51.67.88.12 - Télex 701 758 - M. et Mme Baume**

♦ *Ouverture toute l'année sauf 1 semaine en février*
♦ *23 chambres avec tél., s.d.b., w.c., t.v. et minibar - Prix des chambres : 195/395 F - Prix du petit déjeuner et horaire : 36/40 F 7 h 30/9 h 30 - Prix demi-pension et pension : 250/490 F - 310/590 F (1 pers., 3 nuits min.)* ♦ *Cartes de crédit : Carte bleue Diners - Amex - MasterCard - Eurocard* ♦ *Chiens admis avec supplément - Piscine à l'hôtel* ♦ *Possibilités alentour : Promenades pédestres dans la vallée de la Serre - Pêche en rivière*
♦ *Restaurant : service 12 h/14 h 30 - 19 h 30/22 h - Menu : 98/260 F - Menu enfant : 50 F - Carte - Spécialités : Foie gras frais maison - Cuisses de grenouilles - Huîtres chaudes maraichines - Anguilles - Feuillantine aux fraises.*

Derrière cet hôtel composé d'une partie ancienne (la chaumière) et d'un bâtiment plus récent s'étire un jardin de 2 ha abritant une piscine, un "pavillon" et un bungalow.
Les chambres, qui donnent sur le parc, offrent toutes un confort moderne et nous avons une préférence pour celles qui se tiennent dans la chaumière, même si elles sont moins grandes que les autres. On déguste l'excellente cuisine du propriétaire dans une salle à manger qui surplombe le jardin, ou même sur la terrasse en plein été.
Seul point noir, la situation du Baumotel qui est au bord d'une route dans une zone un peu abîmée, mais dont on arrive à faire abstraction tant la vie de l'hôtel est définitivement tournée vers le jardin. Une étape agréable si vous vous trouvez en Vendée.

♦ *Itinéraire d'accès : à 10 km de Cholet - route de Pouzauges - à 200 m du carrefour de la Trique.*

POITOU CHARENTES

Hostellerie Sainte-Catherine

**16220 Montbron (Charente)
Tél. 45.23.60.03 - Mme Chupin**

♦ *Ouverture toute l'année* ♦ *18 chambres avec tél. direct, s.d.b. et w.c. - Prix des chambres : 180/450 F - Prix du petit déjeuner et horaire : 40 F - 7 h 30/10 h - Prix demi-pension : 450/560 F (1 pers., 3 j. min.)* ♦ *Cartes de crédit : Carte bleue - Amex - Diners - Eurocard* ♦ *Chiens admis - Piscine et ping-pong à l'hôtel* ♦ *Possibilités alentour : Tennis - Equitation - Promenades en forêt Grotte du Querois* ♦ *Restaurant : service 12 h/14 h - 19 h 30/22 h Menu : 140/230 F - Carte.*

Belle et sobre construction de pierre dans un grand parc, l'hostellerie Sainte-Catherine est une ancienne demeure du XVIIe siècle que l'impératrice Joséphine fit agrandir par la construction de deux ailes aux extrémités, au début du XIXe siècle.
En contraste avec l'extérieur, l'aménagement et la décoration intérieurs font rivaliser matières, couleurs et lignes jusqu'à l'excès avec les moquettes, les tapisseries à grands motifs couvrant les plafonds, les velours, les tentures et le mobilier assez raffiné aux styles très divers, en passant par une fort jolie cheminée au manteau de bois dans l'une des salles de restaurant. Le tout est spacieux, confortable et "fini", jusque dans les moindres détails, donnant ainsi à cet hôtel son atmosphère cossue et feutrée.

♦ *Itinéraire d'accès : à 25 km d'Angoulême - 14 km de La Rochefoucault - D 16 route de Marthon à Montbron.*

Moulin de Cierzac

POITOU CHARENTES

**16660 Saint-Fort-sur-le-Né (Charente)
Tél. 45.83.01.32 - M. et Mme Labouly**

♦ *Ouverture toute l'année sauf février - Fermeture lundi h.s.*
♦ *10 chambres avec tél., (9 avec s.d.b. et 5 avec w.c.) - Prix des chambres : 210/450 F - Prix du petit déjeuner et horaire : 40 F - à partir de 7 h 30* ♦ *Cartes de crédit : Carte bleue - Amex*
♦ *Chiens admis avec supplément* ♦ *Possibilités alentour : Piscine Tennis - Equitation* ♦ *Restaurant : service 12 h/14 h 15- 19 h/ 21 h 45 - Fermeture lundi h.s. - Menu : 130/180 F - Carte - Spécialités : suivant les saisons.*

Cet ancien moulin est une très belle demeure du XVIIe siècle située au bord d'une petite rivière, à la sortie du village, en contrebas de la route, mais celle-ci n'est pas très fréquentée et les chambres disposent de vitres épaisses.
Les stricts alignements des fenêtres aux volets blancs sur le fond vert du lierre de la façade sont déjà bien à l'image de la grande tenue et du confort de cet établissement.
Les dix chambres proposées sont irréprochables dans leurs aménagements et leur confort (télévision dans 4 chambres). Un petit salon au mobilier rustique et une belle salle à manger donnant sur un jardin sont aménagés avec le même soin et le même goût.
Enjambant la rivière, le très joli jardin conduit jusqu'à un petit bois.
Enfin, le Moulin de Cierzac est aussi un relais gastronomique réputé (spécialités charentaises, nouvelle cuisine).
Endroit de grande qualité.

♦ *Itinéraire d'accès : à 12 km de Cognac par la D 731.*

Logis de Beaulieu

**St-Laurent de Cognac
16100 Cognac (Charente)
Tél. 45.82.30.50 - Télex 791 020
Mme D. Biancheri Bigarani**

♦ *Ouverture toute l'année* ♦ *21 chambres avec tél., (17 avec s.d.b. et 14 avec w.c.) - Prix des chambres : 100/450 F - Prix du petit déjeuner et horaire : 30 F - 7 h/11 h - Prix demi-pension et pension : 250 F - 330 F (1 pers., 3 j. min.)* ♦ *Cartes de crédit : Carte bleue - Amex - Diners - Visa - Access* ♦ *Chiens admis avec supplément* ♦ *Possibilités alentour : Tennis - Promenades - Piscine* ♦ *Restaurant : service 12 h/14 h - 19 h/21 h 30 - Menu : 110/160 F - Carte - Spécialités : Huîtres gratinées façon Beaulieu - Pineau - Cognac.*

A 5 km de Cognac, situé dans un parc de 6 ha entouré de vignobles produisant le plus célèbre alcool du monde, le cognac, le Logis de Beaulieu vous assure le calme, le confort, la gastronomie.
Les pièces de réception et les chambres sont très bien meublées, le style intérieur de la maison ajoutant beaucoup au charme des lieux.
Au restaurant, vous pourrez terminer un délicieux repas par un des cognacs tirés de la fameuse collection de Mme Biancheri.

♦ *Itinéraire d'accès : à 5 km de Cognac - N 141.*

Le Prieuré

POITOU CHARENTES

**17380 Tonnay-Boutonne (Charente-Maritime)
Tél. 46.33.20.18 - M. Vernoux**

♦ *Ouverture toute l'année* ♦ *18 chambres avec tél., t.v , s.d.b., et w.c. - Prix des chambres : 200/300 F - Prix du petit déjeuner et horaire : 30 F - 8 h/10 h - Prix demi-pension : 400 F (1 pers.) 540 F (2 pers., 3 j. min.)* ♦ *Carte de crédit : Visa* ♦ *Chiens non admis* ♦ *Possibilités alentour : Tennis en face de l'hôtel - Piscine au village - Randonnées* ♦ *Restaurant : service 20 h/21 h - Fermé du 15 déc. au 15 janv. - Menu : 125 F - Carte - Spécialités : Cuisine régionale et familiale.*

Voici la maison charentaise typique avec son allure massive, sa pierre et ses angles droits. Maison, elle l'est toujours, tant le climat "familial" est fort. Ses petits salons à l'entrée n'ont rien de guindé ; on y trouve cheminée, coin détente, lectures et plantes vertes.
La salle à manger offre un beau camaïeu de différents bois : bois du plancher, bois du mobilier et bois des fenêtres. Des tableaux aux tons reposants s'intègrent bien à l'ensemble. Les chambres de style sont très confortables et les salles de bains sont toutes neuves, le tout d'une grande propreté.
En annexe se trouve une petite maison avec deux chambres, en plein jardin, dans la verdure. Enfin, les propriétaires sont des gens de contact facile et agréable.

♦ *Itinéraire d'accès : autoroute A 10 - Sortie St-Jean-d'Angely - D 739 direction Rochefort-Tonnay.*

Au Marais

**Coulon - 79510 Frontenay-Rohan (Deux-Sèvres)
Tél. 49.35.90.43 - Mme Mathé**

♦ *Ouverture du 1er mars au 1er novembre* ♦ *11 chambres avec tél., s.d.b. et w.c. - Prix des chambres : 235/260 F - Prix du petit déjeuner et horaire : 30 F - 7h30/10 h - Prix demi-pension et pension : 400 F - 520 F (1 pers., 2 j. min.)* ♦ *Cartes de crédit : Carte bleue- Visa* ♦ *Chiens admis avec supplément* ♦ *Possibilités alentour : Piscine à 4 km - Tennis au village - Promenades dans le marais poitevin - Equitation à 10 km - Forêts* ♦ *Restaurant : service 12 h/14 h - 20 h/21 h 30 - Fermeture dimanche soir et lundi. En été dimanche soir seulement - Menu : 150 F - Carte - Spécialités : Minute de lapin à la coriandre - Lumas au jambon et au laurier - Plateau aux 14 fromages de chèvre.*

Toute la magie du marais poitevin est là, à deux pas, devant vous, car la Sèvre niortaise passe en face même de l'hôtel, à demi couverte de lentilles, et les bateaux qui vous mènent en promenade prennent leur départ à quelques mètres de là... La maison est une construction classique du Poitou, totalement restaurée mais sans avoir été dénaturée. On a pris soin de choisir un mobilier qui soit du style de la région. Les chambres sont agréables et les installations sanitaires bien conçues. Le restaurant est séparé de l'hôtel, ce qui vous assure davantage de calme et de tranquillité. Et c'est un restaurant où sont préparées de vraies bonnes choses à base de produits du marché. Enfin, à noter, un accueil d'une très grande gentillesse.

♦ *Itinéraire d'accès : à 10 km de Niort - Sur A10 : soit sortie n°23, dir. marais poitevin, Coulon ; soit sortie n°22, Niort, puis 10 km par la D 9, Coulon.*

Auberge Charembeau

PROVENCE
COTE D'AZUR

**04300 Forcalquier (Alpes-de-Haute-Provence)
Tél. 92.75.05.69 - Mme Berger**

♦ *Ouverture du 15 février au 15 novembre (location de chambres h.s.)* ♦ *12 chambres avec douche, tél. et w.c. - Prix des chambres : 185/238 F - Prix du petit déjeuner et horaire : 27 F - 7 h 45/9 h 30 Prix demi-pension et pension : 216 F - 290 F (par pers. en chambre double, 2 j. min.)* ♦ *Carte de crédit : Carte bleue* ♦ *Chiens admis avec 15 F de supplément - Piscine, vélos de montagne, tennis à l'hôtel* ♦ *Possibilités alentour : Promenades pédestres, randonnées en vélos de montagne* ♦ *Restaurant : service 12 h 30/ 13 h - 19 h 30/20 h - réservé aux résidents - Fermeture lundi sauf juillet et août - Menu et carte - Spécialités : Brouillade de cèpes - Ragoût de coquilles St-Jacques - Pieds et paquets - Daube provençale .*

Cette petite auberge enchanteresse se trouve en pleine campagne dans la très belle région de Forcalquier. C'est une vieille maison restaurée, au climat très familial, tenue par un couple fort sympathique. Au rez-de-chaussée, une salle à manger intime vous attend pour savourer une bonne cuisine du terroir, et, à côté, un petit salon vous offre ses lectures. Les chambres, qui donnent toutes sur la campagne environnante, sont un exemple de simplicité et de bon goût. Devant la maison, une terrasse promet des farnientes rêveurs dans un décor de vraie campagne.

♦ *Itinéraire d'accès : à 44 km de Sisteron, à 25 km de Manosque, à 4 km de Forcalquier. N 100 dir. Niozelles.*

PROVENCE CÔTE D'AZUR

La Bergerie

**Castillon - 06500 Menton (Alpes-Maritimes)
Tél. 93.04.00.39 - M. Ballaire**

*♦ Ouverture du 1er avril au 30 septembre   ♦ 14 chambres avec tél., s.d.b. et w.c. - Prix des chambres : 290/320 F - Prix du petit déjeuner et horaire : 22 F - 8 h/10 h 30 - Prix demi-pension : 425 F (1 pers., 3 j. min.)   ♦ Cartes de crédit non acceptées
♦ Chiens admis   ♦ Possibilités alentour : Tennis - Plage - Piscine à 10 km - Equitation à 6 km - Ski à 50 km - Promenades balisées
♦ Restaurant : service 19 h/21 h 30 - Menu : 95/150 F - Spécialités : Coq au vin - Brochettes Bergerie.*

La Bergerie, c'est d'abord une très grande et très vaste salle à manger meublée en rotin, avec une belle vue sur le village et la mer.
A l'étage, un salon ouvre sur la terrasse réservée aux clients de l'hôtel. Les chambres, personnalisées, plaisent autant par la décoration intimiste que pour le confort de leurs salles de bains. Partout, beau mobilier ancien de divers styles et sols couverts de grands tapis. Autour, beau panorama sur la vallée.

♦ Itinéraire d'accès : à 12 km de Menton. D 2566 dir. Sospel-Castillon.

Auberge du Soleil

PROVENCE CÔTE D'AZUR

**06390 Coaraze (Alpes-Maritimes)
Tél. 93.79.08.11/34.82 - M. et Mme Jacquet**

♦ *Ouverture du 15 mars au 15 novembre   ♦ 8 chambres et 2 appart. avec tél. direct, s.d.b. et w.c. - Prix des chambres : 215/390 F - Prix du petit déjeuner et horaire : 28 F - à partir de 8 h - Prix demi-pension 240/320 F (par pers., 3 j. min.)
♦ Cartes de crédit : Visa - Eurocard - MasterCard   ♦ Chiens admis avec 28F de supplément - Piscine à l'hôtel - Pétanque - Ping-pong - Billard   ♦ Possibilités alentour : Nice - Monaco - Réserve du Mercantour - Vallée des Merveilles - Ski à Turini et Pierra-Cava - Randonnées   ♦ Restaurant : service horaire libre - Menu : 98 F - Carte et carte enfants - Spécialités : Cuisine traditionnelle, sélection de vins de France.*

A une demi-heure de Nice et non loin du magnifique parc naturel du Mercantour, l'Auberge du Soleil est située dans un village médiéval perché sur un piton à 640 m d'altitude et auquel ses rues piétonnes assurent une très grande tranquillité.

Dans cette vieille demeure du XIXe siècle restaurée avec goût et raffinement, vous trouverez des chambres confortables, un salon aménagé dans les caves voûtées, une salle de restaurant avec cheminée, aussi accueillante que ses propriétaires qui vous mijoteront une très bonne cuisine.

Un jardin en terrasse orientée au sud et les équipements de loisir mis à votre disposition par l'hôtel vous permettront de passer un séjour de rêve.

♦ *Itinéraire d'accès : à 25 km de Nice - A 8 sortie Nice-est, voie rapide direction Drap-Sospel - à la pointe des Contes, prendre à gauche dir. Contes-Coaraze.*

L'Ancienne Gendarmerie

**06450 Lantosque (Alpes-Maritimes)
Tél. 93.03.00.65 - Mme Winther-Solveig**

♦ *Ouverture du 5 janvier au 5 novembre   ♦ 7 chambres avec tél. et w.c. (1 avec s.d.b. et 6 avec douche) - Prix des chambres : 200/410 F - Prix du petit déjeuner et horaire : 25 F - 8 h/10 h Prix demi-pension 245/350 F (1 pers., 3 j. min.)   ♦ Cartes de crédit : Diners - Amex   ♦ Chiens non admis - Piscine à l'hôtel ♦ Possibilités alentour : Tennis au village - Plan d'eau à 1 km pour baignades - Pêche à la truite - Chasse - Réserve du Mercantour - Utelle   ♦ Restaurant : service 12 h/14 h - 20 h/21 h 30 - Fermeture lundi - Menu : 120/180 F - Carte - Spécialités : Terrine de foie gras - Estouffade d'escargots - Saumon fumé maison.*

L'Ancienne Gendarmerie de Lantosque se trouve bien placée, dans la vallée de la Vésubie, entre Nice, la Vallée des Merveilles et le parc du Mercantour.
C'est une importante bâtisse dressée sur des rochers, aux dix-sept fenêtres de la façade fleuries de géraniums, et qui de l'autre côté surplombe un jardin en pente, au bas duquel coule la rivière. Il faut loger côté jardin, aux chambres confortables, ensoleillées et dont la vue donne sur la montagne et le village. Dans tout l'hôtel le bois clair des meubles scandinaves apportés de leur pays par les propriétaires fait un heureux ménage avec le reste du mobilier simple et moderne. Dans ce cadre lumineux abondamment fleuri et loin du bruit l'accueil chaleureux achève de vous mettre parfaitement à l'aise. Très bonne cuisine.

♦ *Itinéraire d'accès : à 49 km de Nice - N 202 Plan du Var - D 2565 Lantosque.*

Auberge de la Madone

PROVENCE CÔTE D'AZUR

**Peillon - 06440 L'Escarène (Alpes-Maritimes)
Tél. 93.79.91.17 - M. Millo**

♦ *Ouverture du 18 décembre au 15 octobre* ♦ *19 chambres avec tél.direct, s.d.b. et w.c. - Prix des chambres : 280/440 F - Prix du petit déjeuner et horaire : 40 F - 8 h/10 h - Prix demi-pension 330/420 F (1 pers., 3 j. min.)* ♦ *Cartes de crédit non acceptées* ♦ *Chiens non admis* ♦ *Possibilités alentour : la Côte d'Azur et son arrière-pays* ♦ *Restaurant : service 12 h/14 h - le soir sur demande - Fermeture mercredi - Menu : 120/250 F - Carte Spécialités : Terrine de foies de volaille à la confiture d'oignons - Blancs de rascasse aux courgettes et au basilic - Carré d'agneau aux petits légumes.*

A vingt minutes de Nice, ravins et crêtes mettent à l'abri des curiosités intempestives et brouillonnes un paysage insoupçonné que l'auberge de la Madone invite à découvrir. Depuis ses belles terrasses ensoleillées, en balcon sur la vallée et agrémentées de massifs d'oliviers et de mimosas, vous aurez tout loisir de contempler Peillon, un des plus spectaculaires villages de l'arrière-pays niçois niché sur un rocher abrupt et dominant un horizon très pur. Vous pourrez y flâner en suivant les rues en escaliers qui montent en serpentant jusqu'à la chapelle des Pénitents blancs. L'auberge propose avec les raffinements de son confort une très bonne cuisine de pays à des prix raisonnables et ne peut qu'inciter à élire domicile dans ce coin retiré de la côte, loin des dégradations qu'un tourisme effréné inflige au littoral niçois.

♦ *Itinéraire d'accès : à 19 km de Nice - D 2204 route de Sospel, au pont de Peille à droite.*

Le Prieuré

**13100 Aix-en-Provence (Bouches-du-Rhône)
Tél. 42.21.05.23 - M. et Mme Le Hir**

♦ *Ouverture toute l'année* ♦ *27 chambres avec tél.direct, (17 avec s.d.b, 16 avec w.c) - Prix des chambres : 138/320 F - Prix du petit déjeuner et horaire : 25 F - 7 h/10 h* ♦ *Cartes de crédit non acceptées* ♦ *Chiens non admis* ♦ *Possibilités alentour : Le pays d'Aix* ♦ *Pas de restaurant à l'hôtel.*

De passage à Aix, passez la nuit au Prieuré et soumettez-vous à la tentation d'un beau jardin à la française, qui se tiendrait sous vos yeux charmés mais dont vous ne pourriez fouler les allées. L'ancien archevêché et son parc sont désormais propriété de la faculté de droit. On peut les admirer des fenêtres et des terrasses du prieuré qui, pour sa part, est devenu ce calme petit hôtel. L'établissement n'offre pas de service de restauration (petit déjeuner seulement). Les chambres du deuxième étage sont plus vastes et plus confortables tandis que les moins chères ont des tailles et des aménagements tout monacaux. Grande gentillesse de l'accueil.

♦ *Itinéraire d'accès : à 2 km d'Aix-en-Provence, sur la route de Sisteron.*

Hôtel Castel Mouisson

PROVENCE & CÔTE D'AZUR

**Barbentane - 13570 (Bouches-du-Rhône)
Tél. 90.95.51.17 - Mme N. Mourgues**

♦ *Ouverture du 15 mars au 15 octobre* ♦ *17 chambres avec tél. direct, s.d.b et w.c - Prix des chambres : 210/230 F - Prix du petit déjeuner et horaire : 25 F - 8 h 30/10 h 30* ♦ *Cartes de crédit non acceptées* ♦ *Chiens non admis -* <u>Piscine</u> *et tennis à l'hôtel* ♦ *Possibilités alentour : Golf à Morières - Avignon à 10 km - Arles à 30 km* ♦ *Pas de restaurant à l'hôtel.*

Non loin d'Avignon, au pied de la Montagnette, l'hôtel Castel Mouisson est une halte calme et abordable. Un petit mas de style provençal construit il y a quatorze ans, tout autour la quiétude de la campagne. Cyprès et arbres fruitiers des vergers s'alignent en silence, les falaises grises de la Montagnette surveillent le tout.
Les chambres sont sans grande extravagance, d'un confort acceptable. Pas de restaurant, seuls les petits déjeuners vous y seront servis mais les villes et villages alentour ne manquent pas de bonnes tables. Une piscine, idéale pour se détendre lorsque l'on arrive éprouvé par la chaleur et les kilomètres.

♦ *Itinéraire d'accès : à 10 km d'Avignon.*

PROVENCE CÔTE D'AZUR

Mas d'Aigret

**13520 Les Baux-de-Provence (Bouches-du-Rhône)
Tél. 90.97.33.54 - M. P. Phillips**

♦ *Ouverture du 21 février au 3 janvier* ♦ *13 chambres et 2 appartements avec tél., s.d.b, w.c, minibar et t.v satellite - Prix des chambres : 290/530 F - 580 F (appart.) - Prix du petit déjeuner et horaire : 40 F - 8 h/10 h - Prix demi-pension et pension : 930 F - 1 200 F (2 pers.)* ♦ *Cartes de crédit acceptées* ♦ *Chiens admis avec supplément sauf au restaurant - Piscine à l'hôtel* ♦ *Possibilités alentour : Les Alpilles - St-Rémy-de-Provence (10 km) - Arles (19 km) - Nîmes (44 km) - Tennis 2 km - Centre équestre 1 km* ♦ *Restaurant : service 12 h/14 h - 19 h 30/21 h Fermeture de novembre à avril et le jeudi pour les non résidents Menu : 150/220 F - Carte - Spécialités : Carré d'agneau à la provençale - Coeur de filet de boeuf au foie gras et truffes.*

Bien que situé dans l'un des lieux les plus touristiques de France, le Mas d'Aigret offre tout le calme d'un établissement de campagne. Construit dans un abri de rocher qui fut un habitat troglodyte, c'est une ancienne ferme de 1730 bien restaurée. L'hôtel, qui vient de changer de propriétaire, a été rénové avec encore plus de confort. Toutes les chambres possèdent à présent leur propre terrasse, un minibar et la télévision avec trois chaînes satellite. La chambre 16 et l'appartement 15, situés un peu à l'écart, sont les plus charmants. Un salon voûté attend les voyageurs avec ses grandes tables et ses lectures. La salle à manger en pierre occupe aussi une partie des anciens espaces sous le rocher, ainsi qu'un petit salon-bar et un salon de musique. Partout un mobilier mélangé avec goût où l'ancien et le style se marient bien aux tissus provençaux. Excellent accueil.

♦ *Itinéraire d'accès : à 20 km d'Arles.-sortie St-Rémy. D 27 A.*

Auberge de la Benvengudo

**13520 Les Baux-de-Provence (Bouches-du-Rhône)
Tél. 90.54.32.54 - M. et Mme D. Beaupied**

♦ *Ouverture du 15 février au 1er novembre* ♦ *20 chambres avec tél., s.d.b et w.c - Prix des chambres : 360/440 F - Prix du petit déjeuner et horaire : 45 F - 8 h/10 h 30 - Prix demi-pension : 770/840 F (3 j.min.)* ♦ *Carte de crédit : Visa* ♦ *Chiens admis avec supplément - Piscine et tennis à l'hôtel* ♦ *Possibilités alentour : Equitation - La Provence romaine* ♦ *Restaurant : service 20 h/21 h - Fermeture dimanche soir - Menu : 180/200 F.*

Etranges et belles Alpilles, dont l'aspect déchiqueté rappellerait quelques-unes des plus hautes crêtes du monde, tandis que leur végétation et la blancheur de leur roc donnent à cette partie de la Provence un petit air de Grèce. C'est au pied de cette chaîne inattendue que se camoufle la Benvegudo. Construit il y a vingt et un ans le mas semble avoir toujours été là.

Les chambres sont chaleureuses et très confortables, chacune dans son style et sa teinte et quelques-unes avec des petites terrasses privées.

Salon comme salle à manger ont une petite note rustique; il est possible de dîner dehors près de la piscine, entourée d'oliviers.

♦ *Itinéraire d'accès : à 19 km d'Arles - sur la D78.*

Mas de la Bertrande

PROVENCE CÔTE D'AZUR

**Beaurecueil
13100 Aix-en-Provence (Bouches-du-Rhône)
Tél. 42.28.90.09 - Télex 403 521 - M. Bertrand**

♦ *Ouverture du 15 mars au 15 février* ♦ *10 chambres avec tél. direct, s.d.b., w.c., minibar et t.v. - Prix des chambres : 295/400 F - Prix du petit déjeuner et horaire : 30 F - 8 h/11 h - Prix demi-pension 495/695 F (1 pers.)* ♦ *Cartes de crédit : Amex - Diners Visa* ♦ *Chiens admis - Piscine à l'hôtel* ♦ *Possibilités alentour : Aix-en-Provence (7 km) - Randonnées dans la Ste-Victoire - Golf des Milles, 18 T. (Tél. 42.24.20.41) à 9 km par D 9 - Golf de Fuveau, 18 T* ♦ *Restaurant : service 12 h/14 h 30 - 20 h/22 h 30 - Fermeture dimanche soir et lundi h.s. - Menu : 156/260 F - Spécialités : Cuisine provençale - Gibier en saison.*

La Bertrande se trouve à 7 km d'Aix-en-Provence, au pied de la Sainte-Victoire chère à Cézanne. C'est un mas entièrement rénové où le cadre et l'accueil sentent bon la Provence.
Le salon et la salle à manger sont tous deux prolongés par des terrasses très agréables en été. Les deux chambres du corps principal sont un peu plus spacieuses mais les autres ont toutes une petite terrasse individuelle sur le jardin. La piscine, entourée de pelouses et de cyprès, est très appréciable dans cet arrière-pays où il peut faire très chaud...

♦ *Itinéraire d'accès : à 7 km d'Aix-en-Provence - soit N 7 Pont de Bayeux - D 58 dir. Beaurecueil - hôtel fléché avant le village - soit à partir d'Aix, place de la Rotonde, sur le bd périphérique (au niveau du parking Carnot) à droite, route Cézanne - Le Tholonet - Beaurecueil.*

Hostellerie de Servanes

13890 Mouriès (Bouches-du-Rhône)
Tél. 90.47.50.03 - M. J.F. Revoil

♦ *Ouverture du 15 février au 15 décembre* ♦ *22 chambres avec tél. (20 avec s.d.b, 9 avec w.c) - Prix des chambres : 170/350 F - Prix du petit déjeuner et horaire : 25 F - 7 h 30/10 h - Prix demi-pension et pension : 190/260 F - 280/350 F (par pers., 3 j. min.)* ♦ *Carte de crédit : Eurocard* ♦ *Chiens admis - Piscine, tennis et golf à l'hôtel* ♦ *Possibilités alentour : Equitation - St Remy-de-Provence à 16 km* ♦ *Restaurant : service 12 h/13 h30 - 19 h/ 20 h 30 - Menu : 90/130 F - Carte - Spécialités : cuisine provençale.*

Le rêve commence dès la route caillouteuse bordée de cyprès et d'oliviers. Ce beau domaine provençal détenu par la même famille depuis cinq générations voit ses deux cents hectares plantés de plusieurs milliers de ces arbres tout méditerranéens. On trouve donc en vente l'huile du domaine à la réception. Il règne en ces lieux tenus en famille une atmosphère désuète des plus charmantes. Sur les murs quelques toiles et gravures orientalistes, souvenirs des voyages en Orient d'un aïeul diplomate, un petit salon mauresque dont les murs sont revêtus de carreaux ramenés de Constantinople par cet ancêtre voyageur. Les chambres ont du charme et certaines d'entre elles de l'allure comme les n°3 et 5 dont les vastes proportions renforcent la majesté des meubles qui s'y trouvent, avec toujours ce séduisant côté vieillot. Quelques autres, plus simples, ont des terrasses donnant sur la piscine. On dîne dans les anciennes cuisines, de manière tout à fait agréable, d'un unique menu du jour. Une société spécialisée vient de recevoir le droit de créer et d'exploiter un golf 18 trous sur les terres de Servanes.

♦ *Itinéraire d'accès : à 25 km de Cavaillon.*

Auberge la Fenière

**Raphèle-les-Arles - 13280 Arles (Bouches-du-Rhône)
Tél. 90.98.47.44 - Télex 441 237
M. et Mme Legros Belzunce**

♦ *Ouverture toute l'année* ♦ *25 chambres avec tél., s.d.b et w.c Prix des chambres : 242/516 F - Prix du petit déjeuner et horaire : 37 F - 7 h 30/9 h - Prix demi-pension : 265/400 F (1 pers., 3 j. min.)* ♦ *Cartes de crédit : Amex - Diners - Visa - Eurocard - MasterCard* ♦ *Chiens admis avec 15 F de supplément* ♦ *Possibilités alentour : Provence romaine* ♦ *Restaurant : service 12 h/13 h 30 - 19 h /20 h 30 - Fermeture samedi midi et du 1er novembre au 20 décembre - Menu : 136/195 F - Carte.*

Après avoir tenu une première Fenière, plus au Sud celle-là, près de Rabat pour être plus précis, M. Legros entreprit, il y a vingt ans de cela, de reconstruire cette ancienne bergerie perdue dans la plaine de la Crau, à quelques minutes d'Arles et de la Camargue.
Il y flotte une atmosphère rustique que composent des bataillons de bibelots de cuivre ou d'étain, le bois de poutres et le torchis des murs. Un feu de bois brûle dans la salle à manger lorsque le mistral souffle en fin de saison et durant ces périodes venteuses le bar également sait se rendre utile.
A vous de juger si la décoration campagnarde a parfois des limites floues avec le "kitsch". En tout état de cause il est peut-être prudent de recommander aux allergiques de s'abstenir. Bien que la gentillesse de l'accueil, le calme et l'attrait des lieux fassent passer tous les cuivres du monde et avaler bien des bassinoires, rouets, moulins à café et fers à repasser anciens. Chambres douillettes et confortables.

♦ *Itinéraire d'accès : à 4 km au sud-est d'Arles, sur la N 453.*

Château de Roussan

**13210 Saint-Remy-de-Provence (Bouches-du-Rhône)
Tél. 90 92 11 63 - M. Roussel**

♦ *Ouverture du 15 mars au 31 octobre* ♦ *17 chambres avec tél.direct, s.d.b (15 avec w.c) - Prix des chambres : 300/500 F - Prix du petit déjeuner et horaire : 38 F - 7 h15/10 h 30* ♦ *Carte de crédit : Visa* ♦ *Chiens admis* ♦ *Possibilités alentour : Tennis Golf - Provence romaine* ♦ *Pas de restaurant à l'hôtel .*

Le château de Roussan, c'est d'abord cette allée de platanes séculaires, immuables comme le temps en ces lieux. Puis le parc, l'orangerie, le bassin de baignades et la pièce d'eau qui se termine par un petit îlot où le divin marquis aurait donné des soupers galants. Les siècles passés s'entrecroisent dans les chambres, les salons, la bibliothèque. Une splendeur surannée, un authentique air d'autrefois planent sur ses sols cirés. Le Roussan reste avant tout une maison de famille, sans chiqué, un hôtel par nécessité, avec son histoire qui rôde au détour des couloirs. Les chambres y sont donc sans luxe superflu mais quel charme, quelle élégance! Des mauvais échos nous avaient fait retirer ce lieu unique du guide. Nul n'est à l'abri d'une gérance hasardeuse. Le Roussan est de nouveau exploité par la vieille famille, réjouissons-nous-en. Tout est rentré dans l'ordre, immuable...

♦ *Itinéraire d'accès : à 25 km d'Arles - sur la route de Tarascon (2 km).*

Hostellerie de Cacharel

PROVENCE CÔTE D'AZUR

**13460 Les-Saintes-Maries-de-la-Mer
(Bouches-du-Rhône)
Tél. 90.47.95.44 - M. et Mme Colomb de Daunant**

♦ *Ouverture de Pâques à la Toussaint* ♦ *10 chambres avec tél., s.d.b. et w.c. - Prix des chambres : 380 F (2 pers.) - Prix du petit déjeuner et horaire : 35 F - 7 h 45/10 h 30* ♦ *Cartes de crédit : Carte bleue - Visa - Diners* ♦ *Chiens admis avec supplément Promenades à cheval - Manège à l'hôtel* ♦ *Possibilités alentour : Tennis - Plage à 5 km - Circuit pédestre et cycliste - Arles Camargue* ♦ *Pas de restaurant.*

Aux abords de la réserve de Camargue, au milieu des étangs et des chevaux, dans le cadre d'un vrai mas traditionnel se trouve Cacharel. Les chambres meublées avec charme et goût donnent de plain-pied soit sur une jolie cour intérieure fleurie, soit sur les étangs et les marais.
L'hôtel faisant partie intégrante du mas, les clients peuvent à loisir se promener sur la propriété ou y faire du cheval.
Pas de restaurant, mais l'on pourra vous indiquer toutes les bonnes adresses gastronomiques de la région. Calme, gentillesse de l'accueil. Une adresse authentique dans cette région très touristique.

♦ *Itinéraire d'accès : Arles - D 570 jusqu'à Pioch-Badet - D 85 A - Cacharel.*

Logis du Guetteur

**83460 Les Arcs-sur-Argens (Var)
Tél. 94.73.30.82 - M. Callegari**

♦ *Ouverture du 15 décembre au 15 novembre* ♦ *11 chambres avec tél., s.d.b. et w.c. - Prix des chambres : 220 F - Prix du petit déjeuner et horaire : 28 F - 8 h 15/9 h 30 - Prix demi-pension et pension : 250 F - 298 F (1 pers., 3 j. min.)* ♦ *Cartes de crédit : Eurocard - Diners - Amex - Carte bleue* ♦ *Chiens admis avec 25 F de supplément* ♦ *Possibilités alentour : Equitation - Tennis - Piscine au village* ♦ *Restaurant : service 12 h /13h30 - 19 h 15/ 21h15 - Fermeture vendredi h.s - Menu : 68/250F - Carte - Spécialités : Foie gras au frontignan.*

L'ancien château de Villeneuve (XIe siècle) restauré en 1970 est devenu aujourd'hui le Logis du Guetteur. S'il n'est plus de guetteur surveillant la plaine du haut de son donjon pour parer aux invasions sarrasines, il est encore, tel qu'il existait alors, dans son appareillage rustique de pierres brutes, un Logis du Guetteur, comme si les siècles l'avaient épargné.
Nul risque pourtant d'invasions vous surprenant au réveil, dans le confort des chambres agréablement aménagées et disposant toutes d'une vue panoramique sur les environs. Il n'est plus qu'à se laisser prendre aux charmes des lieux : salle à manger installée dans les caves, astucieusement prolongée par un balcon qui surplombe les toits du village et où sont installées quelques tables ; menus conçus et cuisinés par le jeune gérant lui-même soucieux de ne rien laisser échapper à sa vigilance.

♦ *Itinéraire d'accès : à 12 km de Draguignan par A.8 ou R.N. 7.*

Auberge du Puits Jaubert

83440 Callian (Var)
Route du Lac de Fondurane
Tél. 94.76.44.48 - M. A. Carro

♦ *Ouverture du 15 décembre au 15 novembre* ♦ *8 chambres avec s.d.b. et w.c. - Prix des chambres : 170/270 F - Prix du petit déjeuner et horaire : 25 F - 8 h 30/10 h 30* ♦ *Carte de crédit : Visa* ♦ *Chiens admis* ♦ *Possibilités alentour : Golf de Valescure, 18 T. (Tél. 94.52.16.58) (à 6 km de St-Raphaël) - Massif du Tanneron* ♦ *Restaurant : service 12 h/14 h - 19 h 30/21 h 30 - Fermeture mardi - Menu : 150/230 F - Carte*

A l'ouest de Cannes, le massif du Tanneron est le pays du mimosa. C'est dans ce bel environnement, en pleine campagne, au bout d'un sentier qui serpente dans la garrigue le long des rives du lac de St-Cassien, que vous trouverez cette ancienne bergerie du XVe siècle. C'est une belle bâtisse de pierres sèches couverte d'une élégante génoise de tuiles rondes.
On retrouve dans la grande salle à manger ce même bel appareillage de pierres et une collection d'anciens outils agricoles qui complètent l'ambiance campagnarde. L'été c'est un vrai plaisir de déjeuner ou de dîner sous la tonnelle ou à l'ombre des platanes. La cuisine est très bonne. Les chambres, simples, ne manquent cependant pas de confort...

♦ *Itinéraire d'accès : à 33 km de Fréjus - à 40 km de Cannes - sur A 8 dir. Cannes sortie Les Adrets - D 37 dir. Montauroux - N 562 dir. Draguignan - à 1,5 km suivre fléchage.*

Hostellerie Lou Calen

PROVENCE CÔTE D'AZUR 89

**Cotignac - 83570 Carces (Var)
Tél. 94.04.60.40 - Télex 400 287
Mme Caren - M. Mendes**

♦ *Ouverture de mars à janvier* ♦ *16 chambres avec tél., s.d.b (15 avec w.c, 13 avec t.v) - Prix des chambres : 210/430 F - Prix du petit déjeuner et horaire : 37 F - 8 h/ 10 h 30 - Prix demi-pension et pension : 249 F - 357 F (1 pers.)* ♦ *Cartes de crédit : Amex - Diners - Visa - Access* ♦ *Chiens admis avec 25 F de supplément - Piscine à l'hôtel* ♦ *Possibilités alentour : Abbaye du Thoronet - Gorges du Verdon* ♦ *Restaurant : service 12 h/13 h 30 19 h 30/21 h 30 - Fermeture le mercredi - Menu : 100/223 F - Carte - Spécialités : Brouillade de truffes - Saumon à la ciboulette.*

Cotignac se ramasse sous des falaise coiffées de tours sarrazines. Avec son cours ombragé de platanes, ses terrasses de café et sa fontaine moussue, il incarne assez bien la douceur de vivre d'un petit village provençal.
A l'entrée du village, près du vieux lavoir, se tient l'hôtel de Cotignac. Un hôtel de village donc, mais la campagne reste présente alentour et dans ce jardin caché, préférant rester secret et insoupçonnable derrière la façade de l'hostellerie. La salle à manger semble faire corps avec le jardin-terrasse en contrebas duquel se trouve la piscine. Des chambres de toutes tailles, de tous styles et de tous prix, quelques unes avec des loggias, d'autres avec des cheminés où des feux s'allument à l'automne.

♦ *Itinéraire d'accès : à 24 km de Brignoles - A8 sortie Brignoles, dir. Le Val, Montfort, Cotignac.*

Moulin de la Camandoule

PROVENCE COTE D'AZUR 89

**Fayence - 83440 (Var)
Tél. 94.76.00.84 - M. et Mme Rilla**

♦ *Ouverture du 14 mars au 2 janvier* ♦ *11 chambres avec tél., s.d.b, w.c (9 avec t.v) - Prix des chambres : 180/500 F - Prix du petit déjeuner et horaire : 40 F - 8 h/10 h - Prix demi-pension 355 F (1 pers., obligatoire du 15 mars à fin octobre)* ♦ *Cartes de crédit : Visa - Eurocard - Carte bleue* ♦ *Chiens admis avec 35 F de supplément - Piscine à l'hôtel* ♦ *Possibilités alentour : Villages du haut Var* ♦ *Restaurant : service 12 h 30/15 h - 19 h 45/22 h - Menu : 155/250 F - Carte - Spécialités : Canard de Provence à l'ananas et au miel - Médaillon de lotte et son pâté au porto .*

Il y a quelques années, des échos négatifs nous avaient contraints à supprimer de notre guide cette auberge. Après l'avoir testée plusieurs fois c'est avec grand plaisir que nous la réintègrons. Cet authentique moulin à huile, conservé en l'état, est aujourd'hui la propriété d'un couple d'Anglais. On trouve dans ce lieu toute la chaleur, le charme et l'accueil propres aux *guest houses* anglaises, le confort et le service d'un très bon hôtel. L'aménagement intérieur témoigne de beaucoup de goût. Certaines chambres sont en duplex, le soin du détail y est tel que l'on trouve aussi un grand choix éclectique de livres qui les rend encore plus sympathiques. L'hôtel est entouré d'un grand parc, au bord de la Camandre. Les menus qui décorent les murs du bar de la piscine témoignent du souci que porte aux bonnes choses Mme Rillat, qui travailla longtemps en Angleterre pour des émissions gastronomiques et qui a fait de la Camandoule une étape gourmande.

♦ *Itinéraire d'accès : à 34 km de Fréjus - A7 sortie les Adrets.*

La Grillade au feu de bois

PROVENCE CÔTE D'AZUR

Flassans-sur-Issole - 83440 Le Luc (Var)
Tél. 94.69.71.20 - M. et Mme Babb

♦ *Ouverture toute l'année* ♦ *9 chambres avec tél., s.d.b., w.c. et t.v. - Prix des chambres : 280/300 F - Prix du petit déjeuner et horaire : 30 F - 8 h/10 h 30* ♦ *Cartes de crédit acceptées* ♦ *Chiens admis - Piscine et boutique d'antiquités à l'hôtel* ♦ *Possibilités alentour : Tennis à 7 km - Equitation à 2 km - Chasse privée tout à côté - Plage à 40 km - Promenades* ♦ *Restaurant : service 12 h/14 h - 20 h/21 h 30 - Menu : 150 F - Carte - Spécialités : Morue aux poireaux - Sardines farcies - Cuisine provençale traditionnelle et saisonnière.*

Ce mas du XVIIIe siècle bien restauré est toujours tenu par le même propriétaire depuis son ouverture.
Une salle à manger voûtée, blanche et accueillante, ouvre sur une terrasse ombragée par de grands arbres, dont un mûrier centenaire.
Les chambres sont superbes, grandes et confortables et tout à fait indépendantes. Vous pouvez aussi loger dans des bungalows parsemés dans la nature. En effet, un très grand parc assure le calme et la paix. Bien que la N 7 ne soit qu'à 500 m, vous ne l'entendrez pas. Très bonne cuisine et très bonnes grillades, comme il se doit.

♦ *Itinéraire d'accès : A 8 sortie Brignoles - N 7 direction Nice - à 4 km du Luc.*

La Vieille Bastide

83780 Flayosc (Var)
Tél. 94.70.40.57 - M. P. Travassac

♦ *Ouverture toute l'année* ♦ *7 chambres avec tél.s.d.b, w.c et t.v Prix des chambres : 210/230 F - Prix du petit déjeuner et horaire : 25 F - 7 h30/12 h - Prix demi-pension et pension : 310 F - 400 F (1 pers., 3 j. min.)* ♦ *Carte de crédit : Visa* ♦ *Chiens admis - Piscine à l'hôtel* ♦ *Possibilités alentour : Tennis - Equitation* ♦ *Restaurant : service 12 h/13 h30 - 20 h/21 h - Menu : 120/300 F Spécialités : Beignets de filets de sardines - Brouillade de cèpes truffée - Poulet à l'ail.*

Une vieille bastide prolongée, refaite et améliorée, car l'on y trouve désormais une belle piscine d'où l'on voit la vallée, des chambres confortables (la n°2 dispose d'une terrasse donnant sur Flayosc) qui se peuplent petit à petit de vieux meubles provençaux et sont dotées d'un bon confort.
Une vaste salle de restaurant à laquelle on peut préférer la terrasse ombragée permettant de dîner ou déjeuner comme entouré par la campagne.

♦ *Itinéraire d'accès : à 7 km de Draguignan par D557.*

Auberge du Vieux Fox

**83670 Fox-Amphoux (Var)
Tél. 94.80.71.69 - M. J.-C. Martha**

♦ *Ouverture du 20 février au 20 décembre* ♦ *10 chambres avec tél.direct, s.d.b. (9 avec w.c.) - Prix des chambres : 90/280 F - Prix du petit déjeuner et horaire : 30 F - 8 h/10 h - Prix demi-pension et pension : 220 F - 300 F (par pers. , 3 j. min.)* ♦ *Cartes de crédit : Amex - Visa - Access - MasterCard* ♦ *Chiens admis avec supplément* ♦ *Possibilités alentour : Tennis (5 km) - Piscine (7 km) - Chasse - Pêche - Gorges du Verdon - Abbaye du Thoronet* ♦ *Restaurant : service 12 h30/13 h30 - 19 h30/21 h - Fermeture mardi et mercredi midi hors h.s - Menu : 85/135 F - Carte - Spécialités : Galette du berger - Carré d'agneau à l'estragon - Timbale d'écrevisses.*

Perché sur une butte boisée, le village de Fox-Amphoux fut tour à tour un ancien camp romain, puis un relais des chevaliers templiers. Installée dans l'ancien presbytère, l'auberge occupe, avec l'église attenante, la place du village.
A l'intérieur un vrai coup de charme : adorable la salle à manger, où les tables joliment dressées côtoient de beaux meubles anciens, charmante la petite terrasse ombragée par un gros figuier, où l'on déjeune l'été, confortables et fraîches les chambres qui s'ouvrent sur les massifs de la Sainte-Victoire et de la Sainte-Baume.
Si on ajoute au charme et au confort le calme et une bonne cuisine, il est difficile d'en dire plus...

♦ *Itinéraire d'accès : sur A 8 sortie St-Maximin - Barjols.*

La Boulangerie

**83360 - Grimaud (Var)
Tél. 94.43.23.16 - Mme Piget**

♦ *Ouverture de Pâques à mi-octobre* ♦ *11 chambres avec tél. direct, s.d.b et w.c - Prix du petit déjeuner et horaire : 40 F - 8 h/10 h - Prix demi-pension et pension : 475 F - 605 F (par pers.)* ♦ *Carte de crédit : Visa* ♦ *Chiens admis avec 50 F de supplément Piscine et tennis à l'hôtel* ♦ *Possibilités alentour : Plage à 5 km - Golf - Equitation* ♦ *Restaurant : service 12 h/14 h - 20 h/21 h 30 Menu : 140/185 F - Spécialités : Salade gourmande - Saumon cru mariné à l'aneth - Poulet aux truffes fraîches - Gratin Marly - Mousse au chocolat à l'orange.*

De même que cette boulangerie n'a pas grand rapport avec la fabrication du pain, elle doit son nom à un lieu-dit, cet endroit a une atmosphère assez différente de celle d'un hôtel classique. On y retrouve l'ambiance d'une maison de vacances de l'arrière-pays, loin des foules, bien au calme dans le massif des Maures. Tout concourt à cela, depuis la terrasse où peuvent se prendre tous les repas à la salle à manger que rien ne sépare du salon, c'est un lieu un peu informel, gai et confortable.
Les chambres répondent également à cette définition. Chacune dans son style elles apparaissent bien moins comme celles d'un hôtel que comme de sympathiques chambres d'amis.

♦ *Itinéraire d'accès : à 10 km de Saint-Tropez.*

Mas des Brugassières

**Plan-de-la-Tour - 83120 Sainte-Maxime (Var)
Tél. 94.43.72.42 - M. et Mme Geffine**

♦ *Ouverture toute l'année* ♦ *10 chambres avec tél., s.d.b et w.c - Prix des chambres : 390 F - Prix du petit déjeuner et horaire : 30/55 F - 8 h 30/12 h* ♦ *Cartes de crédit : Amex - Diners - Carte bleue* ♦ *Chiens admis avec 50 F de supplément - Piscine et tennis à l'hôtel* ♦ *Possibilités alentour : Promenades dans les Maures* ♦ *Pas de restaurant à l'hôtel .*

Au coeur même du massif des Maures, un peu en bordure de route mais néanmoins tranquille, le Mas des Brugassières semble l'endroit voulu si vous souhaitez pour quelque temps vivre autour d'une piscine dans l'arrière-pays de St-Tropez.
Des chambres agréables, fraîches et gaies avec leurs murs blancs, donnent de plain-pied sur la piscine ou sur des petites terrasses privées. Si les petits déjeuners savent se montrer copieux, l'hôtel ne possède pas de restaurant mais propose certains jours de la semaine des formules "buffet "ou "barbecue" à déguster au bord de la piscine.

♦ *Itinéraire d'accès : à 10 km de Sainte-Maxime.*

Le Manoir

**Ile de Port Cros - 83400 Hyères (Var)
Tél. 94.05.90.52 - M. P. Buffet**

♦ *Ouverture du 4 mai au 1er octobre*   ♦ *25 chambres avec tél. direct, s.d.b et w.c - Prix des chambres : en demi-pension - Prix du petit déjeuner et horaire: compris - 8 h/10 h 30 - Prix demi-pension et pension : 550/650 F - 650/750 F (par pers., 3 j. min.)*
♦ *Cartes de crédit non acceptées*   ♦ *Chiens non admis*
♦ *Possibilités alentour : Voile - Ski nautique - Porquerolles*
♦ *Restaurant : service 13 h - 20 h - Menu : 185/230 F - Carte - Spécialités : Bourride provençale - Poisson grillé - Soufflé au melon - Crêpes soufflées.*

Sont-ce les eucalyptus, les palmiers, la blancheur de ce manoir, les colonnes de son entrée, tout ici qui évoquerait une exotique et douce rêverie, une ile perdue, une époque passée ? et pourtant...Toulon n'est qu'à quelques dizaines de milles. L'île de Port Cros est une réserve naturelle, sous-marine et terrestre, seuls les piétons peuvent s'y rendre et l'on peut affirmer sans se tromper que le nombre de roues ne doit pas dépasser vingt, brouettes comprises. Cette demeure familliale transformée en hôtel juste après la guerre conserve précieusement une atmosphère rare, mélange de convivialité et d'un raffinement sans emphase. Dès le seuil passé, un grand salon vous acueille, d'autres plus petits mais tout aussi chaleureux hébergent les parties de cartes interminables de la fin de saison. Les chambres y sont fraîches et charmantes, certaines ont de petites loggias, la n°8 aperçoit la mer à travers les feuillages. Douze hectares de parc sont les gardiens de la tranquillité de cet endroit très agréable à vivre.

♦ *Itinéraire d'accès : Liaison maritime depuis Le Lavandou et Cavalaire (tél : 94.71.01.02), depuis Hyères - La Tour Fondue (tél : 94.58.21.81).*

La Maurette

**83520 - Roquebrune-sur-Argens (Var)
Tél. 94.45.46.81 - M. et Mme Rapin**

♦ *Ouverture du 1er avril au 30 novembre* ♦ *9 chambres avec s.d.b et w.c - Prix des chambres : 200/350 F - Prix du petit déjeuner et horaire : 25 F - 8 h/10 h* ♦ *Carte de crédit : Visa* ♦ *Chiens non admis - Piscine à l'hôtel* ♦ *Possibilités alentour : Tennis - Equitation* ♦ *Restaurant : service 20 h - Menu : 80 F - Spécialités : Cuisine familiale provençale.*

Est-ce à un grand-père propriétaire de plusieurs hôtels cannois que M. Rapin devait cette vocation rentrée d'hôtelier qui s'exprime enfin maintenant ? Mais, hôtelier, est-ce vraiment le mot car la Maurette est plus que cela, c'est une maison d'hôte. Ce type d'endroit qui pousse la courtoisie jusqu'à vous donner presque l'impression d'avoir été invité là, comme le ferait une *guest house* anglaise. D'ailleurs quel hôtel irait se nicher là, loin du monde et de la clientèle ? Un splendide emplacement de monastère. En face, le rocher de Roquebrune, les premières collines des Maures et un magnifique silence. A l'arrière l'Esterel, la Méditerranée et la vallée. Les chambres sont gaies, claires, très confortables, toutes renferment des meubles, des objets, des tableaux qui leur confèrent un charme certain. A maison d'hôte table d'hôte, une cuisine familiale à la saveur provençale, des gratins, des desserts, des rôtis confectionnés dans un vieux four à bois. A cela s'ajoute une grande gentillesse et une piscine d'honnêtes dimensions ; que demander de plus ?

♦ *Itinéraire d'accès : à 10 km de Fréjus - Fléchage depuis Roquebrune.*

PROVENCE CÔTE D'AZUR

La Ferme d'Augustin

**Saint-Tropez - 83350 Ramatuelle (Var)
Route de Tahiti
Tél. 94.97.23.83 - Télex 462 809 - Téléfax 94974030
Mme Vallet**

♦ *Ouverture du 15 avril au 15 octobre*   ♦ *34 chambres avec tél. direct, s.d.b., w.c., coffre et t.v. (sur demande) - Prix des chambres : 360/680 F - Prix du petit déjeuner et horaire : 46 F - 6 h/13 h -*
♦ *Carte de crédit : Visa* ♦ *Chiens admis avec 50 F de supplément*
♦ *Possibilités alentour : Plage à 50 m - Practice de golf*
♦ *Restaurant : service brunch*

On adore d'abord le nom "La ferme d'Augustin" et l'on n'est pas déçu par les lieux. C'est en effet l'ancienne ferme de la famille, hôtel depuis 35 ans mais entièrement rénové depuis 4 ans. Dès l'arrivée on tombe sous le charme de la pinède et du jardin méridional qui déborde de glycines, de bougainvillées, de rosiers grimpants et de grands mûriers taillés en parasol.
Dans les salons on trouve un agréable mélange de mobilier campagnard ancien et de canapés contemporains. De même les chambres qui ont de jolies salles de bains revêtues de carreaux de Salernes. Toutes donnent sur le jardin et ont des balcons ou des terrasses avec vue sur la mer. Il faut dire que l'hôtel jouit d'un splendide emplacement, à deux pas de la plage de Tahiti. Si vous souhaitez passer la journée à la plage, vous pourrez vous faire préparer un pique-nique. Au total, un bon rapport qualité-prix pour Saint-Tropez.

♦ *Itinéraire d'accès : à 5 km de St-Tropez sur la route de la plage de Tahiti.*

La Tartane

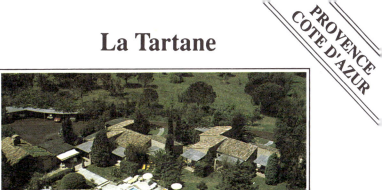

83990 Saint-Tropez (Var)
Tél. 94.97.21.23 - M. Lepanot - M. Trochet

♦ *Ouverture du 20 mars au 5 novembre* ♦ *12 chambres avec tél. direct, s.d.b., w.c., minibar et t.v. sur demande - Prix des chambres : 495/700 F - Prix du petit déjeuner et horaire : 55 F - 8 h/12 h -* ♦ *Carte de crédit : Visa* ♦ *Chiens admis avec 50 F de supplément Piscine à l'hôtel* ♦ *Possibilités alentour : Stage de tennis à 200 m de l'hôtel* ♦ *Restaurant : service déjeuner seulement 13h/15h - Carte : 150 F .*

Le succès de Saint-Tropez a doté le village de nombreux hôtels de qualité. Ce qui est plus rare, c'est de trouver un établissement qui permette de se retirer de la foule estivale.
La Tartane est un ensemble de 12 bungalows dispersés dans un magnifique jardin autour de la piscine. Leur aménagement est chic et confortable : chaque chambre est climatisée et dispose d'une terrasse privée ombragée sans aucun vis-à-vis.
Les abords de la piscine sont luxuriants : de grands bouquets d'arbres et une belle pelouse entourent le solarium où l'on prend le soleil sur les transats et matelas à l'ombre de grands parasols de marché.
Une paillote abrite le bar et le snack pour d'agréables déjeuners au bord de l'eau.
La campagne qui entoure la propriété et qui garantit le calme, l'attention et l'accueil amical, voilà des qualités qui ne sont pas à négliger à Saint-Tropez.

♦ *Itinéraire d'accès : à St-Tropez prendre la route des Salins pendant 3 km.*

Hôtel des Deux Rocs

PROVENCE COTE D'AZUR

**Seillans - 83440 Fayence (Var)
Tél. 94.76.87.32 - Mme Hirsch**

♦ *Ouverture du 2 mars au 2 octobre   ♦ 15 chambres avec tél., s.d.b. et w.c. - Prix du petit déjeuner et horaire : 32 F - 8 h/10 h - Prix demi-pension 490/700 F (2 pers., 3 j. min.) ♦ Cartes de crédit non acceptées   ♦ Chiens admis sauf au restaurant ♦ Possibilités alentour : Vignobles - Centre de vol à voile - Lac de Saint-Cassien - Gorges du Verdon - Mer à 1/2 h ♦ Restaurant : service 12 h 30/14 h - 19 h 30/21 h - Fermeture mardi et jeudi à midi - Menu : 120/200 F - Carte - Spécialités : Terrine - Carré d'agneau - Bourride de lotte.*

En haut du village de Seillans, près des remparts et du vieux château, l'hôtel des Deux Rocs est une grosse bâtisse provençale et bourgeoise, réplique rustique et modeste, avec ses alignements de fenêtres, de certaines demeures italiennes. Un goût très sûr, ennemi de l'uniformité, a présidé à l'aménagement des lieux. Un petit salon avec cheminée vous met à l'abri du mistral ; vous y lirez ou vous y reposerez comme chez vous. Aucune chambre n'est semblable aux autres : meubles anciens, tissus muraux, rideaux... jusqu'aux serviettes de la salle de bains, tout contribue à privilégier le séjour de chacun. Chaque chambre est équipée d'un réfrigérateur. Le matin, quelques tables dressées sur la petite place, en face, permettent de prendre des petits déjeuners variés dont les confitures maison - raffinement très apprécié- disent de savoureuse façon tous les égards qui vous seront réservés.

♦ *Itinéraire d'accès : à 34 km de Fréjus - A 8 sortie Les Adrets - D 562 Trestaure - Fayence - D 19 Seillans.*

Relais de l'Abbaye

PROVENCE CÔTE D'AZUR

**Le Thoronet - 83340 Le Luc (Var)
Tél. 94.73.87.59 - M. Quillon**

♦ *Ouverture toute l'année* ♦ *5 chambres avec tél., (3 avec douche et w.c.) - Prix des chambres : 190/380 F - Prix du petit déjeuner et horaire : 40 F - 8 h 30/10 h 30* ♦ *Cartes de crédit non acceptées* ♦ *Chiens admis* ♦ *Possibilités alentour : Equitation et piscine à 9 km, tennis à 12 km - Abbaye du Thoronet - Château d'Entrecasteaux* ♦ *Restaurant : service 12 h15/13 h 45- 20 h/22 h - Fermeture lundi soir et mardi sauf pour résidents - Menu : 160 F - Carte - Spécialités : Feuilleté farci chaud - Sole fourrée au fumet de vin blanc - Lapin paquet aux herbes - Gâteau Christine.*

Voilà qui prouve que l'on peut faire à la fois joli et moderne. Le nombre restreint des chambres donne tout de suite le ton : on est ici comme chez soi, et l'extrême gentillesse du propriétaire et de son personnel ne peut que vous conforter dans cette impression. Le site isolé vous garantit un calme sans égal : autour de vous, ce ne sont que vignobles et pinèdes. Un tel site vous fera peut-être trouver insolite la décoration, mais le propriétaire a passé de longues années au Maroc et en a rapporté de nombreux objets qui ornent aujourd'hui le relais. La terrasse est à l'ombre de vieux mûriers. On y goûte au petit déjeuner une confiture de pastèque ; mais bien d'autres produits ici sont faits maison...

♦ *Itinéraire d'accès : A 8 sortie Le Luc - D 17 - Au Thoronet D 84 en dir. de Carcès (3 km).*

La Petite Auberge

**Tourtour - 83690 Salernes (Var)
Tél. 94.70.57.16 - Télex 470 673 - M. P. Jugy**

♦ *Ouverture du 1er avril au 15 octobre - Fermeture le mardi*
♦ *10 chambres avec tél., s.d.b et w.c - Prix des chambres : 300/360 F Prix du petit déjeuner et horaire : 30 F - 8 h /12 h - Prix demi-pension et pension : 300 F - 400 F (1 pers., 3 j. min.)*
♦ *Cartes de crédit : Visa - Diners - MasterCard* ♦ *Chiens admis - Piscine à l'hôtel* ♦ *Possibilités alentour : Tennis - Equitation - Planche à voile* ♦ *Restaurant : service 12 h 30/14 h - 20 h/21 h - Fermeture le mardi et de novembre à avril - Menu : 150 F - Carte - Spécialités : Ecrevisses - Cuisses de grenouilles - Civet de porcelet Sorbet au calvados.*

Une très belle vue que l'on ne se lasse pas d'admirer. Des terrasses des chambres et de la piscine, on aperçoit à perte de vue une nature vierge et le calme est à la mesure du panorama.
Les chambres, pourtant d'un bon confort, manquent un peu de clarté, et n'ont pas autant de charme que le cadre, ce qui pourrait paraître un peu décevant, la n° 9 et son balcon est beaucoup plus tentante que ses consoeurs.
Néanmoins une bonne adresse, à prendre comme son nom l'indique.

♦ *Itinéraire d'accès : à 20 km de Draguignan - A7 sortie Le Luc, Lorgues, Tourtour.*

Château de Trigance

**Trigance - 83840 Comps-sur-Artyby (Var)
Tél. 94.76.91.18 - M. Thomas**

♦ *Ouverture du 19 mars au 2 novembre* ♦ *10 chambres avec tél., s.d.b. et w.c. - Prix des chambres : 350/600 F - Prix du petit déjeuner et horaire : 46 F - 7 h 30/10 h - Prix demi-pension : 900 F (2 pers.)* ♦ *Cartes de crédit : Amex - Diners - Visa Eurocard* ♦ *Chiens admis avec supplément* ♦ *Possibilités alentour : à l'entrée des Gorges du Verdon - Piscine, tennis, équitation à 20 km - Promenades en sentiers balisés - Chasse Pêche* ♦ *Restaurant : service 12 h/14 h - 19 h 30/21 h Fermeture mercredi midi en avril et octobre - Menu : 150/300 F Carte - Spécialités : Foie gras aux morilles - Jambonnette de lapereau farcie aux légumes de Provence - Noix de Jacques à la vinaigrette d"ail*

Cette forteresse de méditation fut créée par les moines de l'Abbaye de St-Victor au IXe siècle et devint château, propriété des comtes de Provence, au XIe. C'est une construction massive faite en belle pierre du pays et située en nid d'aigle au sommet d'une colline. Un salon et une salle à manger avec des voûtes sarrazines occupent une aile avec le bar. Les chambres sont disposées autour de l'énorme et magnifique terrasse, ce qui vous assure davantage de calme et d'intimité. Elles sont très confortables, personnalisées, à la décoration sobre mais d'un goût sûr.

Une excellente cuisine régionale vous sera servie seulement dans le restaurant, mais vous pouvez avoir le service bar en terrasse face à ce fantastique paysage. Propriétaires au contact très amical.

♦ *Itinéraire d'accès : à 44 km de Draguignan D 995 dir. gorges du Verdon.*

Relais de Roquefure

PROVENCE CÔTE D'AZUR

**84400 Apt (Vaucluse)
Tél. 90.74.22.80 - Mme G. Rousset**

♦ *Ouverture du 15 février au 1er janvier*   ♦ *16 chambres avec douche (12 avec w.c.) - Prix des chambres : 110/210 F - Prix du petit déjeuner et horaire : 24 F - 8 h/11 h - Prix demi-pension et pension : 260 F - 320 F (1 pers., 3 j. min.)*   ♦ *Carte de crédit : Visa* ♦ *Chiens admis avec supplément - Equitation et vélo à l'hôtel* ♦ *Possibilités alentour : Parc du Luberon - Piscine et tennis (4 km)* ♦ *Restaurant : service 12 h/14 h - 20 h/21 h 30 - Fermeture mardi - Menu : 85/120 F - Spécialités : Cuisine saisonnière.*

L'accueil de Mme Roussel est si amical et si cordial que l'on se demande si l'on n'est pas, en fait, des invités.
Même impression dans la maison, qui est restée très personnalisée et où règne une ambiance de vacances.
La salle à manger est coquette, les chambres d'un confort inégal mais toutes sont imprégnées du charme désuet qui caractérise la maison.
L'été on installe tables et fauteuils sous les grands cèdres de la propriété. Un centre hippique et la location de vélos à l'hôtel permettent de projeter d'agréables balades dans les environs.

♦ *Itinéraire d'accès : à 52 km d'Avignon - N 100 dir. Apt - à 7 km avant Apt, à droite, suivre fléchage.*

Les Géraniums

**Barroux - 84330 Caromb (Vaucluse)
Tél. 90.62.41.08 - M. J. Roux**

♦ *Ouverture du 3 février au 3 janvier* ♦ *22 chambres (18 avec tél., 17 avec s.d.b, 18 avec w.c) - Prix des chambres : 110/190 F Prix du petit déjeuner et horaire : 25 F - 8 h/9 h 30 - Prix demi-pension et pension : 140/180 F - 180/220 F (par pers., 3 j. min.)* ♦ *Cartes de crédit : Amex - Diners - Visa - Carte bleue* ♦ *Chiens admis* ♦ *Possibilités alentour : Avignon à 33 km - Vaison-la-romaine à 19 km* ♦ *Restaurant : service 12 h 15/13 h 30 - 19 h 15/ 21 h - Fermeture le mercredi h.s. - Menu : 60/200 F - Carte - Spécialités : Pintade au basilic - Lapin à la sariette - Chevreau au romarin.*

Barroux est perché sur sa colline entre le Ventoux et les dentelles de Montmirail, de sa hauteur l'on aperçoit tout le comtat Venaissin. Le village n'est pas sans charme et il est possible d'y séjourner dans ce petit hôtel d'un confort séduisant qui tient lieu également de "café de la place".
Des chambres agréables, celles de l'annexe qui viennent d'êtres refaites sont peut-être d'un meilleur confort, quelques unes avec de petits balcons .
On dîne bien d'une cuisine de produits locaux (gibier en saison) dans la haute salle de restaurant comme sur la terrasse.

♦ *Itinéraire d'accès : à 9 km de Carpentras - entre Carpentras et Malaucène.*

PROVENCE CÔTE D'AZUR

Hostellerie Le Moulin Blanc

**Les Beaumettes - 84220 Gordes (Vaucluse)
Tél. 90.72.34.80 - Télex 432 926
M. Hérail - M. Robert**

♦ *Ouverture toute l'année* ♦ *18 chambres avec tél. direct, s.d.b., w.c., t.v. et minibar - Prix des chambres : 380/950 F - Prix du petit déjeuner et horaire : 53 F - 8 h/10 h 30 - Prix demi-pension et pension : 595/1466 F - 723/1850 F (de 1 à 3 pers., 2 j. min.)* ♦ *Cartes de crédit : Amex - Diners - Visa - Eurocard - MasterCard* ♦ *Chiens admis - Piscine et tennis à l'hôtel* ♦ *Possibilités alentour : Gordes - Villages du Luberon* ♦ *Restaurant : service 12 h/13 h - 20 h/21 h - Menu : 170/280 F - Carte - Spécialités : Navarin de homard aux pâtes fraîches - Gigot d'agneau en croûte.*

Tour à tour relais de poste, puis moulin à farine, le Moulin Blanc a été superbement restauré. Magnifiques les chambres, la salle à manger, sans parler du salon qui occupe une très belle salle voûtée. Le charme est présent aussi dans le parc planté de pins et de cyprès. Au restaurant on vous servira une bonne cuisine utilisant les produits frais du marché.
Au centre du triangle formé par Gordes, Roussillon et Bonnieux, au cœur du parc du Luberon, le Moulin Blanc rayonne autour de la Provence historique et touristique.

♦ *Itinéraire d'accès : à 35 km d'Avignon - D 22 et N 100 dir. Apt.*

Relais de la Belle Ecluse

**84500 Bollène (Vaucluse)
Tél. 90.30.15.14 - M. Journet - M. Davis**

♦ *Ouverture toute l'année sauf février*   ♦ *16 chambres avec tél.(14 avec s.d.b, 11 avec w.c) - Prix des chambres : 220/375 F - Prix du petit déjeuner et horaire : 29 F - 7 h30/10 h30 - Prix demi-pension et pension : 525/680 F - 775/920 F (2 pers.)*
♦ *Cartes de crédit : Amex - Diners - Visa - Carte bleue* ♦ *Chiens admis avec supplément*   ♦ *Possibilités alentour : Canoë-kayak - Piscine - Tennis*   ♦ *Restaurant : service 12 h/14 h15 - 19 h 30/ 22 h 15 - Fermeture le lundi midi - Menu : 145/235 F - Carte - Spécialités : Curry d'agneau - Crabe farci Louisiane - Canard aux pêches.*

C'est une belle maison de notable qui aurait pu être celle d'un notaire et qui se retrouve hôtel. Un beau jardin de belles proportions, une bonne table mais un charme désuet qui va parfois un peu trop loin. Car si les chambres sont grandes, claires et confortables, elles manquent un peu de gaieté. La plus attrayante est la numéro 6 dont la terrasse domine le jardin et la plus amusante la numéro 8 qui se trouve dans l'ancienne chapelle et qui est encore éclairée par des vitraux. L'accueil est prévenant et courtois.

♦ *Itinéraire d'accès : à 25 km d'Orange - A9 sortie Bollène, direction centre ville puis Nyons.*

L'Aiguebrun

84480 Bonnieux (Vaucluse)
Tél. 90.74.04.14 - M. Chastel

♦ *Ouverture des Rameaux au 15 novembre* ♦ *8 chambres avec tél., s.d.b. et w.c. - Prix des chambres : 380/420 F - Prix du petit déjeuner et horaire : 35 F - 8 h/10 h 30* ♦ *Cartes de crédit non acceptées* ♦ *Chiens admis avec supplément* ♦ *Possibilités alentour : Visite des villages du Luberon - Randonnées pédestres - Centre équestre à Apt (12 km)* ♦ *Restaurant : service 12 h 45/ 13 h 45 - 20 h/21 h 15 - Fermeture lundi midi - Menu : 190 F - Carte - Spécialités : Baudroie à l'émincé d'artichauts - Gentille de saumon - Rognons de veau au poivre.*

L'Aiguebrun, petite rivière torrentueuse du Luberon, a donné son nom à cette auberge située dans un beau vallon boisé, à l'écart de la route, non loin du cours de la rivière. C'est une belle bâtisse provençale aux grandes façades de pierre blanche. Les chambres sont spacieuses, confortables et décorées avec recherche. Le salon, au rez-de-chaussée, avec sa grande cheminée, est idéal pour s'y retrouver ou pour lire. Il est tout aussi agréable de se restaurer dans la salle à manger aux larges baies vitrées que sur la terrasse ombragée par un énorme sapin, face à la campagne, la vraie, avec son silence et le bois des alentours.

♦ *Itinéraire d'accès : à 5 km de Bonnieux, entre Lourmarin et Apt sur la D 943.*

Hostellerie du Prieuré

PROVENCE CÔTE D'AZUR

84480 Bonnieux (Vaucluse)
Tél. 90.75.80.78 - Mme Keller

♦ *Ouverture du 15 février au 5 novembre* ♦ *10 chambres avec tél., s.d.b. et w.c. - Prix des chambres : 290/425 F - Prix du petit déjeuner et horaire : 32 F - 8 h/11 h - Prix demi-pension et pension : 530 F - 650 F (1 pers.)* ♦ *Cartes de crédit : Carte bleue - Visa - Eurocard - Mastercard* ♦ *Chiens admis avec 30 F de supplément* ♦ *Possibilités alentour : Les villages du Luberon Piscine - Tennis et équitation à 10 km* ♦ *Restaurant : service 12 h 30/13 h 30 - 19 h 30/21 h - Fermeture mardi, mercredi midi De juillet à septembre : mardi, mercredi et jeudi à midi - Menu : 120/168 F - Spécialités : Noisette d'agneau farcie aux morilles Jambonnette de volaille au coulis de homard - Canette braisée au poivre rose - Langoustines au basilic.*

L'Hostellerie du Prieuré se trouve dans le village mais l'essentiel des pièces de réception et des chambres sont tournées vers le jardin et la vallée.
Les aménagements et la décoration sont très confortables, raffinés (voire un peu précieux) créant une atmosphère intime et cossue. Les chambres sont ravissantes, toutes différentes, mais la numéro 9 a une terrasse avec vue sur la vallée. En été le service bar et restaurant est assuré dans le jardin.

♦ *Itinéraire d'accès : sur A 6 sortie Cavaillon (prendre dir. d'Apt) - dans le village au pied des remparts.*

PROVENCE COTE D'AZUR

Logis d'Arnavel

**84230 Châteauneuf-du-Pape (Vaucluse)
Tél. 90.83.73.22 - Télex 431 625 - Mlle Faleur**

♦ *Ouverture toute l'année* ♦ *15 chambres avec s.d.b., tél. et w.c.*
Prix des chambres : 240/290 F - Prix du petit déjeuner et horaire :
32 F - 7 h 30/10 h ♦ *Cartes de crédit : Amex - Eurocard - Diners*
Carte bleue ♦ *Chiens admis avec supplément - Piscine à l'hôtel*
♦ *Possibilités alentour : Vignobles, visite de caves et dégustation -*
Orange (16 km) Avignon (20 km) Tennis (3 km) ♦ *Restaurant :*
service 12 h 30/13 h 30 - 19 h 30/21 h - Menu : 100/195 F - Carte
Spécialités : Cuisine saisonnière traditionnelle.

Cette ancienne bergerie restaurée se trouve au cœur des vignobles de Châteauneuf-du-Pape.
C'est d'abord un grand salon-bar avec de confortables fauteuils contemporains où trône une grande cheminée. Ensuite, deux salles à manger spacieuses au mobilier provençal, aux tonalités douces. Le tout ouvre sur la terrasse où sont servis les repas et les rafraîchissements à côté de la piscine qui vous attend aux beaux jours.
Les chambres, simples et confortables, ont de belles installations sanitaires.
Une table soignée, un accueil très amical sont les atouts supplémentaires de cette bonne adresse.

♦ *Itinéraire d'accès : à 18 km d'Avignon. N 7 direction Orange.*
Sorgues D 17, 3 km après Châteauneuf - autoroute : sorties
Avignon -nord, Orange, Roquemaure.

Hostellerie La Manescale

**Entrechaux - 84340 Malaucène (Vaucluse)
Route de Faucon
Tél. 90.46.03.80 - Mme M. Warland**

♦ *Ouverture de mi-mars à fin octobre* ♦ *5 chambres avec tél., s.d.b, w.c, t.v et minibar - Prix des chambres : 250/400 F - Prix du petit déjeuner et horaire : 40 F - 8 h 30/10 h - Prix demi-pension 290/390 F (1 pers., 2 j. min.)* ♦ *Cartes de crédit : Diners - Visa Eurocard -* ♦ *Chiens admis avec supplément - Piscine à l'hôtel* ♦ *Possibilités alentour: Tennis - Equitation -Minigolf - Practice de golf - Vaison-la-Romaine à 8 km* ♦ *Restaurant : service 19 h 30/20 h 30 (sur réservation pour les non résidents) - Menu : 150 F - Spécialités : Cuisine légère et raffinée*

Voici un endroit séduisant dont l'horizon charmeur n'a d'égal que celui des lieux et de leurs maîtres. Cette ancienne bergerie très bien reconstruite se perd au milieu des vignes et des oliviers, entre Drôme et Vaucluse, en face du mont Ventoux. Ont y trouve des chambres d'un confort surprenant, très bien équipées. Certaines sont de véritables petites suites (chambre "Provence"), et d'un goût très sûr qui montre que rien ici n'a été laissé au hasard,comme pour faire honneur à la magie du paysage. Une vallée paisible, où trône le Ventoux entouré du jeu subtil des lumières et des teintes. Une terrasse divine à l'heure du robuste petit déjeuner vous ferait déserter l'agréable salle à manger au moment du dîner, tant le tableau qu'elle vous offre ne saurait lasse . Une superbe piscine complète le tout. Un endroit que l'on aimerait garder pour soi, bien secret.

♦ *Itinéraire d'accès : à 8 km de Vaison-la-Romaine par D 205.*

Les Florets

**Gigondas - 84190 Beaumes-de-Venise (Vaucluse)
Tél. 90.65.85.01 - Mmes Germano - Bernard**

♦ Ouverture de mars à décembre - Fermeture le mercredi   ♦ 15 chambres avec tél., s.d.b et w.c - Prix des chambres : 200/235 F - Prix du petit déjeuner et horaire : 28 F - 8 h/9 h30 - Prix demi-pension et pension : 450 F - 630 F (2 pers., 3 j. min.)   ♦ Cartes de crédit : Amex - Diners - Carte bleue   ♦ Chiens admis avec supplément   ♦ Possibilités alentour : Tennis - La Provence romaine   ♦ Restaurant : service 12 h 30/14 h - 19 h 30/21 h - Fermeture le mercredi - Menu : 100/155 F - Spécialités : Aïolade du Comtat - Pieds et paquets maison - Lapereau miel et citron - Noisettes d'agneau à la crème d'ail.

En pleine verdure, au pied des Dentelles de Montmirail, et au coeur du vignoble de Gigondas, voici un simple traditionnel et familial hôtel de campagne.
Une terrasse treille d'où l'on aperçoit les très ouvragées dentelles de pierre, bien à l'abri d'un soleil parfois sans tendresse.
Des chambres simples aux fenêtres perdues dans les arbres, sans grand éclat mais d'un confort tout à fait acceptable.
Une cuisine régionale qui mêle produits locaux et vins de Gigondas.

♦ *Itinéraire d'accès : à 18 km d'Orange -Route des dentelles de Montmirail.*

Hôtel La Gacholle

**84220 Gordes (Vaucluse)
Tél. 90.72.01.36 - M. Roux**

♦ *Ouverture du 15 mars au 3 janvier* ♦ *11 chambres avec tél. direct, s.d.b., w.c. (4 avec t.v., 7 avec minibar - Prix des chambres : 360 F - Prix du petit déjeuner et horaire : 38 F - 7 h 30/10 h - Prix demi-pension 350 F (1 pers.)* ♦ *Cartes de crédit : Visa - MasterCard - Eurocard* ♦ *Chiens admis avec 30 F de supplément Piscine et tennis à l'hôtel* ♦ *Possibilités alentour : Villages du Luberon (Roussillon - Bonnieux...) - Musée Vasarely - Abbaye de Sénanque - Abbaye de Silvacane* ♦ *Restaurant : service 19 h 30 - Carte - Spécialités : Cuisine régionale saisonnière.*

Gordes est, comme Apt, Bonnieux et Roussillon, le lieu de séjour idéal pour ceux qui veulent visiter le Luberon. La Gacholle dresse ses murs de pierre sèche en pleine garrigue, à 1 km du village, qui s'étage sur un des promontoires du Vaucluse.
A l'intérieur de la bastide on a recréé l'atmosphère rustique provençale des maisons de vacances de la région. Les chambres, tout aussi soignées dans leur décoration et dans leur confort, bénéficient d'une vue superbe. (Les numéros 1, 2 et 3, de plain-pied sur le jardin, ont une petite terrasse individuelle.)
Beau panorama aussi de la terrasse et de la piscine sur la vallée du Coulon, la montagne du Luberon et les côteaux d'Aix.
Excellente adresse pour un week-end en toute saison.

♦ *Itinéraire d'accès : à 38 km d'Avignon - N 100 dir. Apt, Coustellet - D 2 Gordes - D 15 sur la route de Murs.*

PROVENCE CÔTE D'AZUR

Mas de Cure Bourse

**84800 Isle-sur-la-Sorgue (Vaucluse)
Route de Caumont
Tél. 90.38.16.58 - M. et Mme Donzé**

♦ *Ouverture du 1er novembre au 30 septembre   ♦ 10 chambres avec s.d.b., w.c. et t.v. - Prix des chambres : 250/410 F - Prix du petit déjeuner et horaire : 35 F - 8 h/10 h 30 - Prix demi-pension 420 F (1pers.) - 610 F (2 pers. 5 j. min)   ♦ Carte de crédit : Visa ♦ Chiens admis avec 25 F de supplément - Piscine à l'hôtel ♦ Possibilités alentour : Le Luberon - La Provence romaine - La Camargue - Fontaine de Vaucluse - Golf - Equitation - Canoë-kayak (3 km)   ♦ Restaurant : service 12 h/13 h 30 - 20 h/21 h 30 - Fermeture dimanche soir et lundi sauf juillet, août - Menu : 98/230 F - Carte - Spécialités : Caviar d'aubergine - Papillote de saumon - Chèvre pané - Gâteau aux poires caramel.*

Cet ancien relais de poste fut construit en 1734 dans la plaine de l'Isle-sur-Sorgue. C'est dans ce vieux mas plein de charme, entouré de vergers, et d'un parc de 2 ha, que les Donzé reçoivent leurs visiteurs.
Françoise, qui est le chef de cuisine, vous régalera suivant la saison, dans la jolie salle à manger devant un grand feu de cheminée, ou sur la terrasse ombragée.
Si vous préférez ne pas quitter la piscine, vous pourrez aussi déjeuner rapidement au bord de l'eau.
La décoration et le confort des chambres sont parfaits.

♦ *Itinéraire d'accès : à 23 km d'Avignon - sur A 7 sortie Avignon sud - D 25 route de Caumont-sur-Durance .*

Mas des Gres

**Lagnes - 84800 Isle-sur-la-Sorgue (Vaucluse)
Tél. 90.20.32.85 - M. et Mme Hermitte**

♦ *Ouverture du 1er avril au 30 novembre* ♦ *9 chambres avec tél., s.d.b, w.c et t.v. - Prix des chambres : 250/370 F - Prix du petit déjeuner et horaire : 33 F - 8 h/11 h - Prix demi-pension :360/400 F (1 pers.)* ♦ *Cartes de crédit : Amex - Diners Visa* ♦ *Chiens admis - Piscine à l'hôtel* ♦ *Possibilités alentour : Golf - Equitation - Festival* ♦ *Restaurant : service 20 h/21 h Menu : 90 F .*

Précisons tout d'abord que le mas est ravissant, que tout y est gai et de bon goût, c'est un endroit de charme qui se refuserait d'être pompeux ou prétentieux. Un hôtel qui serait le contraire d'un hôtel, plus une maison de vacances où règnent gaieté, joie de vivre et un brin d'excentricité. Le maître des lieux, qui fut autrefois "décorateur savoyard", plaisante sur le style rustico-byzantin qui y règne. Salon comme chambres sont d'une simplicité trés raffinée, elles ont le charme de belles chambres d'amis, et en ont aussi parfois le côté pratique : la n°8 peut accueillir toute une famille, la n°6 semble parfaite pour des enfants. Pas de restaurant mais une cuisine honorable qui peut vous être servie en demi-pension, sous la treille. Ces dîners qui sont, grâce à la personnalité chaleureuse de M. Hermitte , des moments agréables.
Entourée de vergers, une adresse précieuse : un peu votre maison dans le Luberon.

♦ *Itinéraire d'accès : à 23 km d'Avignon - A7 sortie Avignon-sud, dir. Apt, suivre fléchage sur N100.*

La Chaumière

84360 Lauris (Vaucluse)
Tél. 90.08.20.25 - Mme Diamant

♦ *Ouverture du 20 février au 5 janvier* ♦ *15 chambres avec tél. direct, s.d.b. et w.c. - Prix des chambres : 290/355 F - Prix du petit déjeuner et horaire : 35 F - 7 h 30/10 h 30 - Prix demi-pension 310/355 F (1 pers., 3 j. min.)* ♦ *Cartes de crédit : Diners - Carte bleue - Visa - Amex - Eurocard - MasterCard* ♦ *Chiens admis avec supplément* ♦ *Possibilités alentour : Tennis au village Planche à voile - Piscine - Canoë-kayak - Equitation à 6 km - Festivals culturels dans la région - Promenades et sites prestigieux dans le Luberon* ♦ *Restaurant : service 12 h/14 h - 20 h/21 h.30 - Fermeture mardi et mercredi midi - Menu : 185/225 F - Carte avec 2, 3 ou 5 plats - Spécialités : Gigot d'agneau "soleil" - Croustillon chaud de saumon - Fondant au chocolat.*

C'est dans la partie haute du village provençal de Lauris, perché entre Luberon et Durance, que se trouve La Chaumière, groupe de maisons rassemblées autour d'une cour ombragée, où l'on sert en été les petits déjeuners. Les deux salles à manger panoramiques et les chambres jouissent d'une vue exceptionnelle sur la vallée de la Durance. Les chambres, au mobilier ancien, viennent toutes d'être rénovées. L'ensemble de cette confortable maison est raffiné et invite à la détente. Les mêmes qualités de goût s'appliquent à la cuisine de Julien, légère et inventive, toujours préparée à base de produits de saison. Bonne cave. Accueil un peu distant.

♦ *Itinéraire d'accès : A 7 sortie Cavaillon, dir. Pertuis - D 973 Lauris.*

Hostellerie Le Roy Soleil

PROVENCE CÔTE D'AZUR

84560 Ménerbes (Vaucluse)
route des Beaumettes
Tél. 90.72.25.61 - M. Derine

♦ *Ouverture du 15 mars au 15 novembre* ♦ *12 chambres et 2 appart. avec tél. direct, s.d.b., w.c., t.v. et minibar - Prix des chambres : 320/620 F - Prix du petit déjeuner et horaire : 50 F 8h/10 h 30 - Prix demi-pension et pension (3 j. min.) : 580 F (1 pers.)760/1200 F(2 pers.) - 730 F (1 pers.) 1060/1500F (2 pers.)*
♦ *Cartes de crédit : Visa - Carte bleue - Eurocard* ♦ *Chiens admis sur réservation avec supplément - Piscine et tennis à l'hôtel*
♦ *Possibilités alentour : Equitation à 3 km - Golf à l'Isle-sur-Sorgue* ♦ *Restaurant : service 12 h/13 h 30 - 19h30 /21h30 - Fermeture mercredi midi - Menu : 160 F - Carte - Spécialités : Mesclun de caille confite - Tournedos à la crème de morilles.*

Cette ancienne demeure du XVIIe siècle, merveilleusement restaurée et transformée en hôtel, a beaucoup de charme de par sa situation géographique privilégiée au cœur du Luberon, avec ses garrigues et ses sentiers sauvages, et à proximité des vieux villages fortifiés de Ménerbes, d'Oppède-le-Vieux, de Bonnieux et de Lacoste. Charme également dans son aspect extérieur (vieilles pierres de Provence) et intérieur (salle voûtée, belles poutres en bois). Le repos et la détente sont garantis, au bord de la très belle piscine, à moins que vous ne préfériez vous mesurer à un adversaire sur le court de tennis.
La cuisine gourmande, l'accueil sympathique et le confort des chambres contribuent également à faire de ce petit hôtel une adresse à recommander.

♦ *Itinéraire d'accès : à 14 km de Cavaillon - sur autoroute sortie Cavaillon.*

PROVENCE COTE D'AZUR

L'Hermitage

84210 Pernes-les-Fontaines (Vaucluse)
Tél. 90.66.51.41 - Mme Oury

♦ *Ouverture du 1er mars au 31 janvier* ♦ *20 chambres avec tél. direct, s.d.b.et w.c. - Prix des chambres : 200/280 F - Prix du petit déjeuner et horaire : 25 F - 7 h 30/11 h - Prix demi-pension et pension : 420 F - 590 F (2 pers., 3 j. min.)* ♦ *Cartes de crédit : Diners - Visa* ♦ *Chiens admis* ♦ *Possibilités alentour : Piscine - Tennis - Equitation (2 km) - Luberon - Orange - Carpentras - Vaison-la-Romaine* ♦ *Restaurant : service 12 h/14 h - 19 h 30/ 21 h 30 - Fermeture le vendredi soir h.s d'octobre à juin - Menu : 85/170 F - Carte - Spécialités : Pavé de saumon à l'estragon - Gratin de langouste - Râble de lapin au vinaigre de Xérès.*

Très bien placé par rapport aux centres d'intérêt de la région, l'Hermitage est une belle bastide installée dans un parc de 2 ha. Beaucoup de charme règne dans cette maison où de nombreux objets personnels se mêlent à un mobilier de style provençal. Les chambres sont très soignées : celles du dernier étage ont une belle vue sur le Ventoux, les numéros 6, 7 et 14 partagent la grande terrasse tandis que les numéros 8 et 10 ont un grand balcon.
La glycine qui ombrage la terrasse, les grands platanes du jardin, les pots d'Anduze fleuris donnent au parc beaucoup d'agrément.
Le restaurant à 1 km de l'hôtel garantit encore plus le calme, appréciable dans cette région très visitée.

♦ *Itinéraire d'accès : à 6 km de Carpentras - sur A 7 sortie Avignon Nord - D 942 Carpentras - à 3 km sur D 938 dir. Cavaillon.*

Auberge de Cassagne

PROVENCE CÔTE D'AZUR

84130 Le Pontet (Vaucluse)
Tél. 90.31.04.18 - Télex 432 997 - M. Gallon

♦ *Ouverture toute l'année* ♦ *14 chambres et 2 appart. avec tél., s.d.b., w.c., t.v., minibar et coffre - Prix des chambres : 350/590 F (double) - 660/990 F(3 pers.) - Prix du petit déjeuner et horaire : 55 F - 7 h 30/10 h 30 - Prix demi-pension et pension : 1090/1330 F 1290/1530 F (2 pers.)* ♦ *Cartes de crédit : Visa - Eurocard - MasterCard - Amex* ♦ *Petits chiens admis avec supplément - Piscine à l'hôtel* ♦ *Possibilités alentour : Tennis à quelques mètres - Equitation à 800 m - Golf à 3 km, 18 T* ♦ *Restaurant : service 12 h/13 h 30 - 19 h 30 /21 h 30 - Menu : 280/380 F - Carte Spécialités : Escalope de foie gras poêlé - Emincé de lapereau et agneau - Filets de rougets poêlés au citron vert.*

C'est une vieille demeure provençale où vous accueilleront avec beaucoup de gentillesse Jean-Michel et Françoise Gallon.
L'été, vous pourrez prendre vos repas dans le magnifique parc fleuri. La cuisine, de grande renommée, est préparée par le jeune chef Philippe Boucher, qui a fait ses classes chez Georges Blanc et chez Bocuse.
Les chambres, agréablement décorées, au mobilier provençal, sont confortables et toutes équipées d'un téléviseur, d'un minibar et même d'un coffre-fort individuel.
Certaines sont situées dans le corps principal et d'autres autour de la très belle piscine, qui est également un atout pour un séjour agréable.

♦ *Itinéraire d'accès : à 5 km d'Avignon - surA7 sortie Avignon nord - dir. Le Pontet. D'Avignon, RN 7 Le Pontet, puis route de Vedine.*

PROVENCE CÔTE D'AZUR

Mas de Garrigon

84220 Roussillon-en-Provence (Vaucluse)
Tél. 90.04.63.22 - Mme Rech -Druart

♦ *Ouverture toute l'année* ♦ *8 chambres avec tél., s.d.b., w.c., t.v. et minibar - Prix des chambres : 600/700 F - Prix du petit déjeuner et horaire : 60 F - 7 h 30/10 h 30 - Prix demi-pension et pension : 1100 F - 1350 F (2 pers.)* ♦ *Cartes de crédit : Amex - Diners Visa* ♦ *Chiens admis avec 35/65F de supplément - Piscine et équitation à l'hôtel* ♦ *Possibilités alentour : Tennis à 3 km Villages et châteaux du Luberon* ♦ *Restaurant : service 12h/14h 20 h/21 h 15 - Fermeture dimanche soir et lundi et du 15 nov. au 27 déc. - Menu : 160 F - Carte - Spécialités : Noisette d'agneau aux truffes - Bar sauce vierge - Agneau du Luberon à l'estragon Fondant au chocolat.*

Cette demeure de caractère typiquement provençal située au pied du Luberon offre un séjour attrayant, quelle que soit la saison. Au bord de la piscine, les chaises-longues invitent à la détente ; vous pourrez même y déjeuner. Le salon possède une magnifique cheminée. Vous écouterez de la musique classique installés dans les très confortables fauteuils, ou vous emprunterez quelques livres aux rayons de la bibliothèque.
Les chambres, au mobilier raffiné, possèdent toutes une terrasse particulière plein sud avec vue sur le Luberon. La cuisine recherchée varie avec les produits frais du marché. Les possibilités touristiques sont très grandes : tous les hauts lieux de la Provence à visiter sont dans un rayon de 100 km : Aix-en-Provence, Arles, Saint-Rémy et les Baux.

♦ *Itinéraire d'accès : à 48 km d'Avignon - Entre Gordes et St-Saturnin d'Apt sur la D 2.*

Hostellerie Le Beffroi

PROVENCE CÔTE D'AZUR

84110 Vaison-la-Romaine (Vaucluse)
Tél. 90.36.04.71 - Télex 306 022 - M. Christiansen

♦ *Ouverture du 15 mars au début novembre - en décembre sur réservation* ♦ *20 chambres avec tél. (18 avec s.d.b. et w.c.) - Prix des chambres : 220/360/500 F - Prix du petit déjeuner et horaire : 35 F - 7 h 15/9 h 30 - Prix demi-pension et pension : 315/425 F 435/545F (1 pers., 3 j. min.)* ♦ *Cartes de crédit : Carte bleue Diners - Eurocard - Amex* ♦ *Chiens admis avec 30 F de supplément - Minigolf et jeux pour enfants dans l'hôtel* ♦ *Possibilités alentour : Piscine et tennis au village - Ski à 25 km - Activités culturelles - Pêche - Promenades - Vignobles* ♦ *Restaurant : service 12 h/13 h 45 - 19 h15/21 h 30 - Fermeture le lundi et le mardi midi - Menu : 98/195 F - Carte - Spécialités : Salade de pâtes fraîches au basilic et truite fumée - Râble de lapin rôti à la crème de thym et aux pignons.*

L'établissement est situé en hauteur, dans le vieux Vaison médiéval. Il résulte de la réunion de plusieurs hôtels particuliers dont il a conservé l'atmosphère avec ses carrelages et ses boiseries astiqués et cirés, ses escaliers à vis, ses beaux meubles, ses tableaux et ses bibelots. Les chambres, toutes différentes, sont d'autant plus séduisantes que le mobilier d'époque, de bonne facture, est en parfait état. Les salons d'entrée avec cheminée sont tout aussi agréablement meublés. A l'extérieur un superbe jardin en balcon offre une très belle vue sur les toits de la ville. Au total, une ambiance assez chaleureuse et très raffinée.

♦ *Itinéraire d'accès : A7 sortie Avignon-nord ou Orange-ouest ou Bollène-nord. Vaison. Accès à la haute ville par le Pont Romain ou le Pont Neuf.*

Les Bichonnières

**Ambérieux en Dombes - 01330 Villard (Ain)
Tél. 74.00.82.07 - Mme M. Cretin**

♦ *Ouverture du 16 janvier au 26 décembre - Fermeture le lundi*
♦ *12 chambres avec tél., (11 avec s.d.b) - Prix des chambres : 200/280 F - Prix du petit déjeuner et horaire : 25 F - 8 h/10 h*
♦ *Cartes de crédit : Carte bleue - Visa* ♦ *Chiens non admis*
♦ *Possibilités alentour : Parc ornithologique de Villard-les-Dombes* ♦ *Restaurant : service 19 h/21 h - Fermeture le lundi Menu : 98/220 F - Carte - Spécialités : Grenouilles - Ecrevisses Carpes - Poulet à la crème.*

A quelques dizaines de kilomètres de Lyon, dans cette région de la Dombe parsemée par presqu'autant d'étangs que d'espèces ornithologiques qui s'y réfugient, en bordure de route mais néanmoins au calme, cette ancienne ferme joue désormais les hôtels à la saveur rustique. Ici bien sûr le mot "rustique" est plus synonyme de charme campagnard qu'il n'est signe de réelle rusticité, et ce "cachet" ne tombe d'ailleurs pas dans le kitsch ou le mauvais goût, il s'agit d'un "rustique de charme", tout à fait plaisant et mille fois préférable aux hôtels de pèlerins des villages voisins. Une cour fleurie où l'on peut prendre son repas sous de grands parasols blancs qui rappellent les terrasses de café italiennes. Des chambres confortables, agréablement décorées, toujours dans la note champêtre. Une bonne étape un peu avant Lyon, la base idéale d'où explorer la Dombe.

♦ *Itinéraire d'accès : à 30 km de Bourg-en-Bresse - A6 sortie Villefranche-sur-Saône, dir. Villard-les-Dombes.*

Auberge des Chasseurs

**Echenevex - 01170 Gex (Ain)
Tél. 50.41.54.07 - M. Lamy**

♦ *Ouverture toute l'année - Fermeture lundi sauf juillet et août*
♦ *11 chambres avec tél., (8 avec s.d.b., 6 avec w.c. et 4 avec t.v.) - Prix des chambres : 170/370 F - Prix du petit déjeuner et horaire : 40 F - 8 h/10 h* ♦ *Cartes de crédit : Visa - MasterCard - Eurocard* ♦ *Chiens admis avec supplément - Piscine à l'hôtel*
♦ *Possibilités alentour : Golf de Divonne-les-Bains à 10 km, 18 T. - Equitation 1 km - Tennis 2 km - Randonnées* ♦ *Restaurant : service 12 h/14 h - 19 h/21 h 30 - Fermeture en janvier, février, mars - Menu : 110/270 F - Carte - Spécialités : Poulet aux morilles à la crème - Lotte aux myrtilles .*

A quinze minutes de Genève, aux flancs du Jura, au milieu des champs et des bois c'est une ancienne ferme, très bien restaurée. Depuis le hall un très joli escalier de bois conduit à des chambres qui ont chacune son style et sa couleur mais qui sont toutes également confortables et bien équipées. Egalement à l'étage, une salle de télévision et de lecture intime et agréable. L'auberge entourée d'un beau jardin se prolonge par une terrasse ombragée d'où par temps clair on peut voir le massif du Mont-Blanc. Le jeune propriétaire, par ailleurs passionné de photographie (de très belles prises de vue sont accrochées dans l'auberge) est très sympathique et d'une grande gentillesse !

♦ *Itinéraire d'accès : à 17 km de Genève, St-Genis-Pouilly, D 984 C, Echenevex.*

Ostellerie du Vieux Pérouges

Pérouges - 01800 Meximieux (Ain)
Tél. 74.61.00.88 - Télex 306 898 - M. G.Thibaut

♦ *Ouverture toute l'année - Fermeture mercredi hors saison*
♦ *28 chambres avec tél., s.d.b. et w.c. - Prix des chambres : 390/850 F - Prix du petit déjeuner et horaire : 55 F - 8 h/11 h*
♦ *Carte de crédit : Visa* ♦ *Chiens admis* ♦ *Possibilités alentour : Tennis - Golf* ♦ *Restaurant : service 12 h/14 h 19 h/21 h - Menu : 150/320 F - Carte - Spécialités : Mousseline de brochet - Filet de carpe farçie - Volaille de Bresse - Galette Pérougienne.*

L'hôtel s'égrène dans les ruelles de la cité médiévale — parfois tout à fait dans le ton — qu'il s'agisse des annexes ou de l'hôtel lui même. Les chambres sont charmantes. Du "pavillon des trois saisons" (l'Hiver ayant été mis au ban) le printemps est exceptionellement frais et clair, comme son sol dallé. Dans "l'annexe" un peu moins de charme peut être, ou celui plus désuet d'une vieille maison de notable : les chambres donnent sur le jardin et la campagne, la n°2 aux teintes plus chaudes et au mobilier ancien, bien que regardant sur la ruelle, est trés séduisante. Plus onéreuses, les chambres de l'hôtel vous font en quelque sorte voyager dans le temps : ambiance et décor médiéval, des escaliers en pierre, des fenêtres en vitrail, des lits à baldaquins ; seigneuriale comme la "chambre noble", ou plus proche de l'alcôve comme la chambre "des remparts", chacune dans leur registre vous transporte dans le vieux Pérouges. Même atmosphère dans le restaurant, où une cuisine régionale vous est servie par un personnel en costume traditionnel dans un cadre où se mêlent les "autrefois".

♦ *Itinéraire d'accès : à 37 km de Bourg-en-Bresse - A42 sortie Meximieux - Plaine de l'Ain.*

Hôtel Demornex

RHONE ALPES

**01630 St-Jean-de-Gonville (Ain)
Tél. 50.56.35.34 - M. Demornex**

♦ *Ouverture toute l'année sauf du 7 janvier au 15 février et du 1er au 15 juillet - Fermeture dimanche soir et lundi* ♦ *10 chambres avec tél. et lavabo ; douche et w.c. à l'étage - Prix des chambres : 100/180 F - Prix du petit déjeuner et horaire : 23 F - 8 h/10 h* ♦ *Cartes de crédit : Carte bleue - Amex - Diners* ♦ *Chiens admis* ♦ *Possibilités alentour : Promenades en forêt - Tennis au village - Divonne-les-Bains (25 km) - Tour du lac Léman* ♦ *Restaurant : service 12 h/13 h 30 - 19 h/21 h - Fermeture dimanche soir et lundi Menu : 100/300 F - Carte - Spécialités : Ecrevisses - Grenouilles - Volailles.*

Saint-Jean-de-Gonville est un charmant village aux maisons fleuries qui évoque déjà la Suisse toute proche.
Bien que situé sur la place, ce petit hôtel qui possède un très joli jardin est niché dans la verdure ; le calme et la tranquillité sont préservés.
Les chambres simples sont confortables, mais ce qui fait la réputation et le charme de l'établissement c'est sa cuisine qui vaut le déplacement.

♦ *Itinéraire d'accès : à 25 km de Divonne-les-Bains - à 19 km de Genève - à mi-chemin entre Bellegarde et Divonne-les-Bains, monter au centre du village.*

Château d'Urbilhac

07270 Lamastre (Ardèche)
Tél. 75.06.42.11 - M. et Mme Xompéro

♦ *Ouverture du 1er mai au 10 octobre* ♦ *12 chambres et 3 appart. avec tél. direct, s.d.b. et w.c. - Prix des chambres : 350/550 F - Prix du petit déjeuner et horaire : 50 F - 8 h/11 h - Prix demi-pension : 450/475 F (par pers., soirée étape et obligatoire en juill., août)* ♦ *Cartes de crédit acceptées* ♦ *Chiens admis avec supplément - Piscine chauffée et tennis à l'hôtel, parc et rivière* ♦ *Possibilités alentour : Equitation à Nozières - Gorges de l'Ardèche - Basiliques du Puy et de Louvesc* ♦ *Restaurant : service 12 h 30 - 19 h 30 - Menu : 160/250 F - Spécialités régionales.*

Le château d'Urbilhac, bâti au siècle dernier dans le style Renaissance sur les caves d'une maison forte du XVIe siècle, est situé dans un parc de 60 hectares, en position dominante. C'est un hôtel rêvé pour un week-end - rêve XIXe sans fausse note - véritable musée de meubles d'époque.
Que ce soit dans les chambres, plus ou moins richement aménagées, dans les salons ou la salle à manger, on retrouve partout le velours ou le damassé de lourdes tentures en harmonie parfaite avec les tapisseries.
Des gravures, des tableaux, des lustres et des miroirs et même la vaisselle donnent l'impression d'être reporté d'un siècle en arrière (sans avoir à renoncer à un confort sanitaire bien contemporain). Grand calme et accueil chaleureux pour une vie de château à un prix raisonnable.

♦ *Itinéraire d'accès : A 6 sortie Valence en venant du sud, sortie Tain-l'Hermitage en venant du nord.*

Hostellerie Mère Biquette

**Saint-Pons - 07580 St-Jean-le-Centenier (Ardèche)
Tél. 75.36.72.61 - M. F. Bossy**

♦ *Ouverture du 15 mars au 30 novembre* ♦ *11 chambres avec tél, s.d.b et w.c ; t.v à la demande - Prix des chambres : 120/330 F - Prix du petit déjeuner et horaire : 25 F - 7 h/10 h - Prix demi-pension et pension : 1 400 F - 1 800 F(2 pers. 5 j. min.)* ♦ *Cartes de crédit acceptées* ♦ *Chiens admis - Piscine à l'hôtel* ♦ *Possibilités alentour : Equitation - Randonnées - Tennis* ♦ *Restaurant : service 12 h/22 h - Menu : 98/200 F - Spécialités : Gratin d'écrevisse - Escalope à la mousseline de cèpes - Biquet feuilleté.*

Difficile de faire mieux pour les amateurs d'isolement : une vieille ferme perdue au bout d'une route d'un autre âge qui tourne et vire a n'en plus finir dans cette vallée de St Pons qui ne semble peuplée que par les chênes et les châtaigners.
Toute cette nature est protégée, et la vallée, classée site protégé inconstructible, ne vous offre pas d'autre vis à vis que la cime verte des arbres. Le fermier rêvait depuis longtemps d'être hôtelier et, lorsqu'il abattait un chêne il pensait au jour où cet arbre deviendrait armoire, table, ou porte, l'hôtel est ainsi meublé des "fruits de ses bois". Les chambres sont d'un bon confort à l'indéniable cachet rustique. Un endroit calme, très calme.

♦ *Itinéraire d'accès : . à 25 km de Montélimar direction Aubenas.*

Château le Scipionnet

07140 Les Vans (Ardèche)
Tél. 75.37.23.84 - Télex 345 790 - M. et Mme Dupouy

♦ *Ouverture du 12 mars au 30 septembre* ♦ *23 chambres et 3 appart. avec s.d.b., tél., et w.c. - Prix des chambres : 300/450 F (double) - Prix du petit déjeuner et horaire : 45 F - 7 h 45/9 h 30 Prix demi-pension et pension : 500 F - 580 F (1 pers., 2 j. min.)* ♦ *Cartes de crédit : Eurocard - Visa - Carte bleue* ♦ *Chiens admis à l'hôtel avec 45 F de supplément - Piscine - Plage privée sur rivière - 2 tennis (55 F/h) et practice de golf à l'hôtel* ♦ *Possibilités alentour : Pêche - Kayak - Chasse - Grottes - Gorges de l'Ardèche - Eglises romanes - Location de vélos* ♦ *Restaurant : service 12 h 30/14 h - 20 h/21 h 30 - Menu : 165/250 F - Carte - Spécialités : Terrine de grenouille à la menthe - Foie gras de canard frais - Matelote d'anguille - Fromages du pays.*

En bordure du Chassezac, un parc de 12 hectares abrite ce château Napoléon III construit sur un vieux mas ardéchois du XVIIIe siècle. Un délicieux salon (avec de nombreux coins conversation) attend les voyageurs désireux de trouver un cadre de charme. A côté, une adorable petite bibliothèque comblera ceux qui cherchent l'isolement. Un autre salon, aussi agréable et intime, possède un piano pour les "virtuoses"... Deux salles à manger fraîches et gaies ouvrent leurs fenêtres sur le jardin et la verdure, ainsi que les très jolies chambres, toutes très confortables et d'une grande diversité dans leur décoration. Deux grandes terrasses (dont une à côté de la piscine) offrent le plaisir des rafraîchissements sous des arbres centenaires et la vue sur le château de Cambonas.

♦ *Itinéraire d'accès : à 36 km d'Aubenas. D 104 A Les Vans.*

Auberge du Vieux Village d'Aubres

RHONE ALPES

Aubres - 26110 Nyons (Drôme)
Tél. 75.26.12.89 - Mme Colombe

♦ *Ouverture toute l'année* ♦ *24 chambres avec tél., w.c, s.d.b. et t.v. - Prix des chambres : 380/760 F - 800/1100 F - Prix du petit déjeuner et horaire : 52 F - à partir de 7 h 30 - Prix demi-pension et pension : 675 F - 1 200F (1 pers., 4 j. min.)* ♦ *Cartes de crédit acceptées* ♦ *Chiens admis avec supplément - Piscine chauffée, sauna, salle de gymn. à l'hôtel* ♦ *Possibilités alentour : Equitation à 10 km - Tennis à 1km - Pêche* ♦ *Restaurant : service 12 h/13 h 45 - 19 h/20 h 30 - Fermeture mercredi midi - Menu : 140/240 F - Carte - Spécialités : Agneau au miel - Poulet fermier à l'estragon - Hors-d'oeuvre végétariens et gratins de légumes - Filet de charolais aux cèpes.*

Cet hôtel est bâti sur un belvédère, à l'emplacement de l'ancien château ; c'est dire combien est exceptionnelle sa vue sur le village et la vallée. L'hôtel dispose d'ailleurs d'une terrasse très agréable, avec chaises longues, qui permet de profiter pleinement du panorama.

Les chambres sont sobres et confortables ; toutes sont équipées de postes de télévision couleur ; elles ont évidemment une vue imprenable et sont d'un très grand calme.

La salle à manger ancienne (panetière, belle horloge de parquet...) bénéficie elle aussi du beau point de vue grâce à de grandes baies vitrées ; elle épargne les non-fumeurs, toute cigarette étant bannie : voilà un égard qui illustre très bien le dynamisme de son hôtesse et la qualité de l'accueil.

♦ *Itinéraire d'accès : à 4 h de Paris par le T.G.V. - Autoroute A 6 sortie Montélimar-sud (en venant du nord), Orange (en venant du sud).*

Domaine du Colombier

**Malataverne - 26780 Montélimar (Drôme)
Route de Donzère
Tél. 75.51.65.86 - Télex 945 126 - M. et Mme Barette**

♦ *Ouverture toute l'année* ♦ *15 chambres avec tél., s.d.b et w.c - Prix des chambres : 260/600 F - Prix du petit déjeuner et horaire : 40 F - jusqu'à 11 h* ♦ *Carte de crédit : Visa* ♦ *Chiens admis avec 25 F de supplément - Piscine à l'hôtel* ♦ *Possibilités alentour : Tennis - Equitation* ♦ *Restaurant : service 12 /15 h - 19 h/21 h - Fermeture dimanche soir et lundi midi - Menu 140/180 F - Carte - Spécialités : Foie gras - Volaille de la Drôme.*

Pratique et agréable étape sur la route du Sud que cette ancienne abbaye du XIVe siécle qui, comme en des temps plus reculés, offre toujours l'hospitalité aux voyageurs. Bien qu'à quelques minutes de l'autoroute l'hôtel est comme perdu en pleine campagne. Lorsqu'on pénètre dans le hall on est tout d'abord surpris par le nombre de tissus et de meubles qui s'amoncellent dans cette "entrée-boutique" véritable, "show-room" d'une marque de tissu d'ameublement. Surprenante double activité qui offre au moins l'avantage de vous épargner les éternels et trop incontournables papiers peints sinistres qu'on trouve dans bien trop d'hôtels. Les chambres sont donc plutôt gaies et d'un très bon confort, trois d'entres elles ont en plus de petites mezzanines qui allient le charme et la commodité. Dans le jardin, se tient une piscine entourée de fauteuils. Après une journée de soleil il est encore possible de dîner ou prendre un verre dans le patio.

♦ *Itinéraire d'accès : à 2 km de Montélimar, sortie Montélimar-sud.*

Hôtel Bellier

RHONE ALPES

26420 La Chapelle-en-Vercors (Drôme)
Tél. 75.48.20.03 - Télex 306 022 - M. et Mme Bellier

♦ *Ouverture du 18 juin au 25 septembre* ♦ *12 chambres avec tél., (9 avec s.d.b. et 7 avec w.c.) - Prix des chambres : 80/300 F Prix du petit déjeuner et horaire : 25 F - 8 h/10 h - Prix demi-pension et pension : 220/315 F - 290/400 F (1 pers., 3 j. min.)*
♦ *Cartes de crédit : Diners - Visa - Amex* ♦ *Chiens admis*
♦ *Possibilités alentour : Piscine - Tennis - Equitation - Golf 9 T. Mountain Bike* ♦ *Restaurant : service 12 h 30/14 h - 19 h 30/21 h Menu : 80/200 F - Carte sauf dimanche midi - Spécialités : Truite Bellier - Poulet aux écrevisses - Pintadeau au genièvre.*

Cette auberge, de style chalet, est située sur une hauteur à l'entrée du village. Une terrasse et un jardin attenants permettent de profiter d'une belle vue sur les pâturages et les montagnes alentour.
C'est un hôtel de montagne et l'aménagement intérieur a été résolument conçu dans le style alpin.
Les chambres sont calmes et confortables ; elles sont diversement équipées : demandez au moment de la réservation celle qui correspondra au confort recherché.
Les petits déjeuners sont copieux et excellents. Le restaurant propose des menus variés et raffinés. La propriétaire, qui connaît bien son affaire, vous réserve un très bon accueil dans cette auberge certainement bien adaptée à la montagne d'été.

♦ *Itinéraire d'accès : Soit N 7 Valence - La Chapelle-en-Vercors - Soit route Napoléon, de Gap ou de Grenoble.*

La Capitelle

RHONE ALPES

**26270 Mirmande (Drôme)
Tél. 75.63.02.72 - Mme M. Boucher**

♦ *Ouverture du 1er mars au 10 janvier - Fermeture mardi* ♦ *10 chambres avec tél. (9 avec s.d.b. et 8 avec w.c.) - Prix des chambres : 180/340 F - Prix du petit déjeuner et horaire : 30 F - 7 h 30/10 h* ♦ *Cartes de crédit : Carte bleue - Eurocard - Diners MasterCard* ♦ *Chiens admis avec supplément* ♦ *Possibilités alentour : Promenades à cheval - Tennis - Visites de villages anciens* ♦ *Restaurant : service 12 h 30/14 h - 19 h 30/21 h - Fermeture mardi - Menu : 100/160 F - Carte - Spécialités : Truite aux morilles - Canard à l'orange - Agneau aux parfums de Provence - Coquelet aux écrevisses - Gâteau au chocolat et coulis de menthe.*

La Capitelle est une haute maison Renaissance aux fenêtres à meneaux. Dans les pièces voûtées du rez-de-chaussée aux belles cheminées de pierre sont installés salon et salle à manger. Les meubles anciens et rustiques y font bon ménage avec un mobilier contemporain aux lignes sobres et aux couleurs chaudes.
Les chambres sont elles aussi sobres, de bon goût, joliment meublées et toutes différentes. Situé au centre du village classé de Mirmande, l'hôtel est sans jardin mais situé dans un cadre de verdure qui assure calme et tranquillité.
Sa cuisine régionale et ses spécialités gastronomiques vous sont proposées par un excellent cuisinier, attentif et sympathique.

♦ *Itinéraire d'accès : à 17 km de Montélimar - N 7 ou A 7 sortie Loriol - D 57 Mirmande.*

Auberge des 4 Saisons

St-Restitut - 26130 St-Paul-Trois-Châteaux (Drôme)
Tél. 75.04.71.88 - M. et Mme Viguet-Carrin

♦ *Ouverture du 8 fév. au 12 nov. et du 8 déc. au 15janv. - Fermeture lundi soir et mardi midi h.s.* ♦ *10 chambres avec tél., s.d.b. (9 avec w.c.) - Prix des chambres : 205 F (simple) - 410 F (double) - Prix du petit déjeuner et horaire : 38 F - 8 h/11 h - Prix demi-pension et pension : 325/640 F - 405/840 F(3 j. min)* ♦ *Cartes de crédit : Carte .bleue - Eurocard - MasterCard* ♦ *Chiens admis* ♦ *Possibilités alentour : Visites historiques dans la région* ♦ *Restaurant : service 12 h 30/13 h 30 - 19 h 45/21 h - Fermeture lundi soir et mardi midi h.s. - lundi midi et mardi midi en saison - Menu : 77/240 F - Carte - Spécialités : Gratinée d'escargots - Daube à l'ancienne - Cervelle d'agneau.*

L'auberge des 4 Saisons et, tout à côté le restaurant des 36 Soupières, ont été aménagés dans d'anciennes maisons romanes en pierre de taille couvertes de vigne vierge ; elles sont situées dans la partie médiévale du village et donnent sur la petite place de l'église.
La propriétaire de l'auberge est une ancienne décoratrice ; les chambres, qu'elle a conçues, sont meublées d'ancien, tout y est soigné et bien assorti et toutes sont confortables, agréables et très calmes ; certaines sont même comme de petits appartements et l'on a su tirer parti d'une petite soupente pour en faire une véritable chambre d'enfant.
Au restaurant, c'est le propriétaire qui est aux fourneaux et qui tient l'une des meilleures tables de la région.

♦ *Itinéraire d'accès : à 9 km de Bollène - A 7 sortie Bollène - Au carrefour D 8 - D160 (garage Citroën) D 160.*

Valle Aurea

26230 Valaurie (Drôme)
Tél. 75.98.56.40 - Mme de Brabander - M. Simoens

♦ *Ouverture toute l'année sauf du 20 décembre au 14 janvier*
♦ *4 chambres avec tél., s.d.b, w.c, minibar et t.v - Prix des chambres : 290/310 F - Prix du petit déjeuner et horaire : 30 F - 7 h 30/10 h 30* ♦ *Carte de crédit : Visa* ♦ *Chiens non admis*
♦ *Possibilités alentour : Château de Grignan - Vaison-la-Romaine - Visite des caves de Tricastin* ♦ *Restaurant : service 12 h/14 h 30 19 h 30/22 h - Fermeture le mardi - Menu : 150 F - Carte - Spécialités : Truite provençale - Aiguillettes de canard aux pêches de vigne - Rondelle de pintadeau aux truffes du Tricastin.*

C'est une très belle partie de la Drôme, pays de vigne et de vin, mais aussi pays d'histoire qui abrite bien des splendeurs : Valaurie, la Garde Adhémar, autant de superbes vieux villages qui s'accrochent aux collines, sans oublier Grignan qui se coiffe d'un château Renaissance où séjourna Mme de Sévigné. Séduit par les environs, un couple d'hôteliers belges a entrepris de restaurer une ancienne magnanerie, bien au calme dans la campagne. Les chambres y sont séduisantes, on n' en compte que cinq mais cet hôtel miniature vous offre un très bon confort : teintes, matières, et ameublement, tout y est feutré. Il est agréable de retrouver après dîner la cheminée de ce petit salon, où se trouvent quelques meubles de famille venus d'au-delà des Ardennes ; le matin on y prend son petit déjeuner sous le portrait d'un aïeul d'occasion. Une cuisine qui est l'oeuvre de Madame et le digne produit d'une expérience acquise dans différents établissements européens.

♦ *Itinéraire d'accès : à 28 km de Montélimar - A7 sortie Montélimar-sud, dir. Avignon, Grignan par D541.*

Domaine de Clairefontaine

RHONE ALPES 89

**38121 Chonas l'Amballan (Isère)
Tél. 74.58.81.52 - Mme Girardon**

♦ *Ouverture du 1er février au 30 novembre - Fermeture le dimanche soir h.s et le lundi midi* ♦ *17 chambres avec tél.(12 avec s.d.b, 11 avec w.c) - Prix des chambres : 110/300 F - Prix du petit déjeuner et horaire : 25 F - 7 h 30/9 h* ♦ *Cartes de crédit : Visa - Carte bleue* ♦ *Chiens admis à l'hôtel seulement - tennis à l'hôtel* ♦ *Possibilités alentour : Equitation - Visite de vignobles* ♦ *Restaurant : service 12 h 15 - 19 h 15 - Fermeture le lundi midi et dimanche soir h.s - Menu : 95/210 F - Carte - Spécialités : Cuisine de saison.*

C'est une affaire de famille que Clairefontaine, tenu par Mme Girardon et ses deux fils. Ceux-ci s'apprêtent à assurer une brillante relève et sont surtout responsables de la bonne cuisine que l'on y sert. L'un s'occupe des douceurs : croissants du matin, pâtisseries et autres sucreries, tandis que l'autre soigne les plats, des fonds jusqu'aux sauces. Voilà pour les papilles, dont le plaisir se double de la vue du beau parc de cette ancienne propriété de l'archevêché de Lyon, où, sur une pelouse ombragée d'arbres séculaires, quelques paons bien élevés font maintes révérences avant de se retirer, le soir venu, pour ne point troubler votre sommeil de leur cri si particulier. Des chambres de tous styles et de tous prix pour tous les goûts et toutes les bourses, d'un style vieille maison provinciale avec leurs hauts plafonds, leurs parquets qui craquent, et un mobilier classique (n°3 sans doute la plus belle, mais les autres ont aussi du charme) ou d'un bon confort plus actuel dans l'annexe.

♦ *Itinéraire d'accès : à 9 km de Vienne - Sortie Vienne ou Chanas puis N7.*

Hôtel Ferrat

**38930 Clelles-en-Trieves (Isère)
Tél. 76.34.42.70 - M. L. Ferrat**

♦ *Ouverture du 1er mars au 11 novembre - Fermeture le mardi hors s.* ♦ *17 chambres avec tél., s.d.b et w.c - Prix des chambres : 160/280 - Prix du petit déjeuner et horaire : 25 F - 7 h/11 h - Prix demi-pension et pension : 190 F - 250 F (1 pers., 3 j. min.)* ♦ *Cartes de crédit : Carte bleue - MasterCard* ♦ *Chiens non admis - Piscine à l'hôtel* ♦ *Possibilités alentour : Tennis - Promenades* ♦ *Restaurant : service 12 h/13h30 - 19 h/20h30 - Fermeture le mardi - Menu : 65/90 F - Spécialités : Terrine de foie de volaille - Loup à la normande - Brouillade de grisets - Profiteroles.*

A peu de distance de Grenoble et au pied du Mont Aiguille, l'hôtel Ferrat est une parfaite étape en direction de Sisteron. D'un accès facile c'est un endroit de bon confort doté d'un grand jardin, d'une piscine, d'un tennis et d'une vue attrayante. Les chambres y sont tout à fait convenables. Celles de l'annexe viennent d'être refaites. Un petit bar, comme la salle à manger apportent une note rustique. Un séjour plus long permettra de faire de nombreuses balades dans la montagne. Une adresse pratique et confortable.

♦ *Itinéraire d'accès : à 50 km de Grenoble - RN 75.*

Hôtel Boustigue

RHONE ALPES

**38970 Corps (Isère)
Tél. 76.30.01.03 - M. et Mme Dumas**

♦ *Ouverture du 1er mai au 15 octobre*   ♦ *19 chambres avec w.c. (17 avec s.d.b.) - Prix des chambres : 164 F (simple) - 440 F (4 pers.) - Prix du petit déjeuner et horaire : 27 F - 7 h 30/9 h 30 - Prix demi-pension et pension : 510 F - 580 F (2 pers., 3 j. min.)* ♦ *Cartes de crédit acceptées*   ♦ *Chiens admis - Tennis - Piscine chauffée - Billard - Ping-pong - Pétanque à l'hôtel* ♦ *Possibilités alentour : en été promenades - Equitation (15 km) - Sports nautiques (5 km) - en hiver ski, téléski privé face à l'hôtel* ♦ *Restaurant : service 12 h 15/13 h 30 - 19 h 15/20 h 30 - Menu : 80/165 F - Carte - Spécialités : Filet de St-Pierre à l'oseille - Filet de boeuf forestière - Saumon fumé maison - Magret de canard au poivre vert.*

La petite route qui vous y mène serpente dans la montagne à travers les bois. En haut, à 1 200 mètres, le chalet rustique vous attend, si vous êtes un amoureux de la nature et de la solitude. La vue est magnifique : devant vous s'étend l'Obiou et à vos pieds, le village de Corps et le lac du Sautet.
La salle à manger est très vaste, les larges baies donnent sur le paysage. Une série de petis salons, coins de lecture et bar avec cheminée, forment un espace très agréable et assez intime.
Pour la tranquillité de tous, la salle de télévision est isolée. Attentifs à leurs clients, les propriétaires ont préparé pour vous toute une série d'itinéraires pour découvrir la région.

♦ *Itinéraire d'accès : à 60 km de Grenoble, à 40 km de Gap sur N 85 - Corps.*

Château de la Commanderie

RHONE ALPES

Eybens - 38320 Grenoble (Isère)
Tél. 76.25.34.58 - Télex 980 882
M. et Mme de Beaumont

♦ *Ouverture toute l'année*   ♦ *29 chambres avec tél. direct, s.d.b., w.c., t.v. et minibar - Prix des chambres : 280/400 F - Prix du petit déjeuner et horaire : 26 F - 7 h/10 h 30*   ♦ *Cartes de crédit : Amex - Diners - Carte bleue - Eurocard* ♦ *Chiens admis - Piscine à l'hôtel* ♦ *Possibilités alentour : Ski à Chamrousse - Alpinisme - Randonnées à 30 km - Tennis - Equitation à 500 m - Golf de Bresson à 4 km, 18 T* ♦ *Pas de restaurant.*

A 5 kilomètres du centre de Grenoble et à une demi-heure des pistes olympiques, cette ancienne hospitalerie des chevaliers de Malte jouit d'une situation exceptionnelle. Le parc, clos de murs et planté d'arbres séculaires, assure dépaysement et silence.
Dans les chambres, le confort moderne (tél. direct, télévision, minibars) ne nuit pas au charme du lieu, restitué par la présence de meubles anciens. Les explorateurs du temps pourront demander "la chambre rouge", une pièce de 35 m² meublée comme un salon et dominée par un plafond à la française.
Les petits déjeuners sont servis, l'été, au bord de la piscine. Un bar-fumoir se trouve dans une suite de petits salons aux boiseries Louis XVI donnant sur le parc. Pas de restaurant à midi mais un menu le soir pour ceux qui réservent leurs forces avant d'affronter, au soleil levant, les montagnes alentour.

♦ *Itinéraire d'accès : à 4 km de Grenoble - prendre rocade sud, sortie Eybens (route Napoléon).*

Modern Hôtel

RHONE ALPES

38650 Monestier-de-Clermont (Isère)
Tél. 76.34.07.35 - M. Piot

♦ *Ouverture du 1er février au 7 novembre* ♦ *22 chambres avec tél., (9 avec s.d.b., 1 avec w.c.) - Prix des chambres : 120/280 F - Prix du petit déjeuner et horaire : 22 F - 7 h 30/9 h 30 - Prix demi-pension et pension : 210/240 F - 270 F (1 pers., 3 j. min.)* ♦ *Cartes de crédit acceptées* ♦ *Chiens admis* ♦ *Possibilités alentour : Tennis - Piscine - Sports nautiques sur le lac de Monteynard (planche à voile)* ♦ *Restaurant : service 19 h 15/ 20 h 45 - Menu : 62/85 F - 120/160 F - Carte - Spécialités : Truite Gratin dauphinois.*

C'est une paisible et confortable étape faite d'une simplicité et d'une amabilité toutes familiales, parents et enfants assurant le bon fonctionnement de leur établissement, depuis l'accueil jusqu'aux cuisines, en passant par les chambres. Modestes mais fonctionnelles et calmes, les chambres sont diversements équipées : à vous de faire votre choix selon vos goûts. La salle à manger, située entre un salon agrémenté de verdure et un bar sympathique et reposant, est une pièce claire et fleurie aux larges ouvertures, que prolonge une petite terrasse. Le propriétaire, chef de cuisine secondé par son fils, prépare des mets savoureux que vous sert sa femme, hôtesse très accueillante. Un menu plus élaboré vous sera préparé sur commande.

♦ *Itinéraire d'accès : à 33 km de Grenoble - La N 75 par le col de la Croix-Haute.*

RHONE ALPES

Domaine de la Garenne

**38510 Morestel (Isère)
Tél. 74.80.31.14 - M. Georges**

♦ *Ouverture toute l'année* ♦ *21 chambres avec tél. et s.d.b. (20 avec w.c.) - Prix des chambres : 190/250 F - Prix du petit déjeuner et horaire : 24 F - à partir de 7 h 30 - Prix demi-pension et pension : 250 F - 300 F (par pers. 3 j. min.)* ♦ *Cartes de crédit : Eurocard - Carte bleue - Amex* ♦ *Chiens admis - Piscine - Tennis Centre équestre à l'hôtel* ♦ *Possibilités alentour : Pêche dans l'étang de Levaz* ♦ *Restaurant : service 12 h 30/13 h 30 - 19 h 30/ 21 h - Fermeture dimanche soir sauf jours de fête - Menu : 75/250 F - Carte gastronomique - Spécialités : Rissole de veau et morilles au porto - Fricassée de langoustines aux morilles - Filet de St-Pierre à la moelle.*

Au cœur d'un parc de chênes de 10 hectares où les écureuils sont chez eux, un manoir fin de siècle, amusant tant il a dû être pris au sérieux.
Dans la salle à manger, boiseries et tonalités sombres sont en harmonie avec une grande cheminée décorée d'armoiries.
Tout autour de l'hôtel situé au sommet d'une petite colline court une terrasse dominant le paysage.
Mobilier simple mais original, sauf peut-être dans les chambres qui, tout en étant très confortables, manquent de personnalité dans le décor. Certains bungalows situés près de la piscine ont été traités dans un goût plus moderne.
Un nouveau cuisinier vous propose une carte gastronomique.

♦ *Itinéraire d'accès : à 56 km de Lyon, D 517, route de Sermerieux, Morestel.*

Relais des Vieilles Postes

RHONE ALPES

**Les Nappes - 38630 Les Avenières (Isère)
Tél. 74. 33.71.67 - 33.62.99 - M. Thomas**

♦ *Ouverture du 15 janvier au 15 décembre - Fermeture dimanche soir et lundi h.s.* ♦ *17 chambres avec tél., s.d.b. et w.c. - Prix des chambres : 200/350 F - Prix du petit déjeuner et horaire : 35 F - 7 h /10 h -* ♦ *Cartes de crédit : Carte bleue - Diners - Eurocard* ♦ *Chiens admis avec supplément - Half court à l'hôtel* ♦ *Possibilités alentour : Ranch à 200 m - Piscine - Plan d'eau* ♦ *Restaurant : service 12 h /13 h 45 - 19 h/21 h 30 - Fermeture dimanche soir et lundi h.s. - Menu : 120/300 F - Carte - Spécialités : Cuisine saisonnière.*

L'hôtel fut de fait un relais de poste à l'époque napoléonienne, et de belles poutres apparentes ainsi que certains murs en pisé témoignent encore de l'ancienneté de la construction. De même, le beau four à pain de la salle à manger où l'on fait parfois de bonnes flambées, créant une atmosphère feutrée dans cette salle où le soir l'on "dîne aux chandelles". En saison, les repas sont servis sur une terrasse ombragée ou dans le restaurant qui a su gagner une réputation régionale. L'hôtel proprement dit est à quelques pas. Les chambres calmes, au premier étage, sont aménagées dans un style rustique, intime et confortable (les salles de bains des chambres ont fait l'objet de récentes améliorations).
L'hôtel dispose d'un solarium, d'un petit jardin et chose innattendue d'un salon de coiffure. Bon accueil.

♦ *Itinéraire d'accès : à 65 km de Grenoble, N 75 entre Morestel et les Abrets, puis la D 40 jusqu'aux Avenières.*

Hôtel du Violet

38650 Sinard (Isère)
Tél. 76.34.03.16 - M. Mazet

♦ *Ouverture du 1er février au 2 janvier - Fermeture vendredi soir et samedi h.s.* ♦ *13 chambres avec tél., (10 avec s.d.b. et 5 avec w.c.) - Prix des chambres : 110/180 F - Prix du petit déjeuner et horaire : 20 F - 7 h/10 h 30 - Prix demi-pension et pension : 175/185 F - 195/240 F (1 pers., 3 j. min.)* ♦ *Cartes de crédit : Diners - Visa - Amex - Eurocard* ♦ *Chiens admis - Tennis à l'hôtel* ♦ *Possibilités alentour : Planche à voile sur le lac de Monteynard* ♦ *Restaurant : service 12 h/13 h 30 - 19 h/20 30 h - Fermeture vendredi soir et samedi h.s. - Menu : 48/180 F - Carte - Spécialités : Magret aux kiwis - Châteaubriand aux morilles - Filets de sole aux huîtres chaudes.*

Ce petit hôtel de campagne entouré de montagnes est dirigé par un jeune couple très accueillant. On vous propose une douzaine de chambres simples et confortables, tranquilles et donnant sur la verdure. La 6 par exemple dispose d'une grande salle de bains bien équipée agrémentée d'un carrelage aux teintes et aux motifs raffinés. Les petits déjeuners traditionnels sont savoureux et la cuisine "maison" simple et soignée.
Un charmant jardin ombragé permet de se détendre à l'extérieur, au retour d'une des nombreuses randonnées pédestres ou équestres qu'offre la région.

♦ *Itinéraire d'accès : à 30 km de Grenoble - N 75 sortie Grenoble dir. Sisteron. - à Sinard prendre D 110 C.*

La Tour de Pacoret

**Grésy-sur-Isère - 73460 Frontenex (Savoie)
Tél. 79.37.91.59 - Mme Vellat**

♦ *Ouverture du 1er mars au 30 septembre* ♦ *10 chambres avec tél.direct, s.d.b. et w.c. - Prix des chambres : 220/340 F - Prix du petit déjeuner et horaire : 30 F - 8 h/9 h 30 - Prix demi-pension et pension : 230/280 F - 270/330 F (1 pers., 3 j. min.)* ♦ *Cartes de crédit : Visa - Amex - Diners - Eurocard* ♦ *Chiens non admis* ♦ *Possibilités alentour : Equitation - Piscine - Tennis à 7 km - Promenades - Excursions en Savoie* ♦ *Restaurant : service 12 h 30/13 h 30 - 19 h 30/20 h 30 - Fermeture mardi midi - Menu : 100 F (en semaine) - 180 F (dimanche midi) - Spécialités : Délices de Savoie - Filet au poivre - Gâteau au chocolat.*

En pleine campagne, au sommet d'une colline et au pied des Alpes, cette belle et pure tour de guet du XIVe siècle a été transformée en hôtel intime et raffiné. Un chaleureux petit salon de lecture et de musique, une salle à manger aux boiseries traitées "genre chalet", quelques aquarelles et dessins originaux, tout l'ensemble est harmonieux. Chaque chambre a son décor, le mobilier est très bien choisi et les sanitaires parfaits. Depuis les terrasses-jardins, la vue est splendide. Service bar à l'extérieur, à l'ombre de la glycine ou des parasols qui protègent les quelques tables.
Endroit idéal pour contempler les Alpes enneigées ou la vallée à vos pieds traversée par l'Isère.
Cuisine-fraîcheur garantie par le jardin potager de l'hôtel. Propriétaires d'une très grande gentillesse.

♦ *Itinéraire d'accès : à 19 km d'Albertville - N 90 - au carrefour du Pont de Grésy-sur-Isère, D 222 direction Grésy - à 1, 5 km du village, dir. Montailleur.*

Hôtel Grand Cœur

**73550 Meribel-les-Allues (Savoie)
Tél. 79.08.60.03 - Télex 309 623 - M. et Mme Buchert**

♦ *Ouverture du 16 décembre au 17 avril et du 1er juillet au 30 août* ♦ *51 chambres avec tél., s.d.b et w.c - Prix des chambres : en demi- pension obligatoire - Prix du petit déjeuner et horaire : 50 F - 7 h 30/11 h - Prix demi-pension 500/900 F (par pers.)* ♦ *Cartes de crédit : Amex - Diners - Visa - Carte bleue* ♦ *Chiens admis avec 50 F de supplément - Piscine, tennis, sauna et gymnase à l'hôtel* ♦ *Possibilités alentour : Tennis - Golf* ♦ *Restaurant : service 12 h/14 h 30 - 19 h 30/22 h - Menu : 130/240 F - Carte.*

Grand cœur sans doute mais surtout grand confort et du charme pour cet hôtel qui vient d'être repris par le créateur d'un des très charmants petits hôtels de la capitale : "le Lenox". Revenu à la France après un intermède new-yorkais, c'est dans la vallée de Méribel, loin des villes trépidantes qu'il s'est installé. Un des domaines skiables le plus vaste d'Europe : celui des Trois Vallées, se trouve pour ainsi dire "à vos skis". La vallée est en été agréablement boisée de toutes sortes d'essences, épineux comme feuillus et l'hôtel, bien que de taille importante, garde un côté chalet chaleureux : salon moelleux éclairé de chandelles, chambres douillettes et bien redécorées, grandes chambres duplex dont les cheminées fonctionnent. Une terrasse plein sud et une piscine à l'extérieur. Et pour parfaire le tout une des meilleures tables de la station.

♦ *Itinéraire d'accès : à 44 km d'Albertville.*

Les Châtaigniers

**73110 La Rochette (Savoie)
Tél. 79.25.50.21 - Mme A.C. Rey**

♦ *Ouverture toute l'année sauf en janvier*   ♦ *5 chambres avec tél. direct s.d.b et w.c - Prix des chambres : 450/800 F - Prix du petit déjeuner et horaire : compris - 8 h/11 h*   ♦ *Cartes de crédit : Amex - Carte bleue* ♦ *Chiens non admis - Piscine à l'hôtel* ♦ *Possibilités alentour : Pêche - Ski - Tennis*   ♦ *Restaurant : service 19 h 30 - Menu : 150 F*

Mieux vaut éviter les quelques châteaux-hôtels aux fastes ébréchés et autres établissements pour curistes qui semblent l'apanage des environs, et séjourner dans un endroit qui a le charme des vallées et des montagnes qui l'entourent. Cette maison de famille propose un mode d'hébergement qui séduira tous ceux qui se lassent de l'hôtel : la chambre d'hôte. A première vue la maison est semblable à bien des demeures de notables du siécle dernier et la pierre paraît un peu triste. Mais une fois poussée la porte, c'est tout l'agrément d'une confortable maison particulière qui tient parfaitement son rôle de petit hôtel. Dans l'entrée, au pied du grand escalier de bois qui mène aux étages, un petit bureau prend consciencieusement des allures de reception. Une salle à manger dont la terrasse permet de prendre son petit déjeuner en surplombant le verdoyant jardin en pente douce où poussent de multiples essences. L'Italie très proche, influence les habitudes gastronomiques de la maison, où se retrouvent aussi les origines nordiques de la maîtresse de maison.

♦ *Itinéraire d'accès : à 30 km de Chambéry - A 41 sortie Pontcharra.*

Les Gentianes

**74400 Chamonix (Haute-Savoie)
Tél. 50.54.01.31 - Mme C. Morée**

♦ *Ouverture du 20 décembre au 15 novembre* ♦ *14 chambres avec tél. (12 avec s.d.b et w.c) - Prix des chambres : 160/320 F - Prix du petit déjeuner : 35 F - Prix demi-pension et pension : 145/265 F - 200/320 F(1 pers., 3 j. min.)* ♦ *Carte de crédit : Visa* ♦ *Chiens non admis* ♦ *Possibilités alentour : Ski de haute montagne, de piste et de fond - Alpinisme - Patinoire - Golf - Deltaplane - Promenades* ♦ *Restaurant : service 12 h 30/13 h 30 19 h 30/21 h - Menu : 95/150 F - Carte.*

Dans la vallée de Chamonix, à l'écart de la ville et selon l'expression consacrée au pied des pistes (en l'occurrence la petite sente de ski nordique qui permet d'attraper de nombreuses remontées mécaniques). Si vous souhaitez séjourner au milieu des sapins dans un endroit qui ressemble agréablement à un chalet, ce petit hôtel de montagne saura vous combler ; il y flotte certes un petit parfum retro de pension de famille, mais les prix restent sages et le confort correct. Les chambres sont sans surprise, elle donnent soit sur l'Aiguille Rouge soit sur la vallée d'Argentiéres, certaines, exposées au sud, ont des balcons.
L'hôtel vient juste de changer de propriétaire. Des changements qui se produiront sans doute bientôt, surtout dans le restaurant qui ne se cantonnera plus au menu à l'horaire fixe qui était la régle jusqu'à maintenant.

♦ *Itinéraire d'accès : à 7 km de Chamonix, direction Argentière, à 3 km.*

Marceau Hôtel

**Doussard - 74210 Faverges (Haute-Savoie)
Tél. 50.44.30.11 - Télex 309 346 - M. Sallaz**

♦ *Ouverture du 15 janvier au 15 décembre - Fermeture le dimanche soir et mercredi h.s* ♦ *16 chambres avec tél., s.d.b. et w.c. - Prix des chambres : 370 F - Suite : 550 F - Appart: 700 F Prix du petit déjeuner et horaire : 38 F - 7 h 30/10 h - Prix demi-pension et pension : 387/594 F - 430/660 F (3 j. min.)* ♦ *Cartes de crédit : Carte bleue - Amex - Diners - Visa - Eurocard* ♦ *Chiens admis avec supplément - Tennis à l'hôtel* ♦ *Possibilités alentour : Piscine - Equitation - Golf - Deltaplane à 10 km - Sports nautiques sur le lac d'Annecy* ♦ *Restaurant : service 12 h/14 h - 19 h 30/ 21 h - Fermeture le dimanche soir et mercredi h.s - Menu : 100/300 F - Carte - Spécialités : Longe de veau Marceau - Féra du lac au chignin - Saumon fumé maison.*

Dans l'une des régions les plus touristiques de France, comme c'est agréable de trouver un vrai coin de paix ! En pleine campagne, avec une vue très belle sur la vallée et le lac, voici cette maison bourgeoise devenue hôtel en 1927, que la même famille tient depuis trois générations. Raffiné et très confortable, il possède une grande salle à manger où les tonalités de rose se mélangent à celles du bois, et d'amples fenêtres vous permettent de contempler les environs d'une grande beauté. Lecture et télévision vous sont proposées dans un salon très bien aménagé, avec cheminée. Une fantastique terrasse avec tous services vous attend à la belle saison parmi les fleurs et à côté du jardin potager. Les chambres sont décorées avec un grand soin, le mobilier bien choisi. Partout de beaux bouquets de fleurs du jardin. Et pour ne rien gâter, un accueil très chaleureux.

♦ *Itinéraire d'accès : à 20 km d'Annecy, Bout-du-Lac, Doussard N 508.*

Hôtel de la Croix Fry

**Manigod - 74230 Thones (Haute-Savoie)
Tél. 50.44.90.16 - Mme M.A Guelpa-Veyra**

♦ Ouverture du 15 juin au 15 septembre et du 15 décembre au 15 avril ♦ 15 chambres avec tél., s.d.b et w.c - Prix du petit déjeuner et horaire : 33 F - 8 h/9 h 30 - Prix demi-pension 300 F (1 pers.) ♦ Cartes de crédit non acceptées ♦ Chiens admis - Piscine et tennis à l'hôtel ♦ Possibilités alentour : Equitation - Talloire à 25 km ♦ Restaurant : service 12 h/13 h 30 - 19 h / 20 h 30 - Menu : 100/230 F - Spécialités : Salade montagnarde - Champignons - Fruits sauvages.

Voici tout à fait ce que l'on souhaiterait trouver plus souvent dans nos Alpes françaises sans pour autant ne fréquenter que des établissements "haut de gamme". Cet hôtel chaleureux et douillet contraste agréablement avec ces endroits, hélas trop nombreux, dont le confort aléatoire et la décoration sommaire sont tout juste supportables même après une bonne journée de ski. Ici les chambres aux noms de fleurs des alpages ont fait l'objet de soins au fil des ans, le bois des poutres et celui des vieux meubles savoyards leur donnent un charme et un caractère tout montagnards. Celles qui font face à la vallée jouissent d'une vue de toute splendeur et d'un ensoleillement optimum ; balcons, terrasses, mezzanines se répartissent équitablement et rattrapent l'exiguïté des salles de bains. Dans ce qui fut l'étable de la ferme familiale se trouve un bar aux banquettes chaudement revêtues de peaux de moutons. Lui faisant suite, la salle de restaurant fait face au Massif de la Tournette. Eté comme hiver une bonne adresse dans la belle vallée de Manigod.

♦ Itinéraire d'accès : à 26 km d'Annecy.

Au Gay Sejour

RHONE ALPES 89

**Le Tertenoz de Seythenex
74210 Faverges (Haute-Savoie)
Tél. 50.44.52.52 - Famille Gay**

♦ *Ouverture du 1er février au 28 décembre - Fermeture dimanche soir lundi h.s et hors vacances scolaires* ♦ *12 chambres avec tél., (10 avec s.d.b et w.c) - Prix des chambres : 200/310F - Prix du petit déjeuner : 40 F - Prix demi-pension et pension : 260 F - 320 F (par pers., 2 j. min.)* ♦ *Cartes de crédit : Amex - Diners - Carte bleue - Eurocard* ♦ *Chiens non admis* ♦ *Possibilités alentour : Promenades - Golf - Equitation - Ski de fond* ♦ *Restaurant : service 12 h 15 - 19 h 30 - Fermeture dimanche soir, lundi h.s et hors vacances scolaires - Menu : 100/200 F - Carte - Spécialités : Poisson du lac - Cuisine de saison.*

Pour ceux que le kitsch n'éffraie pas, voici un endroit tout à fait agréable, au calme dans une petite ville de montagne. Ce séculaire chalet familial s'est transformé en hôtel il y a de cela 40 ans. Les chambres y sont certes confortables (l'hôtel ne vole pas ses étoiles) mais leur décoration et leur tête de lit-alcôve qui tiennent de la pièce-montée ne sera pas forcément du goût de tous. Néanmoins, il y règne un bien-être indiscutable : tout autour la montagne déploie ses charmes. Du salon, où meubles en orme et en merisier s'harmonisent avec le paysage, on aperçoit un vieil abreuvoir recueillant l'eau fraîche des sommets. Gastronomie et tradition hôtelière, loin des stations, des villes d'eau et des villages de vacances.

♦ *Itinéraire d'accès : à 20 km d'Albertville - à 4 km de Faverges par D 12.*

Hôtel Beau-Site

**Talloires - 74290 Vey (Haute-Savoie)
Tél. 50.60.71.04 - M. Conan**

♦ *Ouverture du 15 mai au 30 septembre* ♦ *37 chambres avec tél., (29 avec s.d.b, 3 avec w.c) - Prix des chambres : 170/400 F - Prix du petit déjeuner et horaire : 35 F - 7 h 45/11 h 30 - Prix demi-pension et pension : 230/350 F - 260/400F (par pers.)* ♦ *Cartes de crédit : Amex - Diners - Visa - Eurocard* ♦ *Chiens admis - Tennis à l'hôtel* ♦ *Possibilités alentour : Golf - Promenades* ♦ *Restaurant : service 12 h 30/14 h - 19 h 30/21 h - Menu : 120/200 F - Carte - Spécialités : Poisson du lac.*

Les Anglais qui semblent apprécier les lieux diraient *old fashion*. Pour nous Français, cela peut sembler désuet, rétro mais pas sans charme. Cet hôtel des bords du lac d'Annecy a quelque chose de ses collègues des lacs italiens. Certes il ne s'agit pas de vieux palaces mais d'une propriété familiale transformée en hôtel à la fin du siècle dernier qui a su comme eux préserver un petit air d'autrefois. La salle à manger-véranda aux nappes empesées ainsi que le salon semblent d'une autre époque. Les chambres fraîches et confortables se prêtent aussi à ce jeu. Celles qui regardent le lac et le jardin auront sans doute votre préférence. Accueil d'une grande gentillesse de cette générations d'hôteliers à Talloires.

♦ *Itinéraire d'accès : à 13 km d'Annecy (sud).*

INDEX

A

A la Bonne Idée — *St-Jean-aux-Bois* 139
Abbaye auberge de l'— *Le Bec-Hellouin* 228
Abbaye hôtel de l'— *Longpont* 135
Abbaye hôtel l'— *Saint-Cyprien* 36
Aghjola l'— *Pioggiola* 148
Aiguebrun l'— *Bonnieux* 292
Aïtone l'— *Evisa* 141
Ajoncs d'Or hostellerie Les — *Kerbachique* 109
Alisiers hôtel Les — *Lapoutroie* 16
Alouettes Les — *Barbizon* 158
Ancienne Gendarmerie l'— *Lantosque* 260
Anthon hôtel — *Obersteinbach* 6
Ar Milin — *Châteaubourg* 102
Arcé hôtel — *St-Etienne-de-Baigorry* 48
Arnold hôtel — *Itterswiller* 4
Arraya hôtel — *Sare* 49
Artzenheim auberge d'— *Artzenheim* 11
Atalaya auberge — *Llo* 197
Atelier l'— *Villeneuve-lès-Avignon* 183
Au Gay Sejour — *Le Tertenoz de Seythenex* 333
Au Marais — *Coulon* 256
Au Rendez-Vous des Pêcheurs — *Pont du Chambon* 60
Au Riesling hôtel — *Zellenberg* 20
Au Vieux Relais — *Montaigu-du-Quercy* 222

B

Barbacane La — *Tiffauges* 250
Bas-Rupts hostellerie des — *Gérardmer* 21
Baumotel - La Chaumière — *La Trique* 251
Beau Site hôtel — *Brignac* 64
Beau Site hôtel — *Talloires* 334
Beffroi hostellerie Le — *Vaison-la-Romaine* 305
Bellier hôtel — *La Chapelle-en-Vercors* 315
Benvengudo auberge de la — *Les Baux-de-Provence* 265
Bergerie La — *Castillon* 258
Bergerie La — *Ile-Rousse* 147
Bergerie La — *Soustons* 43
Bichonnières Les — *Ambérieux en Dombes* 306
Bories hôtel des — *Marquay-les-Eyzies* 31
Boulangerie La — *Grimaud* 278
Boustigue hôtel — *Corps* 321

C

Cacharel hostellerie de — *Les-Saintes-Maries-de-la-Mer* 270
Caillère hostellerie de la— *Candé-sur-Beuvron* 124
Capitelle La — *Mirmande* 316
Casa del Sol auberge — *Recloses* 161

Cascade auberge de la — *St-Chély-du-Tarn* 195
Cassagne auberge de— *Le Pontet* 303
Castel de Villemagne — *Villemagne* 173
Castel Le — *Mailly-le-Château* 77
Castel Mouisson hôtel — *Barbentane* 263
Castel Régis — *Brignogan Plage* 91
Castel-Hôtel — *Saint-Gervais-d'Auvergne* 63
Cévenole auberge— *La Favède* 179
Chalet Le — *Coulandon* 51
Chalets des Ayes — *Le Thillot* 24
Chantoiseau hôtel — *Pont-de-Montvert* 194
Charembeau auberge — *Forcalquier* 257
Charmilles hôtel Les — *Nouan-le-Fuzelier* 126
Chasseurs auberge des — *Echenevex* 307
Chaumière La — *Lauris* 300
Châtaigniers Les — *La Rochette* 329
Château Bellevue — *Barbotan-les-Thermes* 206
Château Bergeron — *Soustons* 44
Château d'Ayres — *Meyrueis* 193
Château d'Urbilhac — *Lamastre* 310
Château de Bellecroix hostellerie du — *Chagny* 72
Château de Castelpers — *Castelpers* 199
Château de Chaumontel — *Chaumontel* 170
Château de Cubières hostellerie du — *Roquemaure* 180
Château de Kernuz — *Pont-l'Abbé* 98
Château de la Commanderie — *Eybens* 322
Château de la Grifferaie — *Echemiré-Baugé* 243
Château de la Rapée — *Bazincourt-sur-Epte* 227
Château de la Tour — *Gouvieux* 137
Château de la Vallée Bleue — *Saint-Chartier* 116
Château de la Voûte — *Troo* 131
Château de Lalande — *Razac-sur-l'Isle* 34
Château de Larroque — *Gimont-en-Gascogne* 207
Château de Léauville — *Landujan* 103
Château de Madières — *Madières* 185
Château de Maleffre hostellerie du — *Arçonnay* 245
Château de Mavaleix — *Mavaleix* 33
Château de Montlédier — *Pont-de-l'Arn* 221
Château de Pondérach — *Saint-Pons-de-Thomières* 189
Château de Pray hostellerie du — *Amboise* 117
Château de Rigny — *Rigny* 157
Château de Roussan — *Saint-Remy-de-Provence* 269
Château de Trigance — *Trigance* 287
Château de Violet — *Peyriac* 172
Château des Tertres hôtel — *Onzain* 128
Château du Landel — *Bezancourt* 236
Château hostellerie du— *Châteauneuf* 67
Château hôtel du — *Alvignac* 209
Château le Scipionnet — *Les Vans* 312
Château Saint-Philip — *St Nicolas de la Balerme* 45
Châteaux hostellerie des— *Ottrott* 7
Clairière hôtel La — *Guémar-Illhaeusern* 12
Clé d'Or hostellerie de la — *Barbizon* 159
Clos Normand auberge du — *Martin-Eglise* 239
Coët-Diquel auberge de — *Bubry* 107
Combreux auberge de — *Combreux* 132

Concasty auberge de — *Boisset* 53
Courpain auberge de — *Fontaine-la-Rivière* 167
Côte d'Or hôtel de la — *Châtillon-sur-Seine* 68
Cro-Magnon hôtel de — *Les Eyzies-en-Périgord* 29
Croix Fry hôtel de la — *Manigod* 332
Croquembouche — *Courry* 178

D

Demeure de la Catounière — *Sancy-les-Meaux* 162
Demeure des Brousses — *Montpellier* 187
Demeure du Dourdou — *Camarès* 198
Demornex hôtel — *St-Jean-de-Gonville* 309
Deux Marronniers hostellerie des — *Milly-sur-Thérain* 138
Deux Rocs hôtel des — *Seillans* 284
Diderot hôtel — *Chinon* 118
Domaine de Chicamour — *Sury-aux-Bois* 133
Domaine de Clairefontaine — *Chonas l'Amballan* 319
Domaine de Kéréven — *Benodet* 90
Domaine de l'Etape — *Le Blanc* 115
Domaine de la Garenne — *Morestel* 324
Domaine de la Tortinière — *Veigné* 120
Domaine de Rieumégé — *Olargues* 188
Domaine des Mouillères — *Saint-Georges-la-Pouge* 61
Domaine du Colombier — *Malataverne* 315
Domaine du Tilleul — *Landouzy-la-Ville* 134
Domaine Langmatt — *Murbach* 17
Donjon Le — *Etretat* 238

E

Ermitage l'— *Saulges* 244
Ermitage - Manoir de Kerroch hôtel de l'— *Quimperlé* 99

F

Falaises hôtel des — *Gluges* 210
Fanal Le — *Plévenon* 86
Feniere auberge la — *Raphele-les-Arles* 268
Ferme d'Augustin La — *Saint-Tropez* 282
Ferme de Thierenbach — *Jungholtz* 14
Ferme St-Férréol hôtel de la — *Chis-Aureilhan* 218
Ferrat hôtel — *Clelles-en-Trieves* 320
Florets Les — *Gigondas* 296
Fontaine aux Muses La — *La Celle-Saint-Cyr* 76
Fontaine Stanislas hôtel de la — *Plombières-les-Bains* 23
France et des Fuchsias hôtel de — *Saint-Vaast-la-Hougue* ...234

G

Gacholle hôtel la — *Gordes* 297
Gentianes Les — *Chamonix* 330

Géraniums Les — *Barroux* 289
Glycines hôtel Les — *Les Eyzies-de-Tayac* 30
Goldenmatt hôtel — *Goldbach* 13
Golf de la Bretesche hôtel du — *Missillac* 241
Grand Coeur hôtel — *Meribel-les-Allues* 328
Grand hôtel du Parc — *Port-Lesney* 155
Grand hôtel Villa des Fleurs — *Bourbon-l'Archambault* 50
Grand Monarque Le — *Donzy* 71
Grandes Roches Les — *Trégunc* 101
Granges Vieilles Les — *Souillac* 216
Griffons hostellerie Les — *Bourdeilles* 25
Grillade au feu de bois La — *Flassans-sur-Issole* 275
Gros Marronnier auberge du— *Senlisse* 163
Guérinière hostellerie de la — *Cénac* 26

H

Hermitage l'— *Pernes-les-Fontaines* 302
Hoirie hôtel La — *Sarlat* 40

I

Imsthal auberge d'— *La Petite Pierre* 5

K

Kastell Dinec'h — *Tréguier* 89
Ker Ansquer hôtel — *Lababan* 93
Kerhinet auberge de — *Saint-Lyphard* 242
Kerlon hôtel de — *Plouhinec* 110
Kervéoc'h auberge de — *Douarnenez* 92
Kiboki auberge du — *Turquestein* 1

L

La Pépinière hostel de— *Ribeauvillé* 19
La Rochette auberge — *Labaroche* 15
La Solognote auberge — *Brinon-sur-Sauldre* 113
Lac hôtel du — *Bonlieu* 152
Lavendes Le — *Champagnac* 54
Lévézou hostellerie du — *Salles-Curan-Pareloup* 203
Logis d'Arnavel — *Châteauneuf-du-Pape* 294
Logis de Beaulieu — *St-Laurent de Cognac* 254
Logis de La Couperie — *La-Roche-sur-Yon* 249
Logis du Guetteur — *Les Arcs-sur-Argens* 271
Lou Calen hostellerie — *Cotignac* 273

M

Madone auberge de la— *Peillon* 261
Magnolias hostellerie Les — *Plaisance* 201

Manescale hostellerie de la — *Entrechaux* 295
Manoir Bel Air — *St-Dyé-sur-Loire* 130
Manoir d'Hautegente — *Coly* 27
Manoir de Calleville — *Calleville* 229
Manoir de Crec'h - Goulifen — *Beg-Leguer-Servel* 81
Manoir de la Forêt — *La Ville-aux-Clercs* 125
Manoir de la Rance — *Pleurtuit* 106
Manoir de la Roche Torin — *Courtils* 232
Manoir de Moëllien — *Plonévez-Porzay* 96
Manoir de Montesquiou — *La Malène* 192
Manoir de Rétival — *Caudebec-en-Caux* 237
Manoir de Rochecourbe — *Vezac* 41
Manoir du Vaumadeuc — *Pleven* 85
Manoir des Portes — *La Poterie* 87
Manoir du Stang — *La Forêt - Fouesnant* 94
Manoir du Tertre — *Paimpont* 105
Manoir La Châtaigneraie — *Guidel* 108
Manoir Le Grand Vignoble — *St Julien de Crempse* 37
Manoir Le — *Ile de Port Cros* 280
Manoir Le — *Louvigné-du-Désert* 104
Maquis Le — *Porticcio* 143
Marceau hôtel — *Doussard* 331
Marie d'Agoult hôtel — *Arpaillargues* 174
Marina d'Argentella — *l'Argentella* 144
Maronne hostellerie de la — *Le Theil* 56
Martinet hôtel du — *Bouin* 248
Mas d'Aigret — *Les Baux-de-Provence* 264
Mas de Couran — *Lattes* 184
Mas de Cure Bourse — *l'Isle-sur-la-Sorgue* 298
Mas de Garrigon — *Roussillon-en-Provence* 304
Mas de la Bertrande — *Beaurecueil* 266
Mas de Rivet — *Barjac* 176
Mas des Brugassières — *Plan-de-la-Tour* 279
Mas des Gres — *Lagnes* 299
Mas Quayrol — *Aulas* 175
Maurette La — *Roquebrune-sur-Argent* 281
Mère Biquette hostellerie — *Saint-Pons* 311
Ménez hôtel — *St-Antoine* 100
Métairie La — *Mauzac* 32
Métairie Neuve La — *Pont-de-Larn* 220
Midi-Papillon hôtel du — *Saint-Jean-du-Bruel* 202
Modern hôtel — *Monestier-de-Clermont* 323
Moulin Blanc hostellerie Le — *Les Beaumettes* 290
Moulin d'Acoravo — *Arbellara* 140
Moulin d'Hauterive — *St-Gervais-en-Vallière* 74
Moulin d'Orgeval — *Orgeval* 165
Moulin de Belle-Isle — *Hémonstoir* 83
Moulin de Bourgchâteau — *Louhans* 73
Moulin de Brénizénec — *Plozevet* 97
Moulin de Chaméron auberge du — *Bannegon* 112
Moulin de Cierzac — *Saint-Fort-sur-le-Né* 253
Moulin de Flagy hostellerie du — *Flagy* 160
Moulin de Jarcy auberge du — *Varennes-Jarcy* 169
Moulin de la Balisne — *Balines* 226
Moulin de la Beune — *Les Eyzies-de-Tayac* 28
Moulin de la Camandoule — *Fayence* 274

Moulin de la Gorce — *La Roche d'Abeille* 65
Moulin de la Mère Michelle — *Les Planches* 154
Moulin de la Wantzenau — *La Wantzenau* 9
Moulin de Lesnuhé — *Saint-Ave* 111
Moulin de Vandon — *Souvigny de Touraine* 119
Moulin de Villiers — *Nouan-le-Fuzelier* 127
Moulin des Pommerats — *Venizy-St-Florentin* 79
Moulin des Ruats hostellerie du — *Avallon* 75
Moulin des Templiers — *Pontaubert* 78
Moulin du Plain auberge le — *Goumois* 151
Moulin du Pré hostellerie du — *Bavent* 223
Moulin du Prieuré — *Bonnevaux-le-Prieuré* 149
Moulin Fleuri auberge du — *Veigné* 121
Moulin Noyé Le — *Glénic* 59
Moulins Banaux auberge des — *Villeneuve l'Archevêque* 80

N

Neuhauser hôtel — *Les Quelles* 8
Noyer auberge du — *Le Reclaud de Bouny-Bas* 35

O

Oasis hostellerie l'— *Vaux-sur-Seine* 166
Ohantzea hôtel — *Aïnhoa* 46
Oustal del Barry — *Najac* 200

P

Parc hôtel le — *Levernois* 69
Parc hôtel — *Wangenbourg* 10
Pelissaria hôtel de la— *St-Cirq-Lapopie* 214
Perce-Neige Les — *Vernou-sur-Brenne* 122
Petite auberge La — *Tourtour* 286
Poids Public auberge du — *Saint-Félix - Lauragais* 205
Pont d'Enfer hôtel du — *Bidarray* 47
Pont de l'Ouysse Le — *Lacave* 211
Pont Hardi auberge du - Le Temps Retrouvé — *Senlisse* 164
Pont Romain auberge du — *Sommieres* 182
Port-des-Roches auberge du — *Luché-Pringé* 247
Porz-Morvan Hotel de — *Plomodiern* 95
Pré Bossu Le — *Moudeyres* 62
Prieuré hostellerie du— *Bonnieux* 293
Prieuré Le — *Aix-en-Provence* 262
Prieuré Le — *Tonnay-Boutonne* 255
Promenade La — *Yzeures-sur-Creuse* 123
Puits Jaubert auberge du — *Callian* 272

Q

Quatre Saisons auberge des — *St-Restitut* 317